春秋战国

及其对后世中国的影响

CHUNQIUZHANGUO
JIQIDUIHOUSHIZHONGGUODEYINGXIANG

陈骘◎著

中国社会科学出版社

图书在版编目(CIP)数据

春秋战国及其对后世中国的影响／陈骁著．—北京：中国社会科学
出版社，2014.4（2018.1 重印）

ISBN 978-7-5161-4083-3

Ⅰ.①春…　Ⅱ.①陈…　Ⅲ.①中国历史-研究-春秋战国时代
Ⅳ.①K225.07

中国版本图书馆 CIP 数据核字（2014）第 056345 号

出 版 人　赵剑英
责任编辑　曲弘梅
责任校对　何又光
责任印制　戴　宽

出　　　版　中国社会科学出版社
社　　　址　北京鼓楼西大街甲 158 号
邮　　　编　100720
网　　　址　http：//www.csspw.cn
发 行 部　010-84083685
门 市 部　010-84029450
经　　　销　新华书店及其他书店

印刷装订　北京君升印刷有限公司
版　　　次　2014 年 4 月第 1 版
印　　　次　2018 年 1 月第 2 次印刷

开　　　本　710×1000　1/16
印　　　张　17
插　　　页　2
字　　　数　213 千字
定　　　价　49.00 元

目　　录

历 史 的 预 演

（代序）

历史总是以惊人相似的面目进行着预演与重演，给那些留心历史的人以启示，哪怕那历史跨越了千年万年。

公元前 770 年至公元前 221 年，华夏大地上经历了一场长达 549 年的乱世，史称春秋战国。

那时，所谓的天下共主东周王室形同虚设，影响甚微，恰似今天的联合国安理会。那时，以春秋五霸（齐桓公、宋襄公、晋文公、楚庄王、秦穆公）为代表的五个大国此消彼长，相互博弈，影响和决定着国际局势，形似今天的联合国五个常任理事国。春秋五霸争锋未果，又演出战国七雄（齐、楚、燕、韩、赵、魏、秦），多像五常之后又衍生出来的 G7（七国首脑会议）？而由五霸至于七雄的关键性环节，是中原大国晋国的解体，这一事件又何其类似于五常与 G7 之间的苏联的解体！秦国地处西僻，依靠法治而后来居上，其法虽与现代西方之法南辕北辙——前者为强化集权之法，后者为民主分权之法——但从按规矩办事的角度看，亦属于同路。

秦国依靠法治富国强兵，再依靠强大的军事力量和长远的政治谋略统一了"天下"，推进了这一区域的一体化：废封藩、设郡县，开创官僚帝制。车同轨、书同文、统一货币度量衡……但它继续使用在原来秦国小区域内形成的成功经验，来强行管理一个多民族、多文化圈构成的复杂广阔的疆域，结果力不从心，终归于失败，只在形制上完成了"统"的任务，而将"收拾人心"的"治"的历史功绩留给了汉代。

汉朝承袭了秦的形制，又经历了多年的探索，才最终选择了罢黜百家、独尊儒术的道路，将儒家学说这一"东方"思想一家之言经过修剪生发，吸收整合，提升为国家意识，使中国社会从此步入了"政统"与"道统"并用，两千余年的绵延发展，创造了人类未曾断裂的一脉文化奇迹。

五百年春秋战国乱世何其痛苦和漫长！

尽管痛苦漫长，但这五百年对后世文明进步，有着极其重要的意义。其间，礼崩乐坏、弱肉强食的"乱"象，各阶层人的自我意识的觉醒，为全民族积极探索由"乱"而"治"的道路，提供了生机勃勃的舞台，使得实践探索中英雄辈出，思想探索中百家争鸣。雄主、能臣、名将、说客、侠士和实业精英各显其能，儒、墨、道、法、兵、阴阳、纵横、名、杂家、小说家百花齐放，为思想的探索与选择、文化的交融与整合、政治的改革与创新，提供了空前广阔的舞台，为后世留下了丰富的历史财富，留下了无数波澜壮阔、可歌可泣、令人叹惋的故事，留下了取之不尽的经验教训与智慧启迪。

这段处于世界文明"轴心时代"的历史，深深影响了后世中国乃至于东方的价值观念、思维方式、行为方式、政治统治模式和社会演进博弈的方式，使大一统思想、忠君爱国思想，综合系统思维和辩证思维，中庸、含蓄、本分、机变、有往必复等行为方式，德法并举、强干弱枝的统治模式和替天行道、弱之以为用、一阴一阳的社会演进博弈方式，以文化基因的形式植入了民族的每一个体和社会肌体，反复重演。我们今天所使用的成语，很多产生于那个时代。我们的生活方式和哲学很难逃出那一时代所做出的规定。

这五百年，是中华民族纷乱、痛苦、探索和选择的五百年。历经这五百年的痛苦思索，这个民族对于人性和社会的认识深入骨髓，超级成熟。最终所做出的选择——儒教治国，与其说符合了统治者建立统治秩序的需要，不如说更符合了黄河、长江所孕育出的高度依存、群体重于个体、整体重于局部、乱一隅而痛全身的大河文明生存发展的需要。这一点只有"共饮一江水"的上下游之间的人，历经长期纷争和痛苦之后才能深切理解。

今天的世界，在纷争中日益"一体化"。人类将在小小的"地球村"内高度依存。两千多年前的春秋战国历史，是否将为今天的人类提供发展的智慧？

抑或说两千多年前，中华民族就为今天的全球化进行了一次局部的长达五百余年的预演。其间多少经验教训和尘埃落定之后的抉择，或许对今天的世界有着借鉴的意义。这是一笔中国乃至世界都应重视的历史遗产。1988 年，在巴黎召开的"面向 21 世纪"第一届诺贝尔奖获得者国际大会，得出十六个结论。其中之一："人类要生存下去，就必须回到二十五个世纪之前，去吸取孔子的智慧"。这些诺奖得主当属今天人类的智者。他们的思想结论居然与两千多年前中国社会的历史选择遥相悬契。他们是否有了某种先知先觉？

一段跨度半个千年，深深影响了后世中国，并将可能给世界的发展带来启示的历史，实在值得我们重视和研究。就民族本位而言，如何在当今世界博弈中吸取历史的经验和教训，立于不败之地？就全人类而言，如何在纷争中选择正确的可持续发展的道路？春秋战国都有可资借鉴的智慧。

春秋战国无疑是华夏文明的渊源，为后世中国留下了丰厚的历史遗产。因此，很多人都对这段历史充满兴趣，对其中的人物和故事津津乐道。然而，由于时间跨度大，国家、人物、事件头绪众多，这段历史似乎总是以无数互不关联的碎片的形式存在于人们的头脑和传说之中。

本书以一个独特而完整的逻辑体系来讲述和论述那个时代，使读者能够整体把握和更加清晰地认识春秋战国。全书以大散文形式撰写，力求通俗易懂。分为十二章，每章独立成篇，又整体耦合，使众多散乱的历史人物和史实逻辑清晰地串联起来，同时对这些历史人物和事件进行了新的分析与研读。

因此，本书不仅具有普及历史知识的作用，也具有与爱好者探讨历史认识，揭示历史奥妙的作用。它可以很好地弥补通史的漫长、专业论文的深奥让人望而却步与传说演绎的零散随意之间的空白，应该是一本可读的书。

礼 崩 乐 坏

让我们从西周王朝说起吧。

从公元前 2600 年前传说中的轩辕黄帝开化，到公元前 1100 年前后周文王、周武王开创西周王朝，华夏文明大约经历了 1600 多年。这 1600 多年，华夏文明不断积累，到周代之前已经相当成熟了。仅就政治而言，西周王朝承袭并发展了前代封建制度，沿黄河一线展开，并向长江流域拓展，分封了 71 个诸侯国家。其中有 53 个是王室宗亲，也就是姬姓诸侯，如鲁国周公旦、卫国卫康叔；有王朝功臣，如齐国的姜子牙；也有商王朝归顺的贵族，如宋国的微子，还有封于朝鲜的第一代朝鲜国王箕子。通过这些诸侯封国的拼合与辐射，极大地促进了华夏文明的拓展，西周王朝成为当时华夏大地上一千多个国家的文明主轴。

一、西周王朝的秩序

西周王朝依靠农业立国，重视道德教化，建立了传说中令人向往的礼乐制度和以此为支撑的"和谐社会"。史传，整个王朝，从王公贵族到天下庶民，都秉承礼仪，同于教化。各种礼仪场合，人们安分守己，雍容升降，揖让进退，乐声悠扬，载歌载舞，令人神往。所以孔子一再歌颂周礼之美，并陶醉在那美丽的乐声之中，"三月不知肉味"。这其中或多或少有儒家学者的美化。但周王朝至少已经形成过比较清晰的理念框架，也进行了一定范围、一定程度的社会实践。

根据历史记载，我们可以从两个方面对西周王朝的概貌进行描摹。

一是西周王朝的国家秩序。

西周王朝的国家秩序建立在三个制度的基础之上，那就是封建、宗法和礼乐。

所谓封建，就是封土建国的意思。就是将王的宗室成员、忠臣和前代归顺过来的贵族，分封到各地去建立诸侯国，从而拓展势力，巩固王权。这个制度，是从唐、虞、夏、商几代探索演化而来的，对于捭合大量分散独立的氏族部落，建立统一国家和文明具有积极的意义。

所谓宗法，就是统治者上祭祖宗，下续香火，以宗族为根本，靠血统来巩固、延续政权的一种姻亲相携、代代相传的政治制度。这种制度，由来已久，到了周朝更加完备。由于统治者多妻多子，正妻所生的长子被称为"嫡长子"，又称为大宗宗子，规定为合法继承人。大宗宗子按理应该一脉相承，永不变更。其他儿子被称为小宗。小宗被封出去开拓疆域，控制各地政权。王家、诸侯同理。层层叠叠形成宝塔式亲属和政权结构，构成一个完整的"家天下"。

封建和宗法相辅相成。宗法是封建的主体和根本。

由于社会人群分出了复杂的等级，从王开始，以下至少可以粗分为诸侯公卿、士人庶民和奴隶。其中诸侯还可细分为公、侯、伯、子、男等不同等级的爵位。为了这个等级社会和谐发展，周特别强调礼乐教化。周的社会秩序就建立在礼教之上。因此，后人常称周的社会治理模式为"礼治"。

周的礼制极其完备，极其复杂，据说"天网恢恢，疏而不漏"。国家、宗族和个人的一切行为，人的为人处世之道，都包含在其中。种种礼仪规定又与封建、宗法制度相配合，构成一套细密的社会秩序。

所以，广义地讲，周朝的一切政治制度、法律和社会生活都属于礼的范围。

但狭义地讲，周礼是指王朝的礼俗，分为：吉、凶、宾、军、嘉五礼。吉礼是祭祀，包括祭天、祭地、祭祖等；凶礼是死丧之礼；宾礼是国际交往之礼；军礼是行军训练之礼；嘉礼是个人成长与社交之礼，包括冠礼、婚礼、射礼和饮酒礼。礼仪包括程序、阵势、誓词、铭文、动作、仪态、言辞、服饰、器物、祭品、礼物等等，还要配以歌诗与舞蹈。非常复杂细致。所有礼仪均不相同。

这就是周的礼乐制度，是一种政教合一的制度。据说靠这样的教化，人们自然安分守己，和谐相处。因此，它是周王朝重要的治理之道和社会基础。

二是西周王朝的政治秩序。

西周王朝的政治秩序体现和落实在王官制度、乡遂自治、军事、教育、田赋、刑法等六个方面。

所谓王官，就是围绕在王周围设置的中央官吏。这些官员中最高的三人是太师、太傅、太保，被称为三公（今文家称为司马、司徒、司空）；其次三人是少师、少傅、少保，被称为三孤。这六个人，是不直接执政的。他们和王一道主要对国家大事进行决策，贡献意见。所谓"三公坐而论道，三孤为之副"。以下是六卿，相当于后世的六部。六卿的第一位是天官太宰，负责管理宫廷事物，并做百官领袖，相当于今天的内阁总理。其他五卿分别管理农业、教化、典礼、军事、工程等。六卿之下，设副长官，名称上加一个"小"字。各卿所司又下设若干官职。据杜佑《通典》统计，王朝六卿所属的王官职位有 2643 人。若加上天下诸侯和他们设置的官吏，总数大约 61000 多人，是个庞大而严谨的官僚体系。

所谓乡遂自治。王城以外，王畿千里之内，由近及远，依次被称为近郊、远郊和甸。最外围的甸被划分为六遂，设官自治。这些乡遂自治的官员每年要到朝廷向王官汇报工作。

周朝的军事编制是，天子六军，诸侯大国三军、次国二军、小国一军。一军 12500 人。军队内部的具体编制与乡遂自治编制完全一致。一遂之中每户一人服役，正好组成一军。

周王朝重视礼教，因此与之相应的教育制度十分完备。教育机构分为王朝与乡遂两大部分，相当于今天的中央直属学校和地方学校。从基层开始，每 25 家为闾里，闾里设"塾"。五百家为党鄙，设"庠"。2500 家为州，州设"序"。这些乡遂教育为小学教育。主要教六德、六行。王朝的教育，也就是中央教育，分大学与小学，负责教太子和贵族子弟读书。由"师氏"、"保氏"主持。"师氏"教弟子"三德"、"三行"。"三德"是至德以为道本，敏德以为行本，孝德以知逆恶；"三行"是孝行以亲父母，游行以尊贤良，顺行以事师长。"保氏"教弟子六艺、六仪。六艺是礼、乐、射、御、书、数。六仪是祭祀之容、宾客之容、朝廷之容、丧祀之容、军旅之容、车马之容。另外，还有"乐师"教弟子歌诗和舞蹈。8 岁至 20 岁上小学，学习一般的常识。20 岁至 30 岁（大约九年期）为大学时代，"九年之类通达，强立而不反，谓之大成"（《礼记·学记》）。教育和生活结合得十分密切，与现代一些先进的教育理念有一比。

周朝的田赋制度大致可分为两类，一类是井田制，一类是

"贡法"（按几年收成的平均值，交十分之一的赋税）。男子20岁以上30岁以下，并有妻室的，授予25亩田地；30岁以上，并有妻室的，授以一夫之地（根据地之好坏等级100亩至300亩）。60岁还田，由子女奉养。

古代的法律主要是刑法。发展到周代，确定为五刑：墨、劓、剕（刖）、宫、大辟。此外还有流刑，就是流放。周代刑法有三点很重要：一是刑法条例要及时宣传普法，一再晓谕，使民周知，不知者不得罪。那时有个基本理念叫"不教而诛谓之虐"。二是有一种宽待之法，包括议辟、听讼、施教。议辟，就是研究罪人有没有将功折罪的地方，可以减轻处罚。听讼，就是听取官民意见，看大家觉得他有没有委屈，是否可以原谅，有些像今天西方的陪审团。施教，就是在判刑的同时，还要给他以严厉的教训，令其悔过，而不是一判了之。三是对精神有问题、无知和年老之人，又有三宥、三赦之法，对这类人员在执法上给予宽容。

应该说周旧有的秩序是比较完备的，但是王朝制度的设计者没有想到，正是封建制度本身，给自己埋下了分崩离析的祸患。因为分封出去的诸侯，有自己的宗室子民，又有了自己的土地，他们落地生根了。而且多年以后，赖以维系王室与诸侯的血缘宗法关系也大大疏远了。落地生根的诸侯们之间甚至与王室之间，开始了自然的丛林法则。王朝分崩离析也就势所必然了。

二、春秋战国的礼崩乐坏及其表现

公元前771年，西周第十二代王——周幽王在一场关于立储的宫廷政治斗争中，被杀死于骊山之下，史称骊山之乱。

这场血腥的政治斗争，祸起于周幽王宠幸美人褒姒。关于这场灾难，还有个烽火戏诸侯的故事，说是为了博得美人褒姒一笑，周幽王不惜点起边塞烽火，骗得各路诸侯慌忙领兵前来救驾，几次三番无事而点烽火，惹恼了诸侯们。结果后来犬戎部落真的入侵，再点起烽火诸侯们都不来了。这是个古代版的"狼来了"的故事，它的真实性令人质疑。因为据专家考证，边疆烽火台的设置，是汉朝才开始的。因此，这个故事里包含了后人贬抑周幽王的杜撰的成分。

真实的情况是周幽王宠幸褒姒，废掉了原先的王后申后，进而废掉了申后所生的太子宜臼，将褒姒所生的儿子伯服立为储君了。这极大地伤害了申后、太子及其母国申国的政治利益。而这个申国有着很大的影响力，它与许多贵族和诸侯，包括西北少数民族犬戎部落都有姻亲关系。为了夺回宜臼的王位继承权，申国与犬戎部落合力发动了政治叛乱，将周幽王杀死于骊山之下。

周幽王死了，美人褒姒被犬戎掳走，宜臼登上了王位，这就是周平王。然而，经此一乱，本来就日见没落的西周王朝更加千疮百孔，岌岌可危了。京城镐京被犬戎洗劫一空，王畿千里之内被戎狄部落抢占蚕食，满目疮痍。无奈之下，争得王位的周平王只好选择了东迁，于公元前770年将京城迁往洛邑（今河南洛阳）。那里是周成王和周公旦时代就修筑好的一个东都，时称成周。而将已经失控的西京千里之地分封给在骊山之乱中有勤王之功、正在崛起的西部国家秦国。秦自此才正式成为诸侯国，开国之君为秦襄公。

中华历史至此进入了东周时代，也基本就是春秋战国时代。东周从公元前770年（周平王东迁）至公元前256年（周赧王尽献其地于秦），苟延了514年。而春秋战国从公元前770年（周平王东迁）至公元前221年（秦始皇统一天下），合计549年，比东周长出35年。其中公元前770年至公元前403年（三晋封侯），共 368 年被称为"春秋"，得名于孔子著作《春秋》。公元前 403 年至公元前 221 年，共 183 年，被称为战国，得名于刘向编辑的著作《战国策》。似乎更多的史学家愿意把春秋战国的历史分界点定在公元前 476 年或公元前 475 年。而笔者倾向于以公元前 403 年为界。《资治通鉴》也从这一年的韩、赵、魏三家被周王室封为诸侯写起。

长达 549 年的春秋战国，如果要用一个字来概括它的时代特征，那就是"乱"。身处乱世的儒家创始人孔子对此有切肤之痛。

公元前 517 年，35 岁的孔子来到了齐国，见到了齐国国君齐景公。齐景公向他探询政事，孔子回答了一句千古名言："君君、臣臣、父父、子子"。

孔子的话翻译成白话文就是：君要像君、臣要像臣、父要像父、子要像子，国家就大治了。孔子用一句颇有文学色彩的话，形象准确地道出了封建宗法秩序。在身处春秋时代的孔子看来，社会已经失序。他渴望回到西周礼乐教化中去。

的确，从社会现象上看，孔子一语中的。春秋战国，就是一个失序的时代。旧有的西周秩序已经崩摧，用清代国学大师章炳麟的一个词"礼崩乐坏"来表达再恰当不过了，因为这时，根本上崩和坏掉的，正是西周的礼乐制度。

礼崩乐坏，具体而言就是封建礼教的礼法制度、礼法观念遭到极大的破坏。君不君、臣不臣、乾坤倒转，父不父、子不子、伦常大乱了。

先说说礼法制度的破坏。原有的周礼制中，王与诸侯、诸侯与士大夫之间，等级森严，规矩繁复。比如，诸侯每年都应朝贡。而整个春秋战国时期，有明确记载的诸侯朝贡天子只有 3 次。诸侯间的相互朝见，却有 43 次之多，都是弱国朝见强国。

诸侯眼里都没了王，而只有世间霸主。还有就是仪式、器物、乐舞等的使用都有严格等级制度。可是，到孔子的时代，鲁国的士大夫季氏竟然在自己家里享用只有天子才能享用的八佾（八行八列）之舞，大大地僭越了。孔子看到之后说了另一句千古名言："是可忍孰不可忍也！"

可见旧有的礼法制度遭到了严重的破坏。

当时对礼法制度的破坏，一方面是为下者僭越，一方面是为上者自坏。

说到为下者僭越，可以举几个大的史实例证：楚国称王、郑国射王、晋国招王。

楚国原本是周王朝分封的一个芈姓的男爵小国，地位很低。但它在南方偏远的荆蛮之地，"筚路蓝缕，以启山林"，励精图治，发展成了一个大国，已经不满足于以往的政治地位了。但是周王室无视其发展壮大，仍然从宗法角度和地域角度看问题，不给楚国以更高的政治地位。楚国做了很多努力，甚至托请其他爵位高的宗室诸侯国去做周王朝的工作，也未能如愿。到了楚国第四代君主熊渠，干脆说："我夷蛮也，不与中国之号谥。"（《史记》），摆出一副"破罐子破摔"的架势，直接把自己的三个儿子都封为王。这是什么概念，直接与你周王室分庭抗礼了。说不好听的，你不承认我，不抬高我的政治地位，我就直接做"王"之父。也够厉害的。但很快周王室出了个周厉王，十分暴虐，就是那个"防民之口"逼得人民"道路以目"，后来被人民赶出京城实行"共和"的周厉王。楚国害怕他来问罪，又自己主动除去了王号。后来西周灭亡，平王东迁之后，看到周王室大势已去，楚武王又称王了，此后代代称王，从形式上都不臣服于周王室了。这是最早也是最彻底挑战周王朝礼制的诸侯。

郑国射王，这个故事也叫繻葛之战，或者叫射王中肩。发生在周桓王（周平王的孙子）和郑庄公之间。郑庄公本来是周王朝世袭的上卿，因为势力太大也不把王放在眼里。周桓王就想削弱他的权力，结果触怒了郑庄公。于是郑庄公又是派兵偷割王的麦子，又是假借王命征讨宋国，而且再不去朝贡了。年轻气盛的周桓王一气之下，召集了几个小国的部队，找郑庄公兴师问罪。郑庄公干脆就此撕破脸皮，于公元前707年在繻葛（今天的河南省长葛市北）跟王打了一仗。而且他手下的将军祝聃还射了王一箭，射在王的肩膀上。周王的军队大败。这是中原诸侯首次公然对抗王室。从此周王室威风扫地，再没有出兵讨伐过诸侯。

晋国召王，发生在公元前632年十月，晋楚"城濮之战"后。这时晋文公重耳逐渐称霸中原，为了进一步巩固霸主地位，晋文公在晋国的温地召集了一次盟会，并强迫周襄王来参加，以达到"挟天子以令诸侯"的目的。周天子贵为天下共主，而晋文公仅仅是刚刚被封为侯伯的臣子，以臣召君，大不敬，大僭越。《史记·周本纪》记："二十年，晋文公召襄王，襄王会之河阳践土，诸侯毕朝。书讳曰'天王狩于河阳'。"也就是说王室的《尚书》还要替周襄王遮羞，说什么天子是来打猎的。《左传·僖公二十八年》记述："仲尼曰'以臣召君，不可以训'。"可见，孔子很看不惯这件事情。

上面这些是为下者的僭越。

而说到为上者自坏，先要回溯一下骊山之乱。周平王虽是周幽王的嫡长子，是王朝的合法继承人，但他重获继承权是靠勾结外族戎狄乱华弑君而得，所以他和王室在政治大节上有所失，他们在诸侯面前从此失去了道义制高点，从此有点直不起腰来了。这可以说是春秋时期为上者自坏的发端。

到春秋末，又有了"三晋封侯"这样严重违背礼制的事情。

所谓三晋封侯，就是公元前403年，在三分晋国天下的韩、赵、魏三家一再要求之下，周王室竟然将他们封为诸侯了。按照礼制，这三家应属于造反的"乱臣贼子"，可是东周王室居然承认了他们，并被封为诸侯。这是破坏礼制的典型事件。司马光的《资治通鉴》就是从这件事开始写起的。其中写道："夫三晋虽强，苟不顾天下之诛而犯义侵礼，则不请于天子而自立矣。不请于天子而自立，则为悖逆之臣，天下苟有桓文之君，必奉礼仪而征之。今请于天子而天子许之，是受天子之命而为诸侯也，谁得而讨之！故三晋之列于诸侯，非三晋之坏礼，乃天子自坏之也。"

从这几个史实我们看到，春秋战国时期，周王朝旧有礼法制度已经被严重破坏了。而制度与观念是密不可分的。在制度遭受破坏的同时，甚至在制度破坏之前，人们在观念上就已经发生了深刻的变化。

首先是忠孝观念在人们心目中日渐衰微，直至殆尽。下面这些史实可以为证。

从"楚庄王问鼎"到"秦武王举鼎"。

公元前606年，楚庄王率兵追击陆浑之戎，到了东周洛阳附近，在此举行了盛大的阅兵仪式，把周王室吓得够呛，赶紧派能说会道的王孙满来劳师。楚庄王问王孙满九鼎的大小轻重。那意思要取代周王室的地位。王孙满回答得很巧妙。《史记》记载："（王孙满）对曰：'在德不在鼎。'庄王曰：'子无阻九鼎！楚国折钩之喙，足以为九鼎。'"楚庄王说，别跟我吹九鼎有多重了，我楚国把军人们所用的武器钩上的小嘴头折下来，就足以铸成九鼎。王孙满于是讲了一大串道理。其实偷换了概念。他立论于"在德不在鼎"，可后来结论是"天命未改"，所以"鼎之轻重，未可问也"。意思说，当年周文王建立周王朝前占卜过了，周有八百岁天命，现在时间还不到呢。楚庄王于是打消了取代周室的想法，打道回府了。王孙满的话也许起了些作用。但对言论作用的夸大是中国历史叙述中一件趣事。笔者倒认为政治上十分成熟老到的楚庄王，可能还是觉得条件不够成熟，恐怕惹起众怒，所以也只是问了问也就放过去了，也多少说明"鼎"在楚庄王心里还有一点分量。这也是成语"问鼎中原"的来历。

到了公元前307年，秦武王的时候，周王室就更不行了。这一年，秦武王来到周天子所在的洛阳。周的最后一代王——周赧王（赧 nǎn，羞愧之意）知道秦武王来者不善，小心接待。酒席宴上，武王居然要借周天子的九鼎来举着玩儿玩儿。周的九鼎代表华夏九州，是王朝的政治象征，秦武王要借来玩耍，这既是炫耀政治实力，也是炫耀他的体力。这个秦武王是个大力士，手下还养了任鄙、乌获、孟说等大力士。这时秦武王喝了酒，跟力士孟说商量举鼎玩。想不到这个周赧王也不是吃素的，他就让秦武王举九鼎中看起来较小，其实最重的龙文赤鼎。九鼎实际都是合金，龙文赤鼎内多含黄金，比普通的鼎要重很多，但秦武王还是凭借神力一举成功。可惜龙文赤鼎过重，将武王的髌骨压碎，武王还没来得及回到秦国就死了。《史记·秦本纪》记载："武王有力好戏。力士任鄙、乌获、孟说皆至大官。王与孟说举鼎，绝髌。八月，武王死，族孟说。"《史记·赵世家》也记载："（赵武灵王）十八年，秦武王和孟说举龙文赤鼎，绝膑而死。"不管怎样，鼎这样王权的象征都有人敢搬着玩了，可见礼法观念在诸侯心里是怎么回事了。

还有就是弑君夺位者也比比皆是。

春秋战国时期，最有戏剧性的弑君夺位故事是楚穆王弑父。

楚穆王是楚成王的太子，名叫商臣。起初成王不顾大臣的反对，立了商臣为太子，后来又后悔了，想废了他。商臣不知道成王确切的想法，就请教他的老师潘崇。潘崇建议他宴请成王的宠姬江芈，然后故意在酒席上怠慢惹恼她。江芈一怒之下说难怪王要杀了你。商臣惊恐之下，决定弑父篡位。于是带兵围困了成王，逼他死。可怜英雄一世的楚成王跟儿子要求吃个熊掌再死，商臣不同意，认为熊掌难熟，耽误时间，立逼成王把自己绞杀了。于是商臣登位，是为楚穆王。

各国弑君夺位的事情层出不穷。周王室内部也有王子叔带通嫂弑兄、杀周襄王未遂的事情。本来周襄王看着宗室诸侯们一个个都靠不住了，就从戎狄娶了个女人，打算靠少数民族的力量来保护自己。想不到这戎狄女子很快跟小叔子好上了，还帮小叔子谋刺篡位，差一点得逞。

礼义廉耻被抛诸脑后，各阶层特别是贵族阶层肆意妄为。宫闱大乱、伦常大乱。

宫闱大乱、伦常大乱的代表人物非卫宣公莫属。这个卫宣公乱得厉害，娶"母"、夺媳，他都干过。他当公子的时候，就和父亲的姜夷姜私通，还生了个孩子取名叫急子。先寄养在民间，后来宣公即位当了卫国君主，就把急子接进宫，还立为太子。眼看急子长大了，卫国就从齐国给太子娶了个宗室女子。结果卫宣公一看这齐女太漂亮了，就筑了个新台，自己把这漂亮儿媳妇占有了。这个女子自此被称为宣姜，意为宣公所娶之姜姓女子。后来宣姜一连生了两个儿子，又闹出废长立幼的惨剧来。卫宣公这个父亲，不仅夺了儿子的媳妇，还要了儿子急子和寿的性命。他做儿子时不像儿子，做父亲时也根本不像个父亲。在他的心目里哪里还有礼法观念？

这个卫国原是个地位很高影响很大的诸侯国，开国之君叫康叔，是周文王的第九个儿子，周武王的同母弟弟。文王、武王和周公旦都很宠爱他，所以封的爵位很高，是公爵，而且起初实力很强大。周王室对这个封国的期望是很高的，希望它靖卫王室。

可惜这个国家被荒淫无道之徒毁了，后期内乱不止。最后几位国君不得不一再自贬爵号，直到亡国。

那时类似的事情各国还有很多。如楚平王夺太子建的媳妇秦女，最终导致了伍子胥破楚雪恨的悲剧；蔡景侯给公子般取来楚国女子，而自己与她通奸；鲁惠公夺了儿子的漂亮媳妇宋女，后来还提升宋女为夫人，立宋女所生的儿子为太子。所以司马迁在《史记·鲁周公世家》末了感叹鲁国之衰："至其揖让之礼则从矣，而其行事何其戾也？"

宫闱大乱的例子还有夏姬乱国、齐襄公通妹以及宋襄公的夫人以姨奶奶身份恋上了孙子鲍革，帮他杀了宋昭公，成为宋文公。

这就是春秋战国时期礼崩乐坏的大致情形。

三、各方面对礼崩乐坏的态度

面对"礼崩乐坏"，当时社会各方面的态度各不相同。

王室是无可奈何花落去，偶尔狐假虎威，摆个空架子，更多的时候只能苟安而已了。所以发生了周郑交质（周王室与郑国君臣之间各将太子送往对方做人质）、乱臣（韩、赵、魏）封侯这样一些可悲的事情。

诸侯的态度是挟天子以令诸侯（尊王攘夷）、窥鼎争霸天下。

思想界的态度大致可分为复古与革新两种。复古者有儒家，痛心疾首，主张恢复周礼旧制，孔子是典型代表；还有墨家，主张恢复到夏以前的圣人之治上去，王权交接也搞"禅让"；道家就走得更远了，主张"执古之道，以御今之有"，要回到远古"小国寡民"中去。革新者主要是法家，主张变法，主张"不法古人"，即根据社会发展重构社会秩序。

四、礼崩乐坏的根源和实质

春秋战国礼崩乐坏的根源主要有六点：一是封建诸侯落地生根，宗法制度失去约束；二是各阶层人自我意识觉醒，思想解放；三是贵族社会骄奢淫逸，自掘坟墓；四是社会生产力发展，旧有制度自然瓦解；五是社会动荡，政治、军事和外交需要，使得社会组织结构不断发生变化，人的地位身份在动荡和博弈中发生变化；六是诸侯从自身经验和王朝教训中认识到分封制度的弊端，纷纷主动变法改革。

整个社会，就这样在生存发展竞争中急速发生着变化。这就是春秋战国"乱世之秋"中的"礼崩乐坏"。这是封建社会的旧秩序的崩摧。这个崩摧过程中，无论好的或是坏的，都解体了，但整个社会必将获得重生。新的社会、新的秩序正在这场大崩摧中孕育萌生。

而与"礼崩乐坏"相伴随的就是"弱肉强食"。残酷的弱肉强食，或许也是人类走向文明不可逾越的一段泥泞。

弱 肉 强 食

伴随着"礼崩乐坏"这个制度层面的混乱，周王室失去了权威，诸侯失去了制约。华夏大地上发生了如孔子所言的：从"天下有道，则礼乐征伐自天子出"到"天下无道，则礼乐征伐自诸侯出"（《论语·季氏》）的大转变。先是诸侯国之间，后期诸侯国内部，发生了大量你争我讨、弱肉强食的斗争。斗争的核心是权力和利益，斗争的目的是称霸和吞并，斗争的手段是军事加外交，斗争的借口从尊王讨逆到"反恐"复仇，斗争的结果是秦统一天下。整个过程既惨烈痛苦，又波澜壮阔；既充满血腥，又充满智慧；既暴露了人性中贪婪残暴的一面，又折射出人性中向往和谐、仁爱忠义的光辉。

一、一道残酷的减法

周王朝立国时，中华大地上大大小小有一千多个国家。周王朝封了 71 个诸侯国，加上一些诸侯的附庸国，王朝大概控制着 135 个邦国。

一千多个国家，经过西周，特别是经过春秋战国的斗争合并，最终由秦国统一天下，其过程绝不是一场和风细雨的演变。

其间，有多少血腥的杀戮和痛苦的奴役。大大小小的战斗不计其数。小战小杀，大战大杀，无数场景惨不忍睹。可以说是一道残酷的减法。

比如公元前596年，楚庄王为了涉足中原，故意派了个跟宋国人有仇的使臣申舟，途经宋国出使齐国，还不给宋国出具借道的文书，致使宋国杀了楚国的使臣。楚国即以此为借口，出兵攻打宋国，围困宋国都城睢阳（今河南商丘）八个月之久。宋都被围，城内粮草尽绝，《公羊传·宣公十五年》记载，百姓"易子而食之，析骸而炊之"，就是说老百姓饥饿难耐，为了苟延生命，不忍心杀自己的孩子吃，就相互交换，你杀我们家的，我杀你们家的，作为食物。杀了孩子还没有柴火煮肉，只好把死人和畜生的骨头拿来当柴烧。我们可以想象那是怎样的惨状。

再如公元前597年，中原强国晋国想要维持自己中原霸主的地位，与涉足中原的楚国在邲（今河南荥阳东北）展开大战。此战由于楚国上下同心，而晋国将帅不和，晋国大败。晋军士兵在败退过程中争船渡河，未能上船的兵士从水中往船上爬，先上船的人就挥刀乱砍。等到船靠了岸，每条船的船舱里面，人的断指之多，竟至于可以用手捧起来。

还有更加惨烈的大的拼斗，如发生在公元前260年的秦赵长平之战，双方合计投入兵力达百万人之多，战争前后持续达一年之久，结果赵孝成王听信了秦国的离间之言，误用只会纸上谈兵的赵括取代老将廉颇，赵括又中了秦将白起的诱敌之计，被围困在长平。其间双方都紧急动员，倾全国之力增援。秦昭襄王亲自到黄河以北征发15岁以上的男子，全部调往长平。同时白起阻断了赵国的救兵及粮道。赵军绝粮46天，士兵们都在内部暗中残杀，相互吞吃。《资治通鉴》中这样撰述："九月，赵军食绝四十六日，皆内阴相杀食。急来攻垒，欲出为四队，四、五复之，不能出。赵括自出锐卒搏战，秦人射杀之。"最终赵国军队惨败投降，秦国唯恐赵卒反复，又用计坑杀了赵国 40 万降卒。只故意放回 240 个年少的娃娃兵，让他们回邯郸报信。一时之间，赵国大震，邯郸城内家家挂孝，满城哭灵，灭顶之灾笼罩全国。如此惨烈的战争，在时隔两千多年后的今天想来，依然令人不寒而栗！这个故事也是成语"纸上谈兵"的来历。

这是大国之间的争斗，而那些弱小的国家，天天都在风雨中颤抖，不知道哪天就被别人消灭了。如公元前 627 年，秦穆公派孟明、西乞、白乙等，率军长途奔袭郑国，路遇郑国商人弦高，被弦高骗了。弦高本来是去贩牛的，遇到秦军，他自称代表郑国国君前来犒师，把自己贩卖的十几头牛献给了秦军。同时他还派手下人火速赶回郑国报信去了。秦军以为军机早已泄漏，郑国已经有了准备，便打道回府。但是无功而返于心不甘，于是回程途中，秦军顺便灭了一个滑国。《左传》在写到这里的时候，只用了四个字说秦军"灭滑而还"。《史记》也是四个字："灭滑而去"。可见在左丘明、司马迁这样的史家那里，在那个时代，秦灭滑如同顺手牵羊，是何等小儿科的一件事情。而对于滑这样的国家，稀里糊涂就遭受了灭顶之灾。没有任何深度的历史记载告知我们滑的灭亡过程，我们也无法想象滑国人民如何应对突如其来的灾难。而绝大多数小国的灭亡，连一个字的记载都没有留下。

那时的每一个国都有自己的宗祀，都有自己奉为神灵的祖先和艰苦创业的历史。国家的灭亡，意味着宗祀、社稷、香火的断绝，意味着要当亡国奴。那份耻辱在当时比杀戮还要可怕。有的国君在面临国家灭亡的时候，会抱着祭祀用的祭皿殉命。有的国君会忍受奇耻大辱投降。有记载的投降仪式是：国君赤裸身体，反绑上自己，脖子上套上绳索，牵着羊，膝行着去向战胜者乞降，举国沦为战胜者的奴隶（亡国奴）。

春秋时代，各大国直接或间接吞并小国。齐吞并了 9 国；郑吞并了 3 国；卫吞并了 3 国；秦吞并了 4 国；晋吞并了 22 国；楚吞并了 50 国。

进入战国，各大国间进一步展开残酷厮杀。终由周初的一千多个国家，变成秦国一统天下，这整个过程可想而知，是一道多么残酷的减法！

二、军国主义盛行

"军国主义"这个词古已有之，并不为日本军国主义所专有。古代西方的斯巴达城邦就是典型的军国主义。所谓军国主义，就是将军事置于政治、经济、文化等各方面之上，依靠对外军事扩张来实现强大的一种强国思想。

生存竞争法则决定了，春秋战国时期各国都极力发展军事力量。靠强大的军力来保国立威，发展壮大。为此，各国通过不同的途径和方式来穷兵黩武。

齐国的道路：寓军于民，全民皆兵。这个路子是管仲提出来的，是管仲一整套改革施政策略中的重要一环。《史记》中的有关记载很简单，只有"连五家之兵"一句。《国语·齐语》中有管仲与齐桓公的精彩对白，清晰地阐述了他的思想和具体做法。

（在谈完如何发展经济的问题之后）桓公曰："财用既足，然军旅不多，兵势不振，如何而可？"对曰："兵贵于精，不贵于多；强于心，不强于力。君若正卒伍，修甲兵，臣未见其胜也。君若强兵，莫若隐其名而修其实。臣请作内政而寄之以军令焉。"桓公曰："内政若何？"对曰："内政之法，制国以为二十一乡。工商之乡六，士之乡十五。工商足财，士足兵。"桓公曰："何以足兵？"对曰："五家为轨，轨为之长。十轨为里，里设有司。四里为连，连为之长。十连为乡，乡有良人焉。即以此为军令。五家为轨。故五人为伍。轨长率之。十轨为里，故五十人为小戎，里有司率之。四里为连，故二百人为卒。连长率之。十连为乡，故二千人为旅，乡良人率之。五乡立一师，故万人为一军，五乡之师率之。十五乡出三万人，以为三军。君主中军，高国二子各主一军。四时之隙，从事田猎：春曰搜，以索不孕之兽；夏曰苗，以除五谷之灾；秋曰狝，行杀以顺秋气；冬曰狩，围守以告成功，使民习于武事。是故军伍整于里，军旅整于郊。内教既成，勿令迁徙。伍之人祭祀同福，死丧同恤；人与人相俦，家与家相俦；世同居，少同游。故夜战声相闻，足以不乖；昼战目相识，足以不散；其欢欣足以相死。居则同乐，死则同哀；守则同固，战则同强。有此三万人，足以横行于天下。"

　　管仲这段话的中心思想是寓军于民、全民皆兵。发展的方式隐蔽，但战斗力却会显著增强。他将士卒之间的感情和默契作为增强战斗力的手段，这也是一项军事创举。齐国军力因此而迅速壮大，为齐桓公称霸提供了强力支撑。

　　楚国的特点：勇武精神。楚国有极端尚武的传统。历代楚王若没有对外用兵，开疆拓土，就会认为是一种耻辱。如楚武王明知身体不适将不久于人世，依然坚持出征，结果死在征战随国的途中。而楚军将帅如果战败，常常会以自杀谢罪。

　　在楚国，令尹是一人之下万人之上的百官之首。然而有记载的楚国历代因兵败而自杀的令尹就有 6 人：令尹屈瑕攻罗国和野蛮国卢戎失败而自杀；令尹子玉攻晋失败自杀；令尹子反决战前醉酒误事，羞愧自杀；关于令尹子囊的死有两种说法，《左传》说他失败回国而死，可能是自杀死，也可能病死或者伤重而死，汉朝刘向说他是在战场上战败不愿意后退而自杀的；令尹司马蒍越因为没有追击上败逃的吴军而自杀；令尹沈尹戌带兵大战吴国军队，此时吴军事强大，不可战胜，他三次杀入吴军阵中，筋疲力尽，不愿被俘，就嘱托属下割下他的头颅回去呈于楚王。

后来项燕败于秦军自杀；直到后来的项羽兵败垓下，也自刎于乌江，也是楚国传统的勇武决绝精神的体现。

如此之多的最高指挥官引咎自杀，其下属将领和士卒们的情形就可以想见了，由此可见楚国军人的勇武。楚军有如此决绝的勇武精神，因而有极强的战斗力，所以楚国才能"筚路蓝缕，以启山林"，从一个男爵小国，从一片蛮荒之地，跨越发展，成为一个令中原诸国畏惧，敢于率先称王，与王室相抗衡的大国。它一度甚至是当时世界上版图最大的国家。

晋国的手段：三军三行，越制扩编。周王朝的制度明确规定，周天子可拥有六军，诸侯大国三军、次国二军、小国一军。晋文公想大量扩军称霸，又不敢公然冒其名，就推出个新概念"行"。搞三军三行，实质就是六军，大大地越制，规模比于周王。实际当时周王室自己已经远远养不起六军了。小说《东周列国志》中有这样一段描写，读来感觉并非小说家言：

> 文公与先轸等商议，欲增军额，以强其国，又不敢上同天子之六军，乃假名添作"三行"。以荀林父为中行大夫，先蔑、屠击为左右行大夫。前后三军三行，分明是六军，但避其名而已。
>
> 以此兵多将广，天下莫比其强。

赵国的办法：胡服骑射。赵国本来是一个处于四战之地、相对弱小的国家。到了赵武灵王时期，大胆改革，移风易俗，向北方胡人学习，穿胡人短装、学胡人骑马射箭，从而提升军队的战斗力。这项改革虽然遇到了很大的阻力，但在赵武灵王的坚持之下最终获得成功，使赵国一跃而成为中原军事力量最强的国家。在后来秦灭六国的过程中，成为秦国最大的障碍。

秦国的变法：奖励军功，非功不荣。《史记》记载："（秦孝公）三年，卫鞅说孝公变法修刑，内务耕稼，外劝战死之赏罚，孝公善之。"具体说就是公元前359年（秦孝公三年），时任秦国左庶长的商鞅，为秦国制定和颁布了变法令。其内容概括起来就是三条。其中第三条就是：奖励军功，调整爵赏。具体讲是三点。1. 立军功的，受上爵之赏。私相斗殴的，视轻重加以惩罚。2. 按爵位的高低，重新调整其俸禄，对田地、房产、奴婢的数量和服饰的尊卑等都有严格的规定，不得紊乱。3. 唯有有军功的人才享受特权与荣誉，没有军功的人即便是贵族或富豪也"无所荣华"。

这套法度以及后来进一步颁布的具体法令，使秦国完全变成了一个具有高度战略执行力的国度，使整个国家成为一部强大的战争机器。

三、从"犹抱琵琶"到"赤膊上阵"

战争总需要旗号或借口，即所谓师出有名。战争的双方，特别是发动者一方，总要有符合道义的理由，对内用以激发斗志，对外用以争取支持和同情，甚至达到不战而屈人之兵的目的。

春秋早期，战争的发端，还常常打着"尊王讨逆"或"尊王攘夷"的旗帜，但争霸逐利的战争本质越来越凸显，后来

"礼乐征伐之令"完全自诸侯所出，大家也不再犹抱琵琶，而是赤膊上阵了。春秋战国时期，这个旗号蜕变的过程十分清晰，与第二次世界大战之后世界战争旗号从救对方人民于水深火热到维护本国核心利益的变化如出一辙。

最初"尊王攘夷"的代表人物是齐桓公和管仲。不管怎么说，齐桓公和管仲在确立自身霸权的同时，还干过很多尊王攘夷的大事。如征伐戎狄、存邢救燕、维护王朝礼制、辅佐太子继位等。所以孔子评价："微管仲，吾其披发左衽者矣。"

后来诸侯逐步施行的是假仁立威。典型代表是宋襄公。这个志大才疏、假仁假义的人物，没有能力却充老大。他打仗的时候树一面大旗，上书一个大大的"仁"字，其实，稍不如意就草菅人命，大显淫威。因为鄫国国君会盟来迟，居然将他杀了祭奠河神。其实是发泄一己私怨，立自己的威望。可笑的是历史上还有少数人不知出于什么目的，居然力挺这位可笑可悲可耻的宋襄公，认为他是少有的仁德之君。呜呼！难道这也是我们不得不包容的所谓多元化吗？

再后来，野心勃勃的大国对周边小国完全是打你没商量。典型例子有：假途灭虢、楚伐息蔡和秦灭巴蜀。

《左传·僖公二年》记载，春秋初期，晋国传至献公，积极扩军，拓展疆土。晋献公为了夺取崤函要地，决定南下攻取虢国（都城上阳，今河南陕县境内），但虞国（今山西平陆北）邻虢国的北境，是晋攻虢的必经之途。晋献公害怕二国联合抗晋，遂采用大夫荀息各个击破之计，先向虞借道攻虢，再伺机灭虞。他们研究了虞国国君的特点，发现他是个贪婪之辈，而且特别喜欢宝马和美玉。公元前658年，晋献公就派荀息携带美女、骏马、宝玉等贵重礼品献给虞公，请求借道攻虢。虞公果然贪利，又被荀息花言巧语所迷惑，遂不听大臣劝阻，不但应允借道，还自愿做攻虢的先锋。

当年夏天，晋虞联军攻下虢国重镇下阳（今山西平陆境内），控制了虢虞之间的要道。三年后，即公元前655年，晋又故伎重演，向虞国借道。虞国大臣宫之奇用"辅车相依，唇亡齿寒"的道理说明虢、虞地理相连，利害攸关，虢亡虞必亡，劝虞公绝不能答应借道。但虞公天真地认为：晋、虞是同宗，是不会相欺的，拒不听劝。十月十七日，晋军围攻虢都上阳。十二月初一破城灭虢。而后，晋班师暂住虞国休整，乘虞不备，发动突然袭击，俘虏了虞公，灭其国。虢、虞亡国的惨痛教训，使后世加强了弱国联合抗击强国的思想。

这次战争的规模虽然不大，但是却揭示了军事斗争的一些重要规律，给后世留下"辅车相依，唇亡齿寒"的启示和教训。

楚伐息蔡，发生在楚文王时期。原来陈国有两个宗室美女，姐姐嫁给蔡侯，妹妹嫁给息侯。息夫人貌若天仙，目如秋水，面似桃花，所以也被称为桃花夫人，是历史上著名的大美人。

蔡哀侯对这个貌美的桃花夫人，也就是自己的小姨子垂涎已久，苦于无缘相见。后来机会来了，息夫人回娘家省亲归来路过蔡国，蔡哀侯在宫中大摆筵席招待息夫人。酒宴之间，蔡哀侯不顾礼制，放肆地调戏了息夫人。

息侯得知夫人受辱，怒发冲冠。无奈与蔡国相比，息国没有实力与之较量，便想了个借刀杀人之计，打算借用强大的楚文王之手教训蔡哀侯。息侯主动派人联络楚文王，并献计请楚国佯攻息国，息国再假意向蔡国求救，待蔡国军队到来时，楚息两路夹击之。楚文王也正想征服息蔡两国，于是依计而行，一举打败了蔡国军队，还俘虏了蔡哀侯。

蔡哀侯被抓到楚国，沦为阶下囚，对息侯恨之入骨。他发现楚文王也很好色，就故意大夸息夫人的美貌，以激发楚文王对息夫人乃至于息国的贪心，将祸水引向息国。

听到蔡哀侯对息夫人的赞美，楚文王果然动了心，要求息侯请出息夫人一见。一见之下，楚文王惊艳不已，当即收拾了息国，霸占了息夫人。息夫人也成了文夫人，后来还给楚王生了两个儿子，楚文王死后，文夫人的儿子还继承了王位。但是楚文王在世时这位夫人总是闷闷不乐，问她原因，说是怨恨当年蔡哀侯害她，于是楚文王就以为她报仇之名，发兵攻打蔡国。

秦灭巴蜀是在秦惠王时期，秦国早想西并巴蜀两国，却因为蜀道难行，加之巴蜀两国比较团结，一直没有机会。

就在这时，巴蜀两国出现了矛盾，处于劣势的巴国主动向秦国求救。秦国便借机进兵，先灭掉了蜀国，接着趁巴国毫无准备，顺手牵羊灭了巴国。于是秦国多了一块重要的版图。

夹在大国争斗中的小国为了自保只能选择见风使舵。如宋国和郑国。

楚国作为南方强国一直谋求涉足中原，因此就与中原霸主晋国之间发生激烈的斗争。然而这两个大国之间很少发生直接的战争，而总是打击附庸于对方的国家。郑国、宋国等国夹在两个大国之间，成为双方争夺的焦点，处境十分悲惨。从公元前 632 年楚成王时期的城濮之战到公元前 546 年楚康王时期的弭兵之盟，八十几年间，郑国所直接遭遇的战争在 70 次以上，宋国所遭遇的战争在 40 次以上。迫不得已，宋国不断发起"国际"和平运动，终于在晋楚双方都久战疲倦的时候，达成了和解，在宋国召开了一次包括 10 个国家（宋、晋、楚、蔡、卫、陈、郑、许、曹、鲁）的和平大会，史称"弭兵之盟"，勉强赢得了大约三四十年的相对和平。

最后的旗号是赤裸裸的"反恐""复仇"，如吴越争霸。

春秋后期，地处东南水乡的吴国和越国先后崛起，这既是两国奋发图强的结果，也是大国间政治博弈的结果。北方霸主晋国在与南方强国楚国的长期斗争中难见高下，于是在楚国的东面，扶持起一个日渐强大的吴国来，意在牵制楚国。察觉之后的楚国也不得不选择扶持一个与吴国相邻的越国，以牵制吴国。而吴越两国也在此过程中相互竞争，结下世仇。

公元前496年，吴王阖闾率军攻越，双方主力战于檇李（今浙江嘉兴县西南）。越用一批死刑囚徒在阵前自刎，祈求吴国，这是当时越国太子勾践设计的奇谋，使得吴军莫名震惊，而越国军队却因自己死去的同胞而同仇敌忾，士气大振。勾践趁此发动猛攻，大败吴军。阖闾负伤而死，夫差继位为吴王。

吴王夫差即位后不忘国耻。他在自己的寝宫门口专门设一个人，每当自己出入寝宫，就让那人问自己一次："夫差，你忘了杀父之仇了吗？"夫差自己回答一遍："未敢忘！"最后，在伍子胥和孙武的帮助下，夫差终于战败了越王勾践。勾践率余部5000人被围于会稽山上。勾践请降，大臣伍子胥建议不许，认为"今不灭越，后必悔之"。吴王夫差志在称霸，因此选择了纳降而不是杀降，以免其他国家再不敢投降于吴国。但纳降条件是越王夫妻到吴国做人质。此后三年，勾践夫妇为阖闾守墓，为夫差驾车养马，小心侍奉，甚至尝夫差的粪便来帮他判断疾病。其高超的演技，赢得了夫差的充分信任，获释回国。

回到越国的勾践卧薪尝胆，发愤图强。在谋臣文种、范蠡辅佐下，一面向吴进贡珠宝美女，俯首称臣，以麻痹吴王；一面重振了越国。后来趁吴王夫差北向中原争霸之机，打败了吴国，并逼夫差自杀了。

可以说自春秋末期以后，国与国之间已彻底无"义战"。

四、谢幕的次序

公元前237年，秦王嬴政亲政后，开始着手规划统一六国的大业。其总的战略方针是由近及远，集中力量，各个击破。

秦灭六国，这最后的六个国家又是怎样一个谢幕的次序呢？

第一个谢幕的是韩国。公元前230年，秦将内史腾灭之。

秦王嬴政首先选择的攻击目标为韩国。因为韩国的实力在六国中最弱，却地处要冲，是秦国走向统一道路的第一个障碍。但是，韩国还没有到不堪一击的地步。因此，在用主力进攻韩国的同时，秦对韩采取扶植亲秦势力以从内部瓦解的策略。公元前231年，韩国南阳郡"假守"（即代理郡守）腾向秦国献出他所管辖的属地。腾被秦王政任命为内史，后又派他率军进攻韩国。腾对韩国了如指掌，所以进展顺利，于公元前230年（秦王政十七年）俘获韩王安，灭了韩国。

第二个是赵国。公元前228年，秦将王翦灭之。

公元前229年，秦利用赵国发生大地震和大灾荒的机会，派王翦领兵攻赵。赵国派李牧、司马尚率兵抵御，双方相持了一年。秦国再度上演离间计，重金收买赵王宠臣郭开，让他散布谣言，说李牧、司马尚拥兵自重，企图谋反。糊涂的赵王又一次轻信谣言，派人往前线取代李牧。名将李牧深知大敌当前君命有所不受的道理，拒不交出兵权。赵王竟然派人秘密逮捕并处死了他，还同时杀掉了李牧的副将司马尚。失去了李牧的赵军立刻失去了战斗力。秦军如入无人之境，攻城略地，痛击赵军。公元前228年（秦王政十九年），秦军攻破赵国都城邯郸。赵王迁投降，赵国灭亡。只有公子嘉带着自己的族人逃到代郡（今河北蔚县）自立为代王。公元前222年，秦国彻底灭掉燕国之后，也一并将与燕国残余势力合力抗秦的代王俘虏了。

第三个是魏国。公元前 225 年，秦将王贲灭之。

公元前 231 年，魏景湣王迫于秦国的强大威力，主动向秦献出丽邑，以求缓兵。此时，秦王政正调集兵力准备向赵国发起总攻，不想分散兵力攻魏，就接受了献地。这使得魏国又维持了数年残局。

然而，正在全力对付北方燕赵的秦国，得知一部分逃亡到魏国的韩国贵族正在魏都大梁酝酿反秦。秦国立即调转兵锋，暂时放下已经奄奄一息的燕国，派大将王贲迅速统兵南下，于公元前 225 年（秦王政二十二年）围攻魏都大梁（今河南开封）。魏军紧闭城门，坚守不出，秦军强攻不下。王贲想到张仪曾经预言的水攻之法，将黄河、鸿沟掘开，引水灌注大梁。三个月后，大梁城墙坍塌，魏王被迫投降。魏国就此灭亡。

第四个是楚国。公元前 223 年，秦将王翦灭之。

楚国是南方强国，是历史上第一个公然称王、与周王室分庭抗礼的国家。它疆域辽阔，经济富庶，号称拥有百万甲士。然而战国后期的楚国，国君懦弱，贵族腐败，争权夺利，人才大量流失，国家一蹶不振。

公元前 228 年，楚幽王死，楚国统治集团发生内讧。幽王的同母弟犹即位为哀王，但仅两个多月，就被异母兄负刍的门徒杀掉了。负刍成为楚王，楚王室更加分崩离析。就在楚国发生内乱的时候，秦王政不失时机，于公元前 226 年调兵南下连续夺得楚国十余个城池。公元前 224 年，秦王嬴政先派年轻将领李信率 20 万秦军攻楚。李信年轻冒失，中了楚国名将项燕之计，被楚军大败。随后，秦王派老成持重的大将王翦率 60 万秦军攻楚。王翦入楚境后，屯兵修养，坚壁不出，以逸待劳。过了一年多，待到秦军对楚国水土气候基本适应，而楚军长期僵持，斗志渐渐松懈、纷纷撤退的时候，抓住时机全军出击，一举击溃了楚军主力，杀死了楚军统帅项燕。长驱直入，攻占楚国最后的一个都城寿春（今安徽寿县），俘虏了楚王负刍。楚国灭亡，时为公元前223 年（秦王政二十四年）。

第五个是燕国。公元前222 年，秦将王贲灭之。

秦国大军在灭赵的过程中已经兵临燕国边境。燕王喜手足无措。主持燕国政务的太子丹设计了一次孤注一掷的暗杀行动，即历史上有名的荆轲刺秦王。

时值公元前227 年，荆轲以燕国求和使者的身份前往秦国献图。正在大举推进统一战争的秦王嬴政得知燕国有主动归顺的意思，以隆重的仪式迎接了燕国使者荆轲，似要考虑和平解决燕国统一问题。想不到燕太子丹派荆轲搞自杀式袭击，刺杀秦王未遂。秦王嬴政震怒，发动大军，提前了灭燕之战。

公元前226 年，秦军攻下燕都蓟（今北京市附近），燕王喜与太子丹逃往辽东郡。秦将李信率领秦军数千人，穷追太子丹至衍水。太子丹因潜伏于水中幸免于难。后来，燕王喜经过权衡利害关系，派人将太子丹杀掉，将其首级献给秦国，想以此求得休战，保住燕国不亡，但已经不可能遏止秦国的攻击了。燕王喜逃到辽东以后，秦军主力南下进攻魏国和楚国。公元前222 年，王贲奉命攻伐燕国在辽东的残余势力，俘获燕王喜，燕国彻底灭亡。

最后一个是齐国。公元前221 年，秦将王贲灭之。

公元前221 年，秦王嬴政命令胜利消灭燕国残余势力的大将王贲统兵南下，直逼东方六国中最后一个国家齐国。从春秋到战国中期，齐是山东诸国中比较强大的一个。但是，公元前284 年，在燕国的串通联合下，燕、赵、韩、魏、楚五国攻齐，尤其是燕将乐毅连下齐国七十余城，令齐国几近亡国。自此齐国一蹶不振。

与此同时，秦国长期坚持远交近攻的外交策略，在相距最远的齐国大力培植亲秦官员。终于培养出一个叫后胜的人爬上了齐国宰相的位置。一大批齐国官员也随着后胜侍奉秦国。他们认为齐秦是姻亲，根本不用备战抗秦，也不要帮助晋、燕、楚攻秦。正是在这种情况下，王贲南下伐齐，几乎就没有遇到过抵抗。王贲率大军长驱直入，兵临城下，临淄城中的齐王建与后胜立刻不战而降。齐国灭亡。

至此，秦国扫灭六国，一统天下。值得一提的是，被称之为"暴军"的秦国军队在秦始皇克制谨慎的命令下，在最后扫灭六国的战斗中，从未屠城，这在以往灭国战争中前所未有。

这个灭亡的次序，基本符合当年范雎建议的远交近攻之策。秦国由近及远，依次"收割"了东方六国。

从秦襄公勤王立国（前 771 年），到秦穆公用百里奚称霸西戎（前 620 年），到秦孝公用商鞅变法（前 359 年），再到秦始皇统一天下（前 221 年）。秦国数十代君王励精图治，矢志不移，终于成就大业。最后，秦始皇用 10 年时间，风卷残云，席卷天下，结束了为时 549 年的春秋战国乱局，建立了具有划时代意义的大秦帝国，终于让中华民族告别了 500 年空前惨烈的弱肉强食之痛。

雄 王 争 霸

　　春秋战国是一个弱肉强食的乱世。诸侯争霸成为主客观必然。除去部分昏庸愚钝之辈，大多数诸侯都会主动追求强大，企图屹立于诸侯之林，甚至一统天下。但在这场残酷的竞争中，成功者、称得上霸主的人，毕竟只是少数。他们也是整个春秋战国争雄逐霸的代表。

一、春秋霸主

　　通常讲到春秋，人们都说春秋五霸。多数所指的五霸仅限于中原地区，未包括春秋后期崛起于南方吴越地区的吴王阖闾和越王勾践，也未包括春秋前期被称为小霸的郑庄公。如将他们都算进来，应该是春秋八霸了。

　　这里，首先讲克段于鄢、射王中肩的春秋小霸郑庄公。

　　郑庄公，名叫寤生，生于公元前757年，死于公元前701年。是姬姓诸侯郑国的第三代国君，也是世袭的周王朝卿士。他在位时间为公元前743年至公元前701年。他的祖父郑桓公是郑国的开国之君，是周宣王的弟弟，原来被封在郑（今陕西华县东），周幽王时担任司徒，在骊山之难时，为保护他的侄儿周幽王，被犬戎军队同周幽王一道杀死在骊山。郑庄公的父亲郑武公率领宗室队伍，参与驱逐犬戎，并护送周平王东迁，也有勤王之功，被任命为周朝卿士。郑国也一并迁往中原，到达今天的河南，兼并了郐（今河南密县东南）和东虢（今河南荥阳东北）两个小国，建立了新的郑国。

郑庄公这个人，是个天生的政治家。他自幼就表现出过人的政治韬略。他的一生，凭借着过人的战略眼光和精于权谋、谙熟军事、善于外交的本领，在春秋列国纷争中率先小霸中原，拉开了春秋争霸的历史序幕。

郑庄公的人生起步并不顺利，他的名字就是个见证。他名叫寤生，这名字有两种解释，一是难产，二是在母亲睡梦时出生。总之，他的出生大大地惊扰了他的母亲武姜（申侯之女）。因此，他从小就不受母亲喜爱。大概他的母亲也是个迷信之人，认为这孩子是她的克星。这给郑庄公的人生带来了很多的麻烦。

郑庄公有个弟弟名叫段。出生时顺产，而且据说一表人才，深得母亲宠爱。所以，母亲就向他们的父亲郑武公吹风，建议废长立幼，立段为太子。郑武公没有同意，还是坚持传位于寤生。郑庄公继位之后，母亲继续帮助弟弟段，先是请求将制邑（今郑州市荥阳汜水镇）作为段的封邑。庄公拒绝说："制邑地势险要，关系国家安危。"母亲又改而要求把京（今郑州市荥阳东南）封给段。京是一个大邑，比郑国的都城还要大，而且人口众多，物产丰富，庄公也不愿意。但是碍于母亲的面子，只好答应了。大夫祭仲进谏说："京邑比都城还要大，不可作为您弟弟的封邑。"庄公说："这是母亲的要求，我不能不听啊！"弟弟段到京邑后，号称京城太叔，仗着母亲的支持，大肆发展起自己的势力来。

郑庄公深知母亲对自己继位感到不快，对母亲与段企图篡权的阴谋也心知肚明，但他却隐忍不发，不动声色。段在京城的不臣之举引起了人们的议论，大夫祭仲就曾对庄公说："臣属的都邑，城垣周长超过三百丈，就可能成为国家的祸害。所以先王之制规定，封邑大的也不得超过国都的三分之一。现在京城的规制不合法度，您怎么能容忍呢？"庄公无奈地说："姜氏欲之，焉辟害？"意思是母亲要这样，我哪里能避开这个灾祸呢？祭仲说："姜氏哪有满足的时候？不如及早给段安置个地方，不要让他再发展蔓延了。一经蔓延将难于对付。蔓延的野草尚且难除，何况是您受宠的兄弟呢？"

老谋深算的庄公却欲擒故纵。他表面上一让再让，放任段的野心膨胀，而暗地却在段的身边安插自己的耳目，准备对母亲和段下手。利欲熏心的段得陇望蜀，竟命令西部和北部边境的军民也听命于自己，还把京邑附近两座小城也强行纳入自己的管辖。大夫公子吕非常担心，他对庄公说："一国不可有二君，大王究竟作何打算？如果您要把君位让给太叔，臣就去侍奉他。如果不打算让，那就请除掉他，不要让百姓产生二心。"庄公却阴狠地说："多行不义必自毙。"

太叔段不断僭越，一再挑战郑庄公的权威和底线，而郑庄公却一次又一次地忍让。难道他真的相信不用自己动手上天就会惩罚段吗？事实并非如此。作为一个城府极深的政治家，郑庄公喜怒不形于色。他深知过早动手，即便胜算，也必遭外人议论，留个不孝不义的恶名，所以他故意让母亲和太叔段的阴谋彻底暴露，从而占据道德的制高点。由此可见，其作为一个政治家的权谋之深，为了最终除却政敌，不惜牺牲百姓、亲弟弟和母亲。

太叔在京城加紧囤粮练兵，拓展势力，又与母亲武姜保持密切联系，里应外合，精心准备谋反篡权。郑庄公眼看收网的时机成熟了，就假装对外宣称他要前往朝见周天子，给母亲和弟弟创造造反的机会。母亲武姜利令智昏，认为是个难得机会，赶紧写信给段，约定反叛的日期。郑庄公周密部署，准确截获了他们的书信，掌握了他们的叛乱计划。就在段举兵叛乱的同时，郑庄公派公子吕统率二百辆战车，大张旗鼓地前往京城讨伐。京城的人都看到了太叔段的谋反行为，起而反对，太叔段仓皇逃往鄢（今河南省鄢陵县一带）。庄公又挥军鄢地，穷追猛打。太叔段只好逃到共国（今河南省辉县市），得到庇护。一场叛乱风波才被平息。此后，郑庄公又演出了一场"黄泉认母"的故事，修好了与母亲武姜的关系，彻底降服了作为政敌的母亲，也赢得了民心，也才完全稳固了他在国内的政治地位。这个故事又叫郑伯克段于鄢，《左传》中有精彩的记述。

郑庄公雄才大略，随着郑国势力范围的不断拓展，身为王朝卿士的郑庄公居然与周桓王之间发生了激烈的矛盾，展开了历史上著名的繻葛（今河南长葛市北）之战。大败王室军队，而且射中王肩，使得周王室从此威风扫地，再也没有敢征讨过诸侯（前文《礼崩乐坏》述及，从略）。

郑庄公这个天生的政治家一生功业辉煌。他在位期间，分别击败过周、虢、卫、蔡、陈联军及宋、陈、蔡、卫、鲁等国联军。御燕、侵陈，大胜之；伐许、克息、御北戎，攻必克，战必胜，可谓战绩显赫。内政外交，均显示了非同寻常的雄才大略。正是他拉开了春秋争霸的历史序幕。

继郑庄公小霸中原之后，齐国出了一位雄才大略的霸主，那就是尊王攘夷、九合诸侯的春秋首霸齐桓公。

齐桓公，名小白，生年不详，死于公元前643年，被众多史学家尊为"春秋五霸"之首。他是齐国开国之君姜子牙的第十二代孙，是齐国第十五位国君。他在位时间为公元前685年至公元前 643 年。

作为春秋五霸之首的齐桓公，的确有其过人之处。

原来，齐襄公诸儿、齐桓公小白和公子纠，是兄弟三人，都是齐僖公的儿子。齐襄公与他的亲妹妹文姜（鲁桓公之妻）兄妹私通，加之他反复无常、不讲信用的性格，导致了杀身之祸。取而代之的公孙无知也很快被杀，齐国陷入内乱。公子小白从他避难的莒国赶回齐国争位，他的哥哥公子纠从鲁国赶往齐国争位。鲁庄公是公子纠的舅舅。按说，公子纠是哥哥，加之有鲁国这个靠山，公子纠比小白的实力强。但小白先行一步，先回到了齐国国都临淄。齐国贵族和大夫们分析，如果迎公子纠回来继位，鲁国必定对齐国产生重大影响，向齐国索取利益。而拥立公子小白，小白的母国是相对弱小的卫国，对齐国构不成威胁。于是齐国以小白先到为由，拥立了他，即齐桓公，而拒绝了鲁国和公子纠。

在双方都赶往齐国临淄的路上，发生过一个插曲。公子纠的老师管仲带兵堵截住莒国到齐国的路。大约在今天的山东平度市附近，管仲一箭射中小白的衣带钩子。小白应声倒下，咬破舌头装死，骗过了管仲。鲁国于是就慢悠悠地送公子纠回国继位，过了六天才到。这时公子小白已经在师傅鲍叔牙的护送下，日夜兼程赶回了齐国，被立为国君了。这个故事史称"射带中钩"。

接下来，齐国军队与鲁国护送公子纠的部队在干时（今天的山东桓台）大战一场，打败鲁军。之后，鲁国迫于齐国的压力，杀了公子纠，并按照齐国要求将辅佐公子纠的管仲活着送回齐国。由此也成就了齐桓公与管仲君臣知遇、称霸诸侯的历史佳话。

起初，齐桓公记射带中钩之仇，要杀了管仲。他的师傅鲍叔牙劝说："臣幸运地跟从了您，您现在成为国君。如果您只想治理齐国，那么有我叔牙和高傒这班人就够了。如果您想成就天下霸业，那么非管仲不可。管仲到哪个国家，哪个国家就能强盛，您千万不能失去他。""当初管仲辅佐公子纠，射带中钩是可以理解的。今天，如果国君您任用管仲，他将为您射天下。""射天下"之言打动了桓公。

但齐桓公依然假意要亲手杀死仇人，从鲁国把管仲活着要回了齐国。

管仲回到齐国，齐桓公亲自到郊外迎接。继而与管仲谈论霸王之术，考察他的才能，结果大喜过望。于是拜管仲为相，二人君臣同心，开始励精图治，对内整顿朝政、厉行改革，对外尊王攘夷，存亡续绝。这一时期，齐国起用了一批各有所长、尽忠职守的杰出人才。其中最具代表性的便是史上著名的"桓管五杰"：大司行隰朋，大司田宁戚，大司马王子城父，大司理宾胥无，监察谏议东郭牙。这些人与"桓管"一道组成了强有力的齐国领导集团。

齐桓公任用管仲等贤才，进行了包括土地制度、户籍制度、经济制度和军事制度在内一系列深刻的改革。在发挥齐国靠海，开发鱼盐之利；开山采矿，制钱冶铁；官办红灯区商业街，吸引天下商贾，坐享税收等多方面取得了显著的成效，国力大增。与此同时，"连五家之兵"，军力大增。

在稳固发展内政之后，在管仲建议之下，齐桓公打起了"尊王攘夷"的大旗，公开始走上称霸的道路。他先是与邻国修好，化敌为友，归还以前侵占鲁国的棠、潜两邑，将鲁国变成了南边的屏障；归还卫国的台、原、姑、漆里四邑，将卫国变成齐国西边的屏障；归还燕国的柴夫、吠狗两邑，将燕国变成北部的屏障。齐桓公这些举动也是需要资本的，一般国家根本不可能做到。他所归还的土地都是先前的君主，特别是齐襄公对外扩张、开疆拓土的战果，所以桓公的事业是建立在其先人基础之上的。

经过一段时间的改革、经营和"国际"运作，桓公五年（前681年）春天，齐国在甄（今山东鄄城）召集宋、陈、蔡、邾四国诸侯会盟，齐桓公自此成为历史上第一个充当盟主的诸侯。这次会盟中，宋国自怀心思违背盟约，齐桓公便以周天子的名义，率领几国诸侯伐宋，迫使宋国求和。另外，齐桓公还乘势灭了郯（在齐国南面）、遂（今山东省宁阳、肥城一带）等小国，拓展了势力，树立了威望。

桓公二十三年（前663年），北方的山戎攻打燕国，燕国面临灭顶之危，向齐求救。齐桓公率领诸侯军队救燕，打败山戎，一直打到孤竹（今河北卢龙一带）才收兵。获救之后，燕庄公感激不尽，送齐桓公出了燕国边界，直送到齐国境内。齐桓公干脆人情做足，说："不是天子，诸侯是不能送出国境的，我不可以僭越。"就把燕君所到的原属于齐国的土地割给了燕国，同时叮嘱燕君学习昔日召公为政，像周成王、周康王时一样给周朝纳贡。面对齐桓公的鼎力救助和尊王善言，不仅燕君，其他诸侯听说此事，都真心诚服，拥护齐国了。齐国自然成了中原诸侯的主心骨，成了奄奄一息的周王朝和华夏文明的"卫道士"。

齐桓公二十五年（前661年），北方的狄人攻打邢国（在今河北邢台市），邢国几乎灭亡，只剩下太子带了五千多遗民逃亡出来。齐桓公再次出兵救援，抵御了狄人对中原的入侵。当看到邢国故国已经被毁，还帮助他们重建了国都。

齐桓公二十七年（前659年），桓公的妹妹哀姜，也就是鲁闵公的母亲，和鲁公子庆父淫乱。庆父弑闵公，哀姜想立庆父为鲁国国君，而鲁国人想立僖公。齐桓公深明大义，召回哀姜，并将其处死，有力维护了礼制。

齐桓公二十八年（前658年），卫文公被狄人骚扰，向齐求救。齐国再次打败狄人，并为卫国筑楚丘城，把卫国臣民南迁到那里，让他们远离北方少数民族的威胁。

这一系列举动，使得齐桓公在华夏各诸侯国中，建立了极高的威望。正是他团结诸侯，对外攘夷，对内维护礼制，从而保护了华夏文明。

公元前 657 年，也是齐桓公二十九年的一天，桓公和蔡姬在水中乘船游玩，生于南方水乡的蔡姬故意晃船取乐，桓公害怕，阻止蔡姬。蔡姬顽皮不听，更加晃个不停。齐桓公出船后大发雷霆，把蔡姬送回了蔡国。蔡侯也很不高兴，一气之下竟将并未退婚的蔡姬又嫁给了楚成王。齐桓公颜面尽失，决定兴兵讨伐蔡国。齐桓公三十年（前 656 年）春，齐国纠合鲁、宋、陈、卫、郑、许、曹七国诸侯伐蔡，蔡国臣民反叛其国君，归顺了齐国。联军借势继续南下，声称要讨伐不愿向中原周王朝称臣的楚国。楚成王起兵迎战，并派使者问齐国君臣："你们住在北海，我们住在南海。风马牛不相及，你们来到我国干什么？"管仲代齐桓公回答说："从前召康公对我国先君太公说过：'你要讨伐诸侯，辅助周室。'东到大海，西到黄河，南到穆陵，北到无棣我们都可以讨伐；（多年来）楚国没有进贡包茅，使周王祭祀时没有茅草用来缩酒（将茅草铺在祭台前的地上，将酒洒在上面，酒渗下去，就视同神鬼和先人饮用了）；（当年）周昭王南征没有回来。是因为这些来责问你们。"

面对齐国为首的中原诸侯联军，楚国避重就轻，灵活应对。楚王回答说："没有进贡包茅，实有此事，这是寡人的过错。但是周昭王南征没有回来，你问汉水去吧。"这也实事求是。承认未进贡包茅，表示以后改正，也给了打起尊王旗帜的齐国面子，做了适度的退让。但周昭王南征之时，楚国尚未控制汉水。所以周昭王乘船漏水被淹死的罪过楚国人不想承担，也不该承担。这是齐国夹枪带棒强加于楚国的，楚王予以了明确的回绝。

在外交谈判的同时，楚王派屈完带兵抵御，中原联军退回召陵（今河南漯河市区东部）。为了威慑楚人，齐桓公让楚国使臣观看联军的演习。楚臣屈完对桓公说："您若以德服人最好。如若不然，那么楚用方城山作为城墙，以长江汉水作为护城河，和你决战，你还能打赢吗？"齐桓公心知与楚国相拼胜负难料，现在楚国已经做了进贡包茅的退让，于是见好就收，讲和退兵了。但这次让楚国答应继续给周王室进贡包茅，至少在形式上维护了周王室天下共主的地位。

桓公三十五年（前651年）夏，齐桓公再次与诸侯在葵丘（今山东东明县境内，一说在河南兰考）会盟。周襄王派上卿宰孔赐予桓公文武胙（祭祀周文王、周武王用的腊肉）、彤弓矢、大路（诸侯朝服之车），受赐时还不用桓公下拜。齐桓公有些骄矜，真的想不拜了，管仲赶紧说："不可！"桓公才勉强下拜受赐。这年秋天，齐桓公又和诸侯会于葵丘，周派宰孔参加。桓公的自得骄矜越加显现，诸侯有不少心怀不满。这一年，晋献公死去，晋国发生了骊姬之乱，秦穆公帮助立公子夷吾为晋君，齐桓公也出兵帮助平息了晋乱。

到这时，周王朝愈加式微，而齐、晋、楚、秦几个诸侯大国中，晋国内乱，秦国偏远，楚王以蛮夷自居，齐桓公就成为名副其实的中原霸主了。环顾自己取得的功业，齐桓公志骄意满地说："寡人向南打到召陵，望见熊山（今天的神农架）。北伐山戎、离枝、孤竹。西伐大夏，深入流沙之中。登上太行山，到卑耳山（山西平陆县西北）才返回。诸侯们都不违背寡人。我三次联合诸侯出兵，六次和诸侯会盟，定了周襄王的太子之位。说以前三王伟大，现在我和他们有什么两样吗？"齐桓公于是想像古代的圣主明君一样，到泰山封禅，向上天昭告自己的功业，但他封禅泰山的想法终未能如愿。

齐桓公富有急智，胸怀博大，广纳贤才，所以他能逢凶化吉，登临君位，又能称霸天下，开创春秋首霸大业。

齐桓公在位43年，霸业鼎盛之后却晚景凄凉，最终在小人的围困和儿子们的争斗中死去。

一代真正的霸主死去了，一个志大才疏、迂腐虚伪的"空心大萝卜"宋襄公以为自己的时机到了，妄想取而代之。

宋襄公，名兹甫，是宋国第十一代国君，其生年不详，死于公元前637年，被部分史家认作春秋五霸之一，在位时间从公元前650年至公元前637年。

这是个令人费解的历史人物，曾以贤德著称。年轻时曾主动要让位给贤德的庶兄子鱼，而子鱼未受。后来紧跟齐桓公，国家发展得也还不错。齐桓公死后，他便产生了当霸主的想法，打着仁义的旗帜，干了很多不仁不义和迂腐虚伪的事情，因此说他是个志大才疏、迂腐虚伪的"空心大萝卜"。

齐桓公死后，齐国大乱，众公子争位。宋襄公受齐桓公遗命，统领卫、曹、邾等三个小国和宋国联军送公子昭回国当上了国君，这就是齐孝公。宋襄公为大国齐国的齐孝公复位发挥了重要作用，于是自认为是件惊天动地的大事，足以立威称霸了，便想会盟诸侯，把自己的盟主地位确定下来。他把立威的目标选定为征服东夷。周襄王十一年（前641年），宋襄公与曹、邾两国会盟，而后，又命邾文公把会盟来迟的鄫国国君当作祭品杀了去祭祀河神，想借此来威胁东夷各国臣服。用一个国君作为牺牲去祭祀河神，这是很不人道的事情。很多人都看出宋襄公假仁假义，实质是想震服诸侯，于是很多诸侯都离他而去。陈、蔡、楚、郑等国在齐国进行了结盟，而围绕在宋襄公身边的只有卫、郑、曹、滑等几个小国，宋襄公的霸主梦日渐渺茫。由于宋君是商朝后裔，是投降归顺周的商朝遗民，宋襄公的臣子们就劝他说一个家族不可能二次兴起的，意思说您别起称霸野心自找麻烦了，免得招致周王室和周的宗亲诸侯们的不满。

但宋襄公并不死心。公元前639年，他派使者去楚国和齐国，再次商讨会盟诸侯的事，以取得楚国和齐国的支持。他的如意算盘是楚国国力强盛而爵位低于自己，可以利用；齐国齐孝公是自己辅助登上君位的，应该感谢自己。有这两个大国响应，其会盟之事必成。楚成王接到邀请后觉得可笑，想不到世上竟有宋襄公这等不自量力的人。楚国大夫成得臣却认为："宋君好名无实，我们正可利用这一时机进军中原，一争盟主之位。"楚成王觉得言之有理，便将计就计，答应参与会盟。

公元前639年春天，宋襄公、齐孝公、楚成王相聚在齐国的鹿地。宋襄公凭着自己的爵位资历比楚、齐国君高，认为盟主非己莫属，便自作主张拟定一份在宋国会合诸侯、共扶周天子的召告，并把会盟的时间定在当年的秋季。楚成王和齐孝公两人对宋襄公的这种做法很不满意，但当时都未表态。这算是会盟前的一次筹备会议了。

到了这年秋天约定会盟的日子，宋襄公会楚、陈、蔡、许、曹、郑等六国国君于盂（今河南睢县西北），而齐和鲁两个有影响的国君没有如约。

宋襄公说："今日会盟，是仿效齐桓公，订立盟约，共辅周天子，停止战争，以使天下太平。"楚成王问："但不知这盟主由谁担任？"宋襄公回答说："有功论功，无功论爵。"宋襄公话音刚落，楚成王就坐到了盟主的位置上。他说："楚国早就称王了，宋国是公爵，比王低一等，所以盟主自然该由我来做。"宋襄公一看楚王要夺盟主之位，不禁大怒，指责楚成王说："宋的公爵乃是周天子所封，普天之下无人不承认。而楚国的王乃是自封的，有何资格做得盟主呢？"楚成王毫不客气地问道："既说我是假王，为何请我来会盟？"宋襄公眼看如意算盘落空，便向到场的诸侯们讨公道说："楚国本是子爵，假王压真公。"会场气氛顿时紧张起来。本来，宋襄公想照猫画虎，模仿齐桓公搞什么"衣裳之会"，就是让诸侯和随从们都不穿铠甲，不带兵刃，来开一个和平的大会。想不到他不是齐桓公，根本没那个号召力，何况楚国人一直得不到周王室承认，干脆以蛮夷自居，也就不遵循什么礼仪了。这时，楚国大臣成得臣脱去长袍，露出里面穿的全身铠甲，手举一面小红旗一挥，那些楚王随从纷纷脱去外衣，原来个个都是内穿铠甲手持利刃的兵士。他们冲上台来，吓得会盟的诸侯四散而逃。楚成王把宋襄公拘押起来，然后指挥五百乘的大军浩浩荡荡杀奔宋国。幸亏宋国大臣早有防备，他们假装另立了国君，以免楚国要挟；同时坚守城池，使楚成王乘机灭宋的阴谋未能得逞。楚成王把宋襄公带回了楚国。过了几个月，在齐国和鲁国的调解下，楚成王觉得抓了宋襄公也没什么用，才把他放归回国。

宋襄公自此对楚国怀恨在心，但是由于楚国国富兵强，也没什么办法出气，于是就打算讨伐比自己弱小而新近依附于楚国的郑国。

公元前 638 年夏天，宋襄公不顾子鱼等人的反对，出兵伐郑。郑文公立即向楚国求救，楚成王接报后，没直接去救郑国，而是统领大队人马直接杀向了宋国（可见"围魏救赵"的战术春秋时期的楚国人已经发明了）。宋襄公慌了手脚，星夜带领宋军回撤。待宋军在泓水边扎好营盘，楚国的兵马也来到了对岸。大夫公孙固对宋襄公说："楚军到此只是为救郑国。咱们已经从郑国撤军，他们的目的已经达到了。咱们弱小，不能硬拼，不如与楚国讲和算了。"宋襄公却说:"楚国虽然兵强马壮,但缺乏仁义。我们虽然兵力单薄,却是仁义之师。不义之兵怎能胜过仁义之师呢?"宋襄公还特意做了一面大旗,并绣了个大大的"仁"字,决心要用"仁义"来战胜楚国的刀枪。到了第二天天亮,楚军开始渡河。大臣公孙固向宋襄公说:"楚军白日渡河。等他们过到一半,我们杀过去,定能取胜。"宋襄公却指着战车上的"仁"字旗说:"人家连河都没渡完就打,那算什么仁义之师?"等到楚军全部渡完河,在河岸上布阵时。公孙固又劝宋襄公说:"趁楚军还在混乱中,我们发动冲锋,尚可取胜。"宋襄公听到此话极不耐烦地说:"人家还没布好阵便去打他,那还称得上是仁义之师吗?"不久,楚军布好了阵势,列队冲了过来,宋军大乱。宋襄公还勇敢地冲在最前面,却陷进了敌阵,被箭射中大腿。他身边的亲兵以命相搏才把他救回来。这就是历史上著名的泓水之战。

泓水战败之后,宋国的百姓们都对宋襄公很失望,有怨言,宋襄公却顽固不化地说:"君子不重伤,不禽二毛……寡人虽亡国之余,不鼓不成列。"意思是君子打仗不杀敌方的伤员,不抓敌方的老兵和年幼的士兵,我虽然是商朝亡国贵族,也不能趁人家没列好阵势就攻打人家。迂腐可笑之极!毫不懂得战争的非理性,不懂"兵者诡道也"!也可能古代原始社会的械斗确有仁义规则?但时代变了,战争性质不同,仍固守老的法则,必然要失败。宋襄公因泓水之战伤势发作,不久死去,他的霸图也就成为历史上的一个笑料。

过渡式的笑料人物宋襄公谢幕之后,一位历经艰辛、大器晚成的薄情霸主晋文公登场了。

晋文公,名重耳,生于公元前 697 年,死于公元前 628 年,是假途灭虢的晋献公之子，在位时间为公元前 636 年至公元前 628 年。他是春秋时代中原第一强国的缔造者，开创了晋国长达一个多世纪的中原霸权。

晋文公年少做公子的时候谦虚好学，善于交接贤能智士。后来，他的父亲晋献公宠爱年轻美貌的骊姬，导致重耳的哥哥太子申生被杀，国内大乱，史称"骊姬之乱"。在骊姬之乱中，重耳也受到迫害，离开晋国，游历诸侯，漂泊 19 年后终于回归故国。杀了侄儿怀公而自立。

大器晚成的晋文公对内拔擢贤能，对外联秦合齐，尊王攘楚，开创晋国长达百年的霸业，与齐桓公并称"齐桓晋文"，为后世史家所称道。

晋文公重耳在历史舞台的亮相要从公元前 656 年说起。这一年晋国发生了骊姬之乱。太子申生、公子重耳和公子夷吾三兄弟蒙冤奔逃。重耳逃到封邑蒲城，父亲晋献公派人追杀，重耳又逃到母国翟国。在翟国，重耳受到了很好的关照，并娶了从戎狄俘虏来的美少女季隗，还生了两个儿子。后来弟弟夷吾回国登上君位，又派人来杀重耳，重耳不得不再次踏上流亡之路。由于走得急，几乎没有带任何盘缠，一路艰辛，受到同姓诸侯卫文公的冷遇，向路遇的老农乞食，却被授以土块，重耳气愤之极。好不容易到了齐国，年迈的齐桓公倒是十分礼遇，送给车马馆寓，还嫁给他齐国宗室女子。这个齐国女子美丽娇艳，重耳于是沉溺于声色犬马之中，忘了君临晋国的大志。

公元前 643 年，齐桓公病逝，齐国衰落，想凭借齐国的力量回国称君已经不可能了。但重耳此时过得优哉游哉，已不愿继续流浪奔波了。跟随他的狐偃、赵衰等人，屡屡催促重耳继续寻求强大诸侯的帮助，重耳听不进去。于是狐偃他们密谋行程，恰巧被一个齐国侍女听到并报告给重耳的齐国夫人。此夫人亲夫而贱奴，她杀死侍女，并与狐偃们合谋，将重耳灌醉，然后拖上马车，快马出城，离开了临淄。等重耳一觉醒来，为时已晚。气得操戈要杀狐偃，边追边说："如果不能还国，我吃你的肉！"狐偃边逃边半开玩笑地说："如果复国失败，我死在荒野，也是被狼吃。若你能复国，晋国的肉都是你的，吃我的肉只怕你嫌腥。"重耳无可奈何地住了手，只好硬着头皮跟手下人一起上路了。

经过曹国时，国君曹共公轻贱无礼，居然偷看重耳洗澡，想看看传说中的重耳的骈肋（传说重耳的肋骨不是一根一根，而是两块平板）。这使得重耳登临君位后第一个就讨伐了曹国，以示报复。

经过郑国时也受到郑文公冷遇，还差点被郑国人谋害了。到达宋国倒是受到宋襄公盛情款待，又是送车马又是送美女，但此时宋襄公刚刚经历泓水之战，元气大伤。重耳一行只好继续前行。到了楚国也受到楚成王厚待。楚成王问重耳，我如此厚待你，日后你若登上君位怎么报答我啊？重耳思忖一会儿答道："若返国，皆君之福。倘晋、楚对战于中原，我必然退避三舍，以报今日之恩！"这个回答十分巧妙和狡猾，等于没有做任何实质性承诺。

公元前 637 年，晋惠公（夷吾）病重，正在秦国做人质的公子圉偷偷溜回晋国，继承父位，是为晋怀公。此事再次惹恼了秦穆公。于是秦穆公派人到楚国接回重耳，并嫁给他秦国宗室女子，其中还包括公子圉在秦国娶的一个女子。秦国送重耳回晋国，杀了晋怀公，立重耳为国君。

至此，重耳终于结束了长达 19 年的流浪，以 61 岁高龄登上晋国国君之位。

重耳登位之后，在狐偃、赵衰等一班能臣辅佐下，积极改革内政，拓展外交。同时，又任用名将郤縠为中军元帅，加强军队建设，晋国迅速成长为中原第一强国，并于公元前 632 年四月，与楚国在城濮（今山东鄄城西南）原野之上，展开了一场关乎春秋霸主归属和华夏文明走向的大战。

战前，晋文公履行了当年"退避三舍"的承诺，但同时又施展了一系列政治手腕，挑拨和联络秦、齐等国，孤立楚国。而楚将子玉却不听王命，决意与晋国一战，为楚王所抛弃，结果晋国大胜。从晋文公出征到城濮决战，仅仅四个月，晋国以一场闪电战席卷了中原大地。晋文公联秦、合齐、逼卫、慑鲁、败曹、救宋、破楚，一气呵成，刚刚继位不久即迅速确立了霸主的地位。

城濮之战大捷后的晋文公也打起了"尊王攘夷"的大旗。他一面向周襄王献捷，一面召集诸侯会盟。公元前 632 年五月，晋文公以周天子之命，召集齐昭公、宋成公、鲁僖公、蔡庄侯、郑文公、卫叔武（卫成公之弟，成公在野，未前往）及莒子，盟于践土（今河南原阳西南）。这年冬天，晋文公来到大夫赵衰的封地温邑（今河南温县西南），在周、晋边界上再度以霸主之命号召诸侯，晋文公主盟，与齐昭公、宋成公、鲁僖公、蔡庄侯、郑文公、陈穆公、莒国及郯国国君、秦孝公会盟，加固诸侯联盟。公元前 631 年，周襄王欲召集诸侯，晋文公代襄王命诸侯至翟泉（今河南洛阳市孟津县内）面见周天子。襄王特许晋国以执政兼上军佐狐偃代文公会盟。六月，诸侯之会如期举行，周襄王面见晋国特使狐偃、宋成公、齐昭公、鲁僖公、陈穆公、蔡庄侯、秦穆公，会盟于翟泉。晋国以臣子会见各诸侯之君，并与各诸侯一道觐见天子，彰显了晋国高人一头的优越感，也标志着晋国霸业达到了巅峰。

自此，晋文公已征服了齐、秦、宋、郑、卫、鲁、陈、蔡、莒、郯等诸侯国，成为继齐桓公后又一位真正的霸主。

晋文公在位 9 年撒手人寰。春秋霸主的位置终于归属于一位称霸西戎、志在中原的贤德之君秦穆公。

秦穆公，一作秦缪公，名任好，是秦国第十七位国君。他生于公元前 687 年，死于公元前 621 年，在位时间较长，从公元前 659 年到公元前 621 年，一共 39 年。

秦穆公以人为本，一方面诚揽人才，一方面赢得民心。得到百里奚、蹇叔、由余等贤臣辅佐，开地千里，称霸西戎，被周襄王封为西方诸侯之伯。

秦穆公诚揽人才，特别是招募到百里奚和由余，对其内政外交和军事争霸发挥了至关重要的作用。他听说百里奚的贤能，煞费苦心，派人从楚国用五张羊皮换回百里奚。当亲耳听到百里奚的治国高论，他欣喜若狂，将百里奚从奴隶提升到左庶长。百里奚帮他制定了先称霸西戎、再东进中原的战略，使秦国一方面很快稳固了在西部的霸主地位，一方面又避免了与中原强国争斗而被削弱。

当他见到贤人由余后，费尽心机，诚揽于麾下。

由余本是从中原流落到西部戎狄部落中的一位贤人。在一个戎狄部落，他受到部落首领的重用。一次，他以部落使节身份出访秦国，得到秦穆公赏识。秦穆公热情招待，曲意款留，让他在秦国多待了好长时间才送他回去。而在此期间，秦穆公让人给部落首领送去美女和乐师，使部落首领立刻陷于声色之中。待由余归来，见首领发生了变化，劝谏也听不进去了，而首领对其晚归也产生猜疑，彼此产生了嫌隙。由余眼看在部落中失去了信任，秦穆公借此机会将由余揽入自己的阵营。后来，由于由余对西部各戎狄部落的情况十分熟悉，在他的帮助下，秦穆公一举剿灭了二十多个部落，彻底统御了当年西周王朝的国都镐京京畿千里之地，使周平王封给他的先人秦襄公的一纸空文终成现实。

秦穆公不仅重视人才，还竭诚赢得人心。《资治通鉴》中记载了一个故事，说秦穆公走失了一匹马，被岐山脚下的"野人"捉住分给三百个饥饿的人一起吃了。官吏们抓住了分吃马肉的人，要依法处置。秦穆公说："有德才的人不因为畜生而杀人。我听说吃马肉而不喝酒，就会伤及身体。"于是，不仅没有杀人，还给他们送了酒去。后来秦国与晋国大战，秦穆公被晋军围困。正在千钧一发的危难之际，那三百个分吃马肉的人赶到战场，以死相救，来报答给马肉吃的恩德，帮助秦穆公大败晋军，还擒获了晋惠公。

秦穆公为了自强，不断向当时力量强大的晋国示好。他向晋献公求婚，晋献公就把大女儿嫁给了他。后来，晋国内乱，作为姐夫的秦穆公帮助公子夷吾回国做了国君，这就是晋惠公。但是晋惠公恩将仇报，反倒趁秦国灾荒之时发兵攻打秦国，结果惨败，晋国不得已割地求饶，还将太子圉送到秦国做了人质，加上秦穆公夫人的极力劝和，才勉强将两国的关系修好。秦穆公为了强化与晋国的亲密关系，又亲上加亲，把自己的女儿怀嬴嫁给了公子圉。然而公子圉与其父亲同样薄情，听说自己的父亲病了，害怕国君的位置会被传给别人，就扔下妻子，一个人偷偷跑回了晋国。第二年，夷吾一死，公子圉就做了晋国君主，这就是晋怀公，他跟秦国也不再往来。没想到公子圉又是一个忘恩负义的人。秦穆公再次气愤难忍，立即决定把逃到楚国的重耳接过来，还把女儿怀嬴改嫁给他。重耳在秦穆公的帮助下，杀了公子圉，如愿以偿当上了晋国的新国君，成为"春秋五霸"之一。

后来重耳也死了，中原各国的霸气消沉。志在中原的秦穆公终于打败已经成为中原霸主的晋国，得到周王室赐予的胙肉，被封为"西伯",从而巩固了"春秋五霸"之一的地位。

西部霸主秦穆公谢幕之后,另一位中原之外一鸣惊人、问鼎中原的有为之君登上了历史舞台,他就是楚庄王。

楚庄王,又称荆庄王,楚国第二十五任国君。他生年不详,死于公元前591年,是春秋时期楚国最有成就的君主,公元前613年至公元前591年在位,共23年。

庄王之前,楚国一直被排除在中原文化之外。而庄王称霸,不仅使楚国强大,威名远扬,也为华夏的统一发挥了重要作用。

楚庄王是个天生的政治家。他年少登基,适逢楚国高层政治斗争激烈,稍有不慎就可能性命难保。楚庄王十分聪明,他初登王位九年不理朝政,躲在深宫之中整日声色犬马,朝中之事交由成嘉、斗般、斗椒等若敖氏一族(楚国的一个非常强势的贵族)代理,还在宫门口挂起块大牌子,上边写着:"有敢谏者死无赦!"他的一系列用于自保的障眼法,让忠诚之士心急如焚。一天,大夫伍举进见庄王。楚庄王左抱郑姬,右抱越女,坐着悠闲地欣赏钟鼓音乐。他问伍举:"大夫来此,有何话说?"伍举说:"有大鸟,栖在高阜,三年不鸣也不飞。这究竟是只什么鸟?"楚庄王明白伍举的意思,笑着说:"三年不飞,一飞冲天;三年不鸣,一鸣惊人。"伍举明白了楚庄王的意思,高兴地退了出来。这就是成语"一鸣惊人"的来历。

又过了很久,楚庄王依然故我,既不"飞",也不"鸣",照旧声色犬马。大夫苏从来见庄王。他一入宫门便放声大哭。楚庄王问道:"先生您为何如此伤心啊?"苏从回答说:"我为自己就要死了而伤心,还为楚国即将灭亡而伤心。"楚庄王很惊讶,便问:"你怎么知道你会死呢?楚国又怎么会灭亡呢?"苏从说:"我想来劝告您,知道您听不进去,而且会杀死我,所以我知道自己要死了。君王整天观赏歌舞，游玩打猎，不理朝政，楚国的灭亡不是就在眼前了吗？"楚庄王听完大怒，斥责苏从："你找死吗？我早已说过，谁来劝谏，我便杀死谁。你明知故犯，真是愚蠢！"苏从悲痛欲绝地说道："我是很傻，可您比我更傻啊！倘若您将我杀了，我死后还可以得到一个忠臣的美名；您若是再这样下去，楚国必亡。那您可就是亡国之君了。您不是比我更傻吗？言已至此，您要杀便杀吧！"听了苏从的话，楚庄王说："大夫的话都是忠言，我必定照您说的办！"他当即停止了乐舞，开始理政。

实际上，在这九年之间，楚庄王一直在暗中发展力量。他通过打猎收罗武士，如后来平叛和征战中发挥了重要作用的神箭手养由基；他以佯狂之态，冷静观察，分清了满朝文武中的忠臣与奸佞。此时，他终于同意了伍举、苏从等人的建议，自此远离酒色，开始亲自处理朝政。

楚国朝政在庄王亲理之下，迅速拨乱反正，国家风气为之一振。本来周边国家和戎狄看到楚国衰乱，正借机攻打楚国。不久，楚庄王亲自率军击败不可一世的陆浑之戎，并追击至中原周王朝京城洛邑附近，令周王室和天下诸侯震惊。在这里发生了楚庄王问鼎中原的故事（前文述及，从略）。

楚庄王还有常人不及的博大胸怀。一次，庄王赐宴群臣。天黑了，大家喝得酒酣耳热之际，灯火突然熄灭，有人趁机拉扯了庄王爱姬的衣裳。美姬顺手扯掉那人的帽缨，回头悄悄向楚庄王告状说："刚才有人趁灯火熄灭拉扯我的衣裳。我已经扯断他的帽缨。赶快叫人把火点上吧！看看是谁的帽缨断了。"楚庄王说："宴赐群臣喝酒，让人喝醉而失礼，怎么可以为了彰显女人的节操而使臣子受辱呢！"于是传令说："今晚同我一起喝酒，不喝到帽缨断了，就不算尽兴。"现场大臣有一百多人，大家都把帽缨拉断，然后才叫人把火点上，大家都喝得尽兴才离席散去。据说楚庄王还很会做思想工作。他后来给爱姬解释说："千错万错都是你的错，谁让你长得这么漂亮呢？"

过了三年，晋楚两国交战，有位将军总是在前面冲锋陷阵，奋勇作战，带头击退了敌军，使楚国获得了胜利。楚庄王讶异地问他："我德行浅薄，又不曾特别优待你，你为何毫不犹豫地为我出生入死至于这样的地步呢？"那位将军回答说："我本就该死！当年喝醉失礼，君王您隐忍而不诛杀我。我常常希望自己能够肝脑涂地，以报答您！我就是那天晚上帽缨被扯断了的人哪！"

公元前597年春天，楚国出兵围困郑国，经过三个月，郑伯"肉袒牵羊"，至楚军前卑辞请降。楚国接受郑国的投降，两国结盟。此事令郑国原来依附的中原强国晋国十分不悦。当年六月，晋国救郑的大军渡过黄河而来。听说晋军渡过黄河，楚军内部就战与和的问题产生了分歧。楚庄王接受了宠臣伍参的建议，在邲（今河南荥阳东北）与晋国大战。这一战，因晋军内部不和，而楚国君臣决心一致，楚胜晋败。楚国一雪三十六年前城濮战败之耻。这一战十分惨烈的一幕，发生在晋军败退过程中。晋师荀林父见楚军大举来攻，心中慌乱，为了保存实力，竟然在中军敲响战鼓说："先渡过河（撤回）的有赏！"晋国军队在混乱中涌向黄河，争船抢渡。先上船者挥刀乱砍，船中断指之多，竟至可以捧起。而在追击败军的过程中，楚庄王和楚军胜而有节，大度放生，甚至还出现了楚军帮助晋军推战车逃亡的情景。战后，楚庄王也表现出知兵非好战的一面，没有接受下属关于收集败军尸体，建塔炫耀军功的建议。在这里，楚庄王向下臣们阐述了他对"武"字的理解。他说："止戈为武。"

邲之战是晋、楚争霸中的一次重要战役。经此一战，郑国彻底屈从了楚国。楚庄王如愿以偿地取得了中原霸权。

继楚庄王之后，南方又一位霸主崛起。他就是善于用人的阴谋家吴王阖闾。

春秋后期，中原诸侯特别是晋楚两家的博弈进入了低潮。而为了掣肘对方，晋楚两家分别扶植起地处南方的吴国和越国。由此促成了吴越两家的崛起。

阖闾又作阖庐，名光，又称"公子光"，吴国第二十四任君主。他生年不详，死于公元前496年。公元前514年至公元前496年在位。

阖闾的一大特点就是特别善于识人用人。他还是公子的时候，楚国蒙难奇才伍子胥去见吴王僚，跟他说攻打楚国的好处。阖闾（公子光）说："伍子胥的父亲和哥哥都是被楚王杀死的，所以他说要攻打楚国是为了报自己的私仇，不是为了吴国的利益。"吴王于是停止了攻打楚国的打算。但是公子光自己已经看出伍子胥是个人才，所以故意不让他得到吴王僚的重用，而私下里与伍子胥交往。伍子胥也看出了公子光的野心，两人一拍即合。在伍子胥的帮助下，阖闾谋刺了吴王僚，篡夺了王位。

篡夺王位后，阖闾召伍子胥为行人，以同为楚国奇才的伯嚭为大夫，共谋国事。经伍子胥推荐，阖闾召见了军事家孙武，就是中国历史上著名的军事家、《孙子兵法》的作者孙子，拜他为将军。于是，伍子胥、伯嚭和孙武三人成了吴王阖闾争霸天下的肱骨。

作为政治家的阖闾擅搞阴谋，惯用刺客。他要杀吴王僚而自立，伍子胥就把勇士专诸推荐给他。公元前515年，乘吴王僚的两个弟弟率领吴国军队远征楚国，内部空虚，公子光宴请吴王僚，让专诸藏匕首于鱼腹之中进献炙鱼。专诸当场刺杀了吴王僚，同时自己也被其侍卫所杀，史称"专诸刺王僚"。

　　公子光篡位也有他的理由，本来他的父亲是吴王诸樊。诸樊有三个弟弟：老二叫余祭，老三叫夷眛，老四叫季子札。诸樊知道四弟季子札贤能，因而自己不立太子，决定采取兄终弟及的传位方式，自己死后依次传位给三位弟弟，希望最后把国家交给季子札。诸樊死后，王位转给余祭。余祭死后，传给夷眛。夷眛死后，照理应传给季子札；季子札是位贤人，根本无心王权，就逃了出去，不肯继位。夷眛的儿子僚被立为吴王。公子光觉得："如果照兄弟次序传位，即所谓兄终弟及，季子札应当为王；如果要传位给儿子，即所谓子承父业，那么我是大宗宗子，是真正的嫡嗣，应当为王。"所以他密谋刺杀王僚，夺取王位。

　　刺死吴王僚后，登上王位的阖闾知道王僚的儿子庆忌逃往卫国，这成为其心头之患。阖闾又让伍子胥寻找勇士谋刺庆忌。伍子胥便推荐民间击剑高手要离，成功谋杀了"吴国第一勇士"庆忌，为阖闾稳固王位扫清了障碍。

　　《吴越春秋》还记载了一个阖闾引诱百姓为其女儿殉葬的残忍故事。阖闾的女儿早亡，阖闾非常悲痛，在阊门外为女儿大造坟墓。到了为女儿送葬那一天，阖闾令人一路舞着白鹤，吸引成千上万的市民跟随观看，到了墓地，阖闾"使男女与鹤俱入门，因塞之"。就是下令将跟随观看的人们全部赶进地宫，然后塞上墓门。这些观鹤的百姓就这样被埋进坟墓，为阖闾之女殉葬了。

　　阖闾一生最显赫的功绩就是打败楚国。楚国本是不可一世的大国。在伍子胥和孙武的辅佐之下，吴国的军队发展迅速，并不断用疲敌之计骚扰楚国。公元前 506 年，看到时机成熟，吴军出奇制胜，大败楚军于柏举（今湖北麻城），后跟踪追击，五战五捷，势如破竹，长驱直入，攻破楚国的国都郢城。楚昭王逃到随（今湖北随州），一路被吴军追击，险些丧命。强大的楚国经此一战几近亡国。伍子胥为了报杀父之仇，将楚平王的尸体挖出来，鞭打三百下，以泄其愤。而吴王阖闾则在郢都宫廷抢掠淫乐，直到楚国大夫申包胥到秦国宫廷哭请七天七夜，求得秦国出兵救楚，恰好吴国内部也发生叛乱，吴王阖闾等才急忙撤兵回国。这一仗极大地确立了吴国的军威，使得阖闾跃升于春秋末期的霸主之列。

但此后不久，阖闾便死于越国太子勾践之手。由此引出另一位南方霸主：韬光养晦的一流高手越王勾践。

勾践，是越王允常之子，传说属于黄帝的后代。约生于公元前520年，死于公元前465年。公元前496年至公元前465年在位。这是个特别能忍、特别阴柔的政治家，笔者称之为韬光养晦的一流高手。他也曾继吴王夫差之后，一度进军中原，称霸诸侯。

勾践做太子时，楚国联越制吴，吴、越冲突初起，那时越国实力尚弱。公元前496年，吴王阖闾兴师伐越。勾践统兵抗击来犯的吴军于檇李（今浙江嘉兴县西南）。勾践以军中死囚成列自刎，祈求吴军停止进攻越国，惊乱吴军而后一举打败吴军，并射伤吴王。吴王阖闾受伤，在归途中死去，临终前告诫儿子夫差："必毋忘越。"

夫差即位后，谨遵遗训，发愤图强，矢志报仇。公元前494年，勾践听说吴王夫差日夜练兵欲攻越以报父仇，打算先发制人。大臣范蠡劝谏他说不可，勾践不听范蠡的劝阻，发兵攻吴。吴王夫差亲率精兵击越，两军大战于夫椒。在孙子和伍子胥的运筹指挥之下，吴军大胜。勾践惨败之后率残兵五千，退守会稽山（今绍兴东南）。夫差追而围之。勾践非常后悔，对范蠡说："就因为没听您的劝谏，以至于今天的惨败。我们该怎么办呢？"面对危急，范蠡建议委曲求全，屈膝投降，卑辞厚礼以求和。

　　最初，吴王夫差纳伍子胥的意见，不许和。勾践就打算杀死妻子和儿子，焚毁宝器，与吴军拼了。大臣文种建议献美女宝器厚赂吴国太宰伯嚭，请他帮助向夫差请求称臣纳贡。伯嚭说服了夫差，答应了勾践的请求，但要勾践夫妇到吴国为他服役。勾践将国内事情托付给文种等大臣，带着夫人和范蠡去吴国。大臣们见国君为保国甘受屈辱，都哭着向他保证一定要治理好越国，百姓也都哭着为他送行。

　　公元前492年五月，勾践率妻子和大臣范蠡亲去吴国臣事夫差。夫差有意羞辱他，要他住在阖闾坟前的一个小石屋里守坟喂马，有时骑马出门还故意要他牵马在国人面前走过。勾践忍辱负重，自称贱臣，对吴王执礼极恭，吃粗粮、睡马房、服苦役，小心伺候夫差，做到百依百顺。三年时间，丝毫没有怨言，不愠怒，无恨色，甚至尝夫差的粪便来帮他判断疾病，其虔诚甚至超过了夫差手下的仆役。再加上伯嚭不时接受文种派人所送之礼而在夫差前为勾践说好话，使夫差认为勾践已真心臣服，决定放勾践夫妇和范蠡回国。

　　接下来发生了著名的卧薪尝胆的故事。公元前490年，勾践归国。为了激励自己不忘报仇雪耻，他睡觉时不铺褥子而只铺上柴草。在房间里挂了一个苦胆，每顿饭前都要尝尝。这就是"卧薪尝胆"典故的由来。他和夫人始终过着清贫的生活，吃饭没有鱼肉，穿衣不加修饰。他经常同百姓下田耕种，夫人也自己养蚕织布。

　　过去吴越争战的几年，越国遭受战争创伤，田地荒芜，人口减少，生产受到很大的破坏。为使国家富强，勾践采纳了范蠡、文种提出的"十年生聚，十年教训"之策。由范蠡负责练兵，文种管理国家政事，推行让人民休养生息的政策。国家奖励耕种、养蚕、织布。尤其鼓励生育，增加人丁。规定男子二十岁、女子十七岁必须结婚，否则父母受罚；上了年纪的男人不准娶年轻姑娘为妻，以确保生育；妇女临产前要报官，由国家派医官检查照顾；生男奖酒一壶、狗一条，生女奖酒一壶、猪一头；家有两个儿子的，国家负责养一个，有三个儿子的，国家负责养两个。

勾践与百姓同劳动，自奉极微，生活简朴，积善修德，充实府库，缓刑省赋，训练士卒。采纳相国范蠡的建议，选择四通八达之地构筑城郭，悄悄图谋复兴霸业。他们先建小城，后建大城。人民逐渐殷富，社会日益安定，军队和人民都不忘国耻，心念报仇雪恨。

吴国的伍子胥早已察觉勾践所作所为意在复仇，多次劝谏夫差，不仅未被夫差接受，反而引起夫差的反感。公元前485年，夫差为争霸而北上伐齐，伍子胥不赞成，指出越国才是吴国的心腹大患。夫差不听，继续伐齐，在艾陵之战中大败齐军，获胜而归。夫差十分得意，不久又听信了伯嚭的谗言，赐剑令伍子胥自尽。伍子胥死后，吴王将政事完全交给伯嚭管理，吴国日益进入越国的"伏击圈"。

从公元前475年开始，越国对吴都（别称姑苏，今江苏苏州）实施长达三年的围困，吴国力不能支，遂派王孙雒袒衣膝行向勾践求和。勾践似乎于心不忍，想要应允，范蠡上前坚决谏阻。他说："大王您忍辱受苦二十余年，为了什么？现在能一旦抛弃前功吗？"又转头回绝王孙雒说："过去是上天把越国赐予吴国，你们不受；今天是上天以吴赐越，我们不敢违背天命而听从你们的请求。"王孙雒还要哀求，范蠡毅然鸣鼓进兵。吴王夫差见大势已去，求和不成，就自杀而死，临死时说："吾无面以见子胥也！"战争结束后，勾践葬了吴王夫差，而诛杀了太宰伯嚭。终于公元前473年实现了灭吴雪耻的夙愿。

随后，越王勾践又乘胜率兵北渡淮水，会中原齐、晋等诸侯于徐州（今山东省滕州市南），向周元王致贡。周元王命使臣赐勾践胙（祭祀时供的肉），封勾践为"侯伯"。自此，越军横行江淮一带，诸侯尽来朝贺。勾践的霸业完成，于是迁都琅琊（今山东青岛市黄岛区内），称霸中原，为春秋末期最后一位霸主。

二、战国新秀

当春秋霸主们隐入了历史的烟尘，战国新秀们以更加恢弘的气势，登上了历史的舞台。他们纷纷变法图强，社会发展的步伐和节奏显著加快，各国政治、经济和军事实力比之春秋霸主们已不可同日而语。相互较量的气势与场景更加宏阔。其中，就国家而言，最强势的有所谓战国七雄，即齐、楚、燕、赵、韩、魏、秦。但就诸侯而言，有六位堪称一代雄主。其中秦国占了两位。

首先是选贤用能、威震天下的魏文侯。

魏文侯，名斯，是魏国百年霸业的开创者。他生年不详，死于公元前396年。公元前445年，继魏桓子之位，父子两代完成了由大夫而至诸侯的事业。公元前403年，韩、赵、魏被周王正式册封为诸侯，成为封建国家。魏文侯在位时礼贤下士，在战国七雄中首先实行变法，改革政治，奖励耕战，兴修水利，发展封建经济，北灭中山国（今河北西部平山、灵寿一带），西取秦西河（今黄河与洛水间）之地，使魏国成为战国初期的强国，开创了百余年中原称霸基业。

魏文侯特别重视人才，而且是不拘一格地选用人才。他任用了李悝、吴起、乐羊、西门豹、子夏、翟璜、魏成等一大批贤能之士。不看出身，重视能力，提拔了很多平民和有戎狄背景的人才，魏国的贵族很少得到重用。魏文侯重用的最重要的两个人物吴起和李悝都是来自卫国的平民；乐羊、西门豹是魏国的平民；翟璜是戎狄出身。只有魏成是魏文侯的弟弟，出身贵族。

更为重要的是，魏文侯任用李悝主持魏国的变法工作和法制建设，影响了中国政治两千年。李悝撰写的《法经》六篇，是一部著名的法典，其大纲为秦汉所采用，一直流传到明清之末。后来的秦国商鞅变法、楚国吴起变法等都是以魏国变法为蓝本。魏文侯还拜孔子门生子夏为师，把儒的地位提到了前所未有的高度，达到了收取士人之心的政治目的，是后世帝王通过尊儒笼络知识分子的先行者。魏文侯在政治、经济、文化、军事上的策略，为后世的帝王所推崇，他的施政经验被称为一个经典样本。

魏文侯坚持以民为本。他推行利用地利精耕细作的原则，推广农副业成功经验，综合利用魏国的田地和山川，提高魏国耕地的单位产量和土地的使用效率。为了平衡粮价，魏国还实行了平籴法，即在丰年的时候，国家根据市场情况，采用高于市场的保护价格收购农民的粮食，使农民的利益不受损失；灾年的时候，政府再把国家粮仓储存的粮食以适当的价格卖给市民，使市民不致买不起粮食而流离失所。这样，魏国很好地平衡了农民与市民的利益，国家储备的粮食也越来越多，国家抵抗灾年和支撑军队的能力大大提高，社会稳定，国民安居乐业。

军事上，魏文侯大胆任用有争议但有真才实学的军事家吴起，选武卒（类似今天的特种兵），搞精兵建设；尚军功使得军队士气高昂。不断拓展疆域，特别是几度大败强秦，占领河西地域，使得魏国声威大振。

在政治稳定、经济繁荣、军威大振的同时，魏文侯着眼建设文化中心。在对秦、楚的攻略中，除了军事打击、政策攻心外，魏国还进行了文化渗透，建立了当时华夏的文化中心，著名的西河学派就是在这个背景下产生的。

秦人和楚人杂于戎蛮，但受到华夏先进文化的吸引。魏文侯知道他们不易被武力征服，但却对中原文化很向往。于是魏文侯重用当时著名的大儒子夏，拜子夏为老师，在西河讲学。

子夏是孔子的学生，名卜商，比孔子小44岁，生于公元前507年。魏文侯在延请子夏来西河的时候，子夏已是高龄老人，很少亲自教授了。而且子夏由于老年丧子之痛，哭瞎了眼睛。在西河真正授课的是子夏的弟子齐人公羊高、鲁人谷梁赤、魏人段干木和子贡的弟子田子方。

尽管子夏非常注意养生，身体一直很健康，但毕竟年事已高，而且双目失明，最初对魏文侯的邀请是很犹豫的。魏文侯知道子夏为各国士人所钦慕，决心一定要请子夏到西河坐镇。于是，魏文侯亲自拜子夏为师，对子夏异常尊重，而给国君当老师是儒的最高荣誉，即所谓的帝王师。子夏是历史上第一个享有这个荣誉的大儒，甚至孔子在生前也没有享受过如此崇高的荣誉。子夏被魏文侯的诚意感动了，决定亲自到西河坐镇。

由于子夏做了魏文侯的老师，亲自坐镇西河，华夏文化的重心就转到了魏国，转到了西河，形成了著名的西河学派。

子夏在西河的象征意义极大，不仅对秦国、楚国、赵国这些夹杂着外族文化的国家的怀化作用十分显著，而且使魏国俨然成为中原各国中的文化宗主国。

儒家教授礼、乐、射、御、书、数六艺，而六艺是贵族和士人在治理国家中必须要掌握的基本技能。但早期的儒家学问是开放的，不仅仅传授礼教。在儒家内部，由于各有侧重而产生不同的流派，相当于不同的学科。鲁国的曾参之儒是以重礼，尤其是重孝为代表的流派，培养的是掌礼之儒。子夏之儒培养的是经世致用之儒，大量进入各国的官僚系统中，是当时最有影响力的儒学流派。子夏到西河后，各国谋求进身的青年才俊纷纷转入西河来求学。这些士人在西河学习后，很自然地选择魏国为其效力的首选国家。这样，西河学派为魏国吸引、培养了大批官员。各国的士人对西河都很向往，魏国无形之中成了他们理想的国家。

西河学派教授的内容很丰富。公羊高与穀梁赤本来不是最能代表子夏思想的学生，但由于他们教授的历史学科"春秋"是以服务国君为对象的，所以魏文侯抬高了他们的地位。公羊高口授的春秋成为后来《春秋公羊传》的蓝本，穀梁赤口授的春秋成为后来《春秋穀梁传》的蓝本。子贡的学生田子方传授的不仅包括儒本身的六艺，还包括子贡对儒学的发展，纵横术与经商的本领。纵横术是士人成为官员后，从事外交所必须具备的才能，而经商致富则是一个官员富国富民所必须要掌握的知识。子贡、田子方对传统六艺的发展是与当时的时代发展、各国对官员的要求相适应的。段干木是子夏看重的一个学生，他的教授中还可以看到子夏培养高级官员的精髓。魏文侯担心段干木培养的高级官员不为魏国所用，反而与魏国为敌，便让段干木主要教习魏国的公室贵族，并请子夏对自己的子弟多作指点。

子夏在西河没有几年就去世了，但其在西河的象征意义却长期存在。魏文侯尊子夏为师的政治效果十分显著，魏国取代鲁国成为中原各国的文化中心。

魏国之所以能够称霸百年，一方面是由于变法带来的强大的政治、经济和军事实力，另一方面就是因为魏文侯把魏国变成了一个"文化强国"。

继魏文侯之后，远在东方，同样由卿大夫崛起取代了姜氏的田氏齐国，产生了一位明察秋毫、以人为本的齐威王。

　　齐威王，名因齐，是田氏齐国的第四位国君。他生于公元前378年，死于公元前320年。公元前356年继位，在位36年。以善于纳谏用能、铁腕治吏而著称于世。

　　春秋末期，来源于陈国后来更姓为田氏的陈国公子陈完的后人夺取了姜氏的政权，建立了田氏齐国。齐威王是田氏齐国比较贤明的一位国君。他招贤纳士，将国家治理成战国"七雄"之首。

　　齐威王虚心纳谏。《战国策》记载了《邹忌讽齐王纳谏》的故事，说齐威王的相国邹忌担心齐威王被左右亲信之人所蒙蔽，就上朝见齐威王现身说法。他说："我确实知道自己不如徐公美（当时著名美男子），可是我的妻子偏爱我，我的妾怕我，我的门客有求于我，他们都认为我比徐公美。现在齐国的土地方圆千里，有一百二十座城池，宫里的王后嫔妃和亲信侍从，没有谁不偏爱大王，满朝的大臣，没有谁不害怕大王，全国范围内的人，没有谁不有求于大王。由此看来，大王所受的蒙蔽太严重了。"

　　齐威王说："好!"于是发布命令："所有的大臣、官吏和百姓，能够当面指责寡人过错的，得上等奖赏；上书劝诫寡人的，得中等奖励；能够在公共场所议论指责寡人让我听到的，得下等奖励。"命令刚刚下达时，大臣们都来进谏，宫廷里像集市一样人来人往；几个月以后，有时候间或有人进言；一年以后，即使有人想进言，也没有什么可进谏的了。

　　燕国、赵国、韩国和魏国听到这种情况，都到齐国来朝见。国人称之为"战胜于朝廷"，就是通过英明的朝政，使得国威大振，折服其他诸侯。

　　齐威王即位之初，也曾沉湎于酒色。但他乐于纳谏，很快走上了励精图治的道路。他首先从吏治入手，向他的左右了解地方官吏的政绩情况，左右都说阿大夫是最好的，而即墨大夫是最差的。齐威王又亲自深入各地明察暗访、向老百姓调查了解，其结果与左右说的截然相反，事实是即墨大夫管理的即墨地区"田野辟，民人给，官无留事，东方以宁"。而阿大夫管理的阿地却是"田野不辟，民贫苦"（《史记·田敬仲完世家》）。那么，为什么左右瞒报实情，颠倒黑白，把好的说成坏的，把坏的说成好的呢？原来，即墨大夫为人正直，一心为民，不善于结纳朝廷的左右近臣，所以朝臣们都说即墨大夫不好；而阿大夫善于贿赂，巴结朝中权臣，因此朝臣们都说阿大夫好。

齐威王掌握了实情，就把各地的官吏召集起来，在宫廷门口架起一个大鼎，对确有政绩的即墨大夫"封之万家"，对阿大夫以及那些因受了贿赂而颠倒黑白的大臣全部扔进煮沸的大鼎"皆并烹之"（《史记·田敬仲完世家》），致使"群臣耸惧，莫敢饰非，务尽其情。齐国大治，强于天下"（《资治通鉴》）。

与魏文侯建立西河学派如出一辙，齐威王建立了名扬天下的稷下学宫，一时百家云集，成为华夏文化中心。"稷"是齐国国都临淄城（今山东省淄博市）一处城门的名称，"稷下"即齐都临淄城的稷门附近。学宫因此得名。

稷下学宫是历史上第一所由官方举办、学者主持的特殊形式的学术机构。中国学术思想史上蔚为壮观的"百家争鸣"，就是以齐国稷下学宫为中心的。

稷下学宫曾容纳了当时"诸子百家"中的几乎所有学派。其中主要有道、儒、法、名、兵、农、阴阳、纵横诸家。稷下学宫在其兴盛时期，汇集天下贤士多达千人，包括著名的学者孟子、淳于髡、邹衍、田骈、慎到、申不害、鲁仲连、荀子等。尤其是荀子，曾经三次担任过学宫的"祭酒"（学宫之长）。当时，凡到稷下学宫的文人学者，无论其学术派别、思想观点、政治倾向，以及国别、年龄、资历如何，都可以自由发表自己的学术见解。这些学者互相争辩、诘难、吸收。更为可贵的是，当时齐国统治者采取了十分优礼的态度，封了不少著名学者为"上大夫"，并"受上大夫之禄"，即拥有相应的爵位和俸养，允许他们"不治而议论"（《史记·田敬仲完世家》），"不任职而论国事"（《盐铁论·论儒》）。因此，稷下学宫具有学术和政治的双重性质，它既是一个官办的学术机构，又是一个官办的政治顾问团体。

稷下学宫的兴盛，使天下士子由争相"留魏"变成了争相"留齐"，天下文明潮头自然也由魏国转到了齐国，为齐国迅速崛起并巩固战国七雄之首的地位发挥了重要作用。

真是"三十年河东，三十年河西"。当东方齐国变法兴盛之后，地处西部的一个更加彻底的知耻后勇、变法图强者——秦孝公登场了。

秦孝公，秦献公之子，是秦国第二十五位国君。生于公元前381年，死于公元前338年。公元前361年至公元前338年在位。他在位时，重用卫鞅（即商鞅）实行变法，奖励耕战，加强中央集权，使秦国走上了依法治国的道路，为秦统一中国奠定了基础。

公元前361年，年仅21岁的秦孝公登基。此前几代秦君，除孝公父亲秦献公之外，都很平庸，致使国力衰微。东方各国轻视秦国，诸侯会盟也不邀请秦国参与。年轻的秦孝公登基后，愤然道："诸侯卑秦，丑莫大焉。"《史记·秦本纪》记载：孝公于是广施恩德，救济孤寡，招募战士，明确了论功行赏的法令，并在这一年颁布了著名的《求贤令》：

    昔我穆公，自岐、雍之间修德行武，东平晋乱，以河为界，西霸戎翟，广地千里，天子致伯，诸侯毕贺，为后世开业甚光美。会往者厉、躁、简公、出子之不宁，国家内忧，未遑外事。三晋攻夺我先君河西地，丑莫大焉。献公即位，镇抚边境，徙治栎阳，且欲东伐，复穆公之故地，修穆公之政令。寡人思念先君之意，常痛于心。宾客群臣有能出奇计强秦者，吾且尊官，与之分土。

正是在这种背景下，在魏国没有受到重用的商鞅来到了秦国，并很快受到重视。经过商鞅的两次有力的改革，秦国终于走上了依法治国、富国强兵的道路。

战国初期，秦比较落后，"六国卑秦，不与之盟"。商鞅到了秦国之后，很快得到了秦孝公的接见。但商鞅并不了解秦孝公的真实意图，所以他试探秦孝公变法的决心。第一次见孝公，他说了些"帝道"之类的空话，以致孝公"时时睡，弗听"。第二次见孝公，说得多些，但也是"王道"之类的大话，均不中孝公之意。第三次见孝公，才露出真实的想法，讲了"霸道"（强国之术），孝公终于感到"可与语矣"。第四次见孝公，完全"以强国之术说君"，孝公"不自知膝之前于席也"，"语数日不厌"。

孝公能够四见商鞅，表现了他求贤若渴的真诚，也表现了他的宽容与耐心，同时还可以看出，秦孝公是一个讲究实际不喜空谈的人。

改革必然要触及既得利益和保守观念，必然会遭到方方面面的反对。秦孝公没有一开始就采取强制手段，而是把大臣们召集在一起辩论，以理服人。既让主张改革的商鞅说话，也让反对改革的甘龙、杜挚等人说话，各方面都把自己的理由摆出来，看看谁更有道理。直至商鞅以无可辩驳的道理，使保守派哑口无言，才称之为"善"，才正式任命商鞅为左庶长，"卒定变法之令"。可见秦孝公重视民主，善于听取不同意见，也善于统一思想。

秦孝公用人不疑，既用商鞅，对其信任始终如一。在变法前，商鞅曾要求秦孝公答应他三个条件，其中之一就是国君对变法主政大臣必须深信不疑，不受挑拨离间。否则，权臣死而法令溃。秦孝公欣然答应，并说："三百年来，变法功臣皆死于非命，此乃国君之罪也。你我君臣相知，终我一世，绝不负君！"孝公说到做到，在商鞅改革之初，"百姓苦之"，商鞅相秦十年，"宗室贵戚多怨望者"，秦孝公始终没有动摇对商鞅的信任，甚至孝公在病重时，还曾打算把君位让给商鞅。正是因为这样的信任，才使商鞅能放开手脚推行改革。

孝公的可贵之处还在于以实际行动支持商鞅的改革。改革前，孝公就允诺商鞅，执法不避权贵，新法一旦推行，举国唯法是从，即或宫室宗亲，违法亦与庶民同罪。新法实施以后，遭到了一些旧贵族的强烈反对，这些旧贵族暗暗串通太子的师傅公子虔和公孙贾，挑动太子驷犯法，企图破坏整个变法事业。商鞅毫不动摇，对秦孝公说："法之不行，自上犯之。"将法太子，秦孝公完全同意。考虑到太子是国君的继承者，不能用刑，便处罚了太子的老师公子虔和公孙贾，一个割了鼻子，一个脸上刺了字。从此，再也没有人敢公开反对新法了。

新法推行了10年，秦国大治。道不拾遗，山无盗贼，家给人足。民众勇于公战，而怯于私斗，乡邑大治。秦国成为战国后期变法最彻底、社会发展最具活力的国家。

商鞅入秦之时，秦孝公仅22岁，商鞅27岁。两个20余岁的年轻人主导了历史上最为著名的一场深刻的变法，改变了秦国乃至整个华夏的命运。可见从政治国，年龄不是问题。

秦孝公用商鞅变法，秦国崛起，极大地刺激了与之相邻的赵国。很快，赵国诞生了一位移风易俗、英武盖世的赵武灵王。

赵武灵王，名雍，赵肃侯之子，是赵国第九位国君。约生于公元前 340 年，死于公元前 295 年。他在位时，推行"胡服骑射"，不仅是一场军事战术的改革，而且带来了深层的观念的变革，赵国因而得以强盛，灭中山国，败林胡、楼烦二族，辟云中、雁门、代三郡，并修筑了"赵长城"。

公元前 326 年，赵肃侯去世，刚刚登基的赵武灵王只有 15 岁。魏、楚、秦、燕、齐各派锐师万人来参加会葬，想趁赵国新君年幼之际，伺机图赵。赵国面临着灭亡危险。

然而赵武灵王少年英才，在赵肃侯的托孤重臣肥义的帮助下，果断采取强硬对策，摆开决战的架势来迎接这些居心叵测的吊唁者。

赵武灵王命令赵国全境处于戒严状态，代郡、太原郡、上党郡和邯郸的赵军一级戒备，随时准备战斗。同时，联合韩国和宋国这两个位于秦、魏、楚、齐之间的国家，使赵、韩、宋三国形成品字形结构，将秦、魏、楚、齐四个国家置于两面受敌或者三面受敌的局面。又重赂越王无彊，使之攻楚，先把楚国的注意力转移到越国身上去。重赂楼烦王袭击燕和中山。燕国是五国中比较弱的一个，在楼烦的强力攻击下，燕易王十分紧张，担心赵国与楼烦夹击燕国；中山虽然不是一流的强国，但由于楔入赵国的版图内，经常受齐国的指使从背后攻击赵国的都城邯郸，对赵国的威胁比外部的强敌更大。中山在楼烦的攻击下，也无暇对赵国趁火打劫了。在去掉了燕、楚二敌后，魏、齐、秦集团对赵、韩、宋集团，三对三，就没有取胜的绝对把握了。

赵武灵王命令来会葬的五国军队不得进入赵国边境，只许五国使者携带各国国君的吊唁之物入境，由赵国负责接待的大臣将他们直接送往邯郸。魏、秦、齐见赵国重兵待客，戒备森严，而且赵、韩、宋联盟已成，不得不打消了要占赵国便宜的念头。五国使者入赵，在与赵武灵王厚葬赵肃侯后，便匆匆离去。魏惠王发起的五国图赵的阴谋被赵武灵王挫败了。年少的赵武灵王初登君位就经受住了如此严峻的考验。

赵武灵王元年（公元325年），魏惠王图赵不成后，即开始着力弥补魏、赵关系裂痕，带领太子嗣到赵国祝贺赵武灵王正式即位。此时，年轻的赵武灵王又显示出宽广的胸怀，对魏国君臣以礼相待。赵国的重要盟国韩国的韩宣惠王与太子仓也来赵国祝贺赵武灵王登基。赵武灵王的王位和赵国的地位很快稳固下来。

赵国处于四战之地，过去是个相对弱小的国家。为了富国强兵，赵武灵王经观察发现，北方少数民族骑马射箭，相比于中原人驾战车、穿宽袍大袖，要灵活机动得多。于是，大胆提出"着胡服"、"习骑射"的主张，决心取胡人之长补中原之短。可是"胡服骑射"的命令还没有下达，就遭到许多皇亲国戚的反对。公子成等人以"易古之道，逆人之心"为由，拒绝接受变法。赵武灵王驳斥他们说："德才皆备的人做事都是根据实际情况而采取对策的，怎样有利于国家的昌盛就怎样去做。只要对富国强兵有利，何必拘泥于古人的旧法。"赵武灵王抱着以胡制胡、将西北少数民族纳入赵国版图的决心，冲破守旧势力的阻拦，毅然发布了"胡服骑射"的政令。赵武灵王号令全国着胡服，习骑射，并带头穿着胡服去会见群臣。胡服在赵国军队中装备齐全后，赵武灵王就开始训练将士，让他们学着胡人的样子，骑马射箭，转战疆场，并结合围猎活动进行实战演习。

为了推行胡服骑射，赵武灵王讲究策略，软硬兼施。公子成是赵武灵王的叔叔，是最有影响的老贵族之一。为了争取他的支持，赵武灵王亲自登门，苦口婆心，终于说服了他，并送给他一套胡服。公子成穿着胡服上朝了。赵武灵王又召集满朝文武大臣，当着他们的面用箭将门楼上的枕木射穿，并严厉地说："有谁胆敢再说阻挠变法的话，我的箭就穿过他的胸膛！"从此再也无人敢妄发议论了。

在赵武灵王的亲自教习下，国民军事素养大大提高，在与北方民族及中原诸侯的抗争中发挥了重大作用。从胡服骑射的第二年起，赵国的国力就逐渐强大起来。后来不但打败了经常侵扰赵国的中山国，而且夺取林胡、楼烦之地，向北方开辟了上千里的疆域，并设置云中、雁门、代郡行政区，管辖范围达到今河套地区。

赵武灵王"胡服骑射"是我国古代军事史上的一次大变革，被传为历史佳话。特别是在中原王朝把少数民族看作"异类"的背景下，在一片"攘夷"的声浪中，赵武灵王敢于力排众议，冲破守保守势力的阻挠，坚决实行向夷狄学习的国策，表现了改革家的魄力和胆识。

在取得军事改革的成功之后，赵武灵王居然设想入侵秦国。此前，从未有中原国家产生过突入函谷关、入侵秦国的想法。为此，赵武灵王还专门搞了一次微服入秦，亲自深入秦国侦查，还面见秦昭王和她的母亲，惊出秦国君臣一身冷汗。

事情发生在公元前298年，赵武灵王向秦国施加压力，迫使秦国任命一个叫楼缓的赵国人为秦相，以便为赵国谋得更多的利益（此前，赵国曾凭借强大的实力，帮助在燕国做人质的秦昭王回到秦国继承了王位。因此，赵国对秦国有很大的影响力）。

楼缓入秦时，赵武灵王假装随从人员，跟在楼缓左右。进入秦地后，赵武灵王对沿途的风土人情细加考察，以备攻秦之用。楼缓进入秦都咸阳后，会见了许多秦国的大臣，赵武灵王都在侧观察，对秦国大臣的贤庸强弱有了深入的了解。楼缓劝赵武灵王不可久留秦国，以免被人识破。赵武灵王提出，走之前要亲眼见一见秦昭王和宣太后。由于此前发生过秦昭王扣留楚怀王事件，各国国君都不信任秦国，不敢入秦，以免重蹈楚怀王覆辙。楼缓担心秦国对赵武灵王不利，起初不同意，但在赵武灵王的一再坚持下，被迫答应了。赵武灵王在国内也很少抛头露面，只是军中之人对他比较熟悉，除了少年时与韩魏两国国王见过面外，赵武灵王绝少与外国元首见面。即便是赵武灵王自己立的燕昭王和秦昭王，他都由于身在军中而没有特意接见。此次赵武灵王要见秦昭王与宣太后也不是一时兴起，他想楼缓与宣太后和秦昭王比较熟识，通过这种私人会面可以更多地了解这对母子，以利于以后对秦决策。极其敏感的秦昭王和宣太后在接见楼缓时，发现向来以风采自傲的楼缓对他身后的高大随从不经意间有屈顺之意，颇感好奇。在与这个气度非凡的中年男子的问答中，发现这个人的胸怀与见识非同寻常。母子二人在钦佩之余，也产生了极大的怀疑。随楼缓告辞后，赵武灵王已感觉到宣太后和秦昭王对自己有所察觉，便匆匆辞别楼缓，返回赵国。临别前，赵武灵王告诫楼缓，此母子二人皆为人中龙凤，务要小心应对。宣太后与秦昭王觉得楼缓的随从绝非等闲之辈，必是赵国的极贵之人。于是，速派使者宴请楼缓与这个非凡的随从晚间再到王宫做客。使者回报，楼缓同意。晚间，楼缓赴约而不见那个随从。楼缓说这个随从白天失礼，已被遣回赵国。这更加坚定了宣太后的判断，认定这个人就是赵武灵王，速派精骑追逐。精骑一路狂奔，追到边塞也没有见到赵武灵王。守塞之人告诉他们，赵国的使者刚刚离去。宣太后和秦昭王对赵武灵王深窥秦政大感忌惮。

　　遗憾的是赵武灵王英明一世，却在立储传位的问题上处理不当，导致两个儿子争斗，演出了历史上著名的"沙丘之变"。其长子公子章被立为国君的小儿子赵王何杀死。赵王何对已经交权、号为主父的父亲赵武灵王十分不满，干脆把父亲围困在沙丘宫中，活活饿死了。死前，赵武灵王爬上宫中的树，掏鸟蛋为食，最后连鸟蛋都吃完了。一位英武盖世的国君就这样告别了尘世。

当中原各国先后变法强盛之后，地处北方、常常被中原大国特别是齐国欺凌的燕国，终于也迎来了一位招贤纳士、败齐雪耻的燕昭王。

燕昭王，名职，燕王哙之子，是燕国第三十九位国君。生于公元前335年，死于公元前279年，公元前308年至公元前279年在位。他在位时，为报齐国之仇，诚招天下贤才，得到名将乐毅。他派乐毅联合楚、秦、赵、韩、魏等国打败不可一世的齐闵王，连克齐国70余城，留下历史佳话。

燕昭王的父亲燕王哙十分暗弱，导致燕国政治一度混乱不堪，齐国乘机攻伐它，给燕国带来奇耻大辱，燕昭王就是在这样的时刻即位的。他立志要使燕国强大起来，于是物色贤才，但好久找不到合适的人。有人提醒他，老臣郭隗（音 wěi）挺有见识，不如去找他商量一下。

燕昭王亲自登门求教郭隗。郭隗说："要推荐现成的人才，我也说不上，请允许我先讲个故事吧。"接着，他就说了个故事：

古时候，有个国君，最爱千里马。他派人到处寻找，找了三年都没找到。有个侍臣打听到远处某个地方有一匹名贵的千里马，就跟国君说，只要给他一千两金子，准能把千里马买回来。国君挺高兴，就派侍臣带了一千两金子去买。没料到侍臣到了那里，千里马已经害病死了。侍臣想，空着双手回去不好交代，就把带去的金子拿出一半，把马骨买了回来。侍臣把马骨献给国君，国君大发雷霆，说："我要你买的是活马，谁叫你花钱把没用的马骨买回来?"侍臣却不慌不忙地说:"世人听说您肯花钱买死马,还怕没有人把活马送来吗?"国君将信将疑,也不再责备侍臣。这个消息一传开,大家都认为那位国君真爱惜千里马。不出一年,果然从四面八方送来了好几匹千里马。

讲完这个故事,郭隗说:"大王一定要征求贤才,就不妨把我当马骨头来试一试吧。"

燕昭王听了大受启发,马上派人造了一座很精致的房子给郭隗住,还拜郭隗做老师。

燕昭王还在郭隗的协助下,在易水旁修筑了一个"黄金台",广招天下人才,各国有才干的人听到燕昭王这样真心实意招请人才,纷纷赶到燕国来求见。乐毅、邹衍、剧辛等前来投奔。燕昭王采纳乐毅的建议,改革吏制,设相国和将军,分掌政治、军事大权;全国分五郡,郡下设县;郡守和县令由燕王任命;制定严酷的刑法,燕国日益强盛起来。

为报齐国欺凌之仇,公元前284年,燕昭王任命乐毅为上将军,联合楚、秦、赵、韩、魏等国大军,统兵伐齐。齐军因连年征战,士气低落,加之齐闵王对作战不力的士兵以挖祖坟、斩首级等残忍手段相威胁,更使齐兵寒心。联军发起进攻,齐军一触即溃,连连败北。齐军主力被歼后,齐闵王率残部狼狈逃窜,退回国都临淄。燕昭王闻讯十分高兴,亲至济西战场劳军,犒赏将士,封乐毅为昌国君。

乐毅志在灭齐。当其他各国见好就收,撤兵回国之后,乐毅坚持带领燕国军队乘胜追击,仅用了半年时间,就接连攻夺齐国70余城,均辟为郡县。原来庞大的齐国,仅剩下莒和即墨(今山东平度南)两城还在坚持抵抗。

乐毅之所以能充分发挥其杰出的政治军事才能,是与昭王对他的绝对信任、坚定支持分不开的。当乐毅在齐国攻城略地时,昭王不加丝毫干预，让乐毅放手大干。当乐毅久围莒和即墨两城不下，有人趁机进谗时，昭王一面痛斥其人，一面派使者对乐毅慰勉有加。昭王用贤不疑，换得部下赤诚相报，终使燕国立于七雄之列。

战国末期，一位雄才大略、英武盖世的天下雄主终于诞生了，他就是秉承先祖余烈，结束战国乱世，一统天下的秦王嬴政，也就是后来的秦始皇。

秦王嬴政，名政，秦庄襄王之子，是秦国第三十一位国君。公元前 259 年生于赵国，所以又名赵政。公元前 210 年暴病死于东巡途中。他是杰出的政治家、军事统帅，是首位完成中国统一大业的皇帝，被明代思想家李贽誉为"千古一帝"。

秦王政少年老成。公元前 247 年，秦庄襄王驾崩，年仅 12岁的嬴政即位为秦王。即位时由于年少，国政由相国吕不韦把持。秦王政尊吕不韦为仲父。吕不韦既把持朝廷，又与太后（赵姬）偷情。他见秦始皇日渐年长，怕被他发现，想离开太后，又怕太后怨恨，所以献假宦官嫪毐给太后，嫪毐假施腐刑，只拔掉胡子就进宫了。嬴政日渐长大，于是太后就骗他，说她寝宫的风水不好，应搬离这里。嬴政信以为真，于是让她搬到别处。在那里，太后生下了两个私生子，而假宦官嫪毐在太后的帮助下被封为长信侯，领有山阳、太原等地，居然以秦王假父自居，自收党羽。嫪毐在雍城长年经营，建立了庞大的势力，是继吕不韦后又一股强大的政治势力。

嫪毐小人得志，在一次喝醉酒后对一个大臣斥责道："我是秦王的假父，你竟敢惹我！"这个大臣听后很生气，暗中找机会告诉嬴政。嫪毐知道后慌了，就开始准备叛乱。

公元前 238 年，嬴政在雍城蕲年宫举行冠礼。嫪毐动用秦王御玺及太后玺发动叛乱，嬴政早已布置好精兵，打败叛军。嫪毐一人落荒而逃，没过多久便被逮捕。嬴政将嫪毐车裂，曝尸示众，又把母亲赵姬关进雍城的萯阳宫，摔死嫪毐与太后所生的两个私生子。随后，嬴政听从秦国贵族意见，免除了吕不韦的相职，下《逐客书》要逐出东方六国来秦的客卿。在此关键时刻，年轻的政治家李斯上《谏逐客书》，劝阻了秦王。

英明的秦王政在李斯、尉缭等人的辅助之下，开始了统一天下的征程。

从公元前 230 年至公元前 221 年，秦始皇采取远交近攻、分化离间、各个击破的策略，发动秦灭六国之战。先后于秦始皇十七年（前 230 年）灭韩、十九年（前 228 年）灭赵、二十二年（前 225 年）灭魏、二十四年（前 223 年）灭楚、二十五年（前 222 年）灭燕、二十六年（前 221 年）灭齐，终于建立了中国历史上第一个大统一的中央集权的专制主义国家——大秦帝国。

秦始皇统一中国后，废除封藩制度，设置中央政府和郡县，车同轨、书同文、统一货币度量衡，建立了庞大的多民族统一官僚帝国。

事实上，就取得的成就而言，在世界历史上也很难找出能出其右的君主。罗马帝国与秦统治时期的人口、面积差不太多。但罗马帝国统治时间比较短，恺撒死后，帝国分崩离析。秦统一后的中国则不然，秦始皇为中华民族的统一和发展做出了空前的贡献。所以，秦始皇不仅是中国历史上的"千古一帝"，也是世界史上的"千古一帝"。

三、雄主的共性

对这些称雄一世的人，我们常常会好奇，他们都有些什么样的特点。或者说，到底具有哪些特点的人才可能称雄于世。综观春秋战国的雄主们，我们可以看到，他们大致有六个方面的共性。

一是志存高远。人人都胸怀远大，即便也有浑噩的时候，但都能幡然醒悟。终其一生，多数时候都是矢志不移，所以才历经艰辛，终成大业。

二是选贤用能。这些人都懂得招揽和任用贤才，并且用人不疑，君臣相得。齐桓公称管仲为仲父，楚庄王因臣下无人见识超过自己而苦恼，魏文侯拜子夏为师，秦孝公下招贤令，燕昭王筑黄金台，都被传为尊重人才、求贤若渴的千古佳话。

三是洞悉人性。这些人对人性都有极其敏锐的判断力。这种判断力部分出于天赋，部分出于丰富的人生阅历。

四是谙熟韬晦。这些人都深谙韬晦之术。特别在处于劣势的时候，他们都能极度隐忍，寻机反击。越王勾践就是个最典型的例子。

五是富有急智。成长为霸主的征途中，充满了艰险，随时都可能处在风口浪尖，各种突如其来的变故极大地考验着这些人的智慧。而他们往往都能够急中生智，化险为夷。这种能力大部分源于天赋。所以古人说"不聪不明，不能为王"，千真万确。若无做王所需的急智，随时都可能遭受灭顶之灾。

六是知错就改。有的人睿智但不聪明，发现自己错了也不愿改正，甚至为了颜面而一错再错。这些霸王之才不是这样。他们知错就改，而且立即改正。这有两个好处：一是改变了事情发展的错误态势；二是给他人以良好形象，使人愿意进言。这是些真正绝顶聪明的人。

四、其兴也勃焉，其亡也忽焉

但是，即便是这些英明的霸主，似乎也逃不出一条铁律。那就是他的事业"其兴也勃焉，其亡也忽焉"。多数人是人亡政息，有的人甚至还健在时就走向了衰败。

如齐桓公，离开了管仲就彻底昏聩了。晚年被易牙、竖刁、开方等人困于宫中，临死前只有一个被他宠幸过一次的宫女翻墙前来陪护，陪他死去。死后群公子争位，国家大乱。齐桓公尸体67天无人收殓，生出的蛆虫都从宫里爬了出来。结局何其凄凉！

赵武灵王也被儿子困在沙丘宫中，活活饿死。

秦始皇死后，诏书被赵高、李斯篡改，废长立幼，国家迅速陷入纷乱，原来设想的万世基业顷刻崩摧。

"其兴也勃焉，其亡也忽焉"，这话出自《左传·庄公十一年》："禹、汤罪己，其兴也勃焉，桀、纣罪人，其亡也忽焉。"意思说当统治者头脑清醒，总是求全责备自己的时候，他的事业就会迅速兴旺发达；反之，当统治者刚愎自用，总是归罪于他人时，他的事业就迅速土崩瓦解，招致灭亡的命运。

这些春秋战国的霸主们，虽然都英雄一世，但几乎都逃不出这一铁律。或者自毁乾坤，或者后继无人。

抗日战争时期，著名民主人士黄炎培先生也曾拿这话问过毛泽东。黄炎培先生只是引用而已，其实古人早已发现这条历史的铁律。当时毛泽东回答说：我们已经找到新路，我们能跳出这周期率。这条新路，就是民主。

能 臣 治 世

　　历史上，雄主之能够称霸，身边必有治世的能臣，助之以擎天之力，君臣如鱼得水，相得益彰。春秋战国时期的能臣都似霸主的伴星，而在笔者看来，他们更是国家的脊梁。

一、霸主的伴星与国家社会的脊梁

　　春秋战国时期，霸主与能臣总是成对出现。其中有名的霸主与能臣的搭档有：

　　齐桓公—管仲。齐桓公的长处是善听忠言，善于用人。但说到底他是个中智之人，这是很多历史学家对他的评价。当有管仲辅佐的时候，齐国先内修政理，改革土地、户籍、经济和军事制度，国威大振，再归还邻国土地以赢得人心，尊王攘夷，存邢救燕，伐卫伐楚适可而止，维护周制辅佐周襄王登基，九合诸侯，一匡天下。这些基本都是管仲的主意。齐桓公觉得正确，言听计从。管仲死后，齐桓公便失去了支撑，被竖刁、易牙、开方等悭吝小人所困，晚节不保，结局十分凄惨。可以说，没有管仲就不会有齐桓公的霸业。他们珠联璧合，史称"桓管"。

　　秦穆公—百里奚。秦穆公虽然胸怀大志，但在早期争霸过程中不得要领。直到获得了百里奚，才明白了秦国自身的优势与劣势，明确了战略目标，确立了先称霸西戎，再图谋中原的战略大计，从而避免羽翼丰满之前被中原诸侯削弱，同时静观中原乱局，等待时机。

楚庄王—孙叔敖。楚庄王是少有的天资聪慧的政治家。当他发现自己比满朝文武都聪明的时候，他不是洋洋得意，反而愁上心头。他知道满朝之中，若无人见识比他高明，他的错误将无人能够察觉和提醒。于是他下令招贤，最后发现了孙叔敖。孙叔敖最大的特点是贤德，是超乎寻常的大局意识，而这一点对于人才济济的楚国特别重要。

吴王阖闾—伍子胥。吴王阖闾是个慧眼识才而且善于用才的人。当他发现伍子胥是个大才，就紧紧地抓在手里，言听计从，甚至临死前又把继承王位的夫差也托付给伍子胥，让夫差呼伍子胥为仲父。而伍子胥也不辜负阖闾的赏识，推荐了很多人才，包括军事家孙武、刺客专诸和要离等等，出了很多奇谋，帮助阖闾战胜了国内外对手，成就了吴国称霸的局面。可惜后来伍子胥不被夫差信用，结局很惨，吴国也惨遭灭亡。

越王勾践—范蠡、文种。在越王勾践穷途末路的时候，是这两个人帮了他，他对他们也是极端信任。此两人胸藏奇谋，能言善辩，忠贞无二。因此，越王勾践才能绝处逢生，重振雄风。当然他自己也是卧薪尝胆，韬光养晦，知耻而后勇。他们这段君臣合作，十年生聚，十年教训，最终灭亡了吴国，称雄于诸侯，令人称道。但结局也令人扼腕慨叹，范蠡急流勇退，弃官经商，得享天年。文种不识时务，结局悲惨，被勾践赐死。

魏文侯—李悝。魏国在战国初期率先变法，崛起并威震中华近百年，得益于魏文侯求贤若渴，诚信待人，文化立国，得到了一大批能臣辅佐。这其中，他得到了一位法学专家李悝。李悝写了《法经》六篇，并亲自领导了魏国的变法，拉开了战国变法序幕，使魏国走上强国之路。其后各国变法，追根溯源，都缘起魏国。李悝的《法经》六篇直到清朝还是王朝法律的基本框架。

秦孝公—商鞅。秦孝公之前几代，秦国出现了一些内乱，国力衰微，为中原诸侯所藐视。于是秦孝公下求贤令，招来了商鞅。商鞅提出变法，主张依法治国，得到秦孝公至死不渝的支持。两个二十多岁的年轻人发动了秦国的变法，改变了秦国乃至中华民族的命运。经过变法，秦国一跃而成为"超级大国"。后来秦孝公死了，商鞅也被政敌诛杀了，但他们所确立的法治秩序却保持下来，法制观念深入人心，继续发挥着巨大作用，使得秦国日益强大，最终扫灭六国。秦灭六国表面靠的是武力，其实根本上靠的是制度的优越。秦国的制度，很好地动员了全体国民，激发了全民的积极性。英雄有用武之地，普通民众也积极参与，所以秦国不可战胜。"商鞅变法"，是历史上第一次出现而且后世也不多见的以一个臣子的名字命名的变法。

秦王嬴政—李斯。秦王嬴政的伟大，离不开李斯这位能臣。李斯的政治才华、文学艺术才华，极大地帮助了嬴政。力谏逐客，坚持远交近攻，政治、外交、军事加间谍战多管齐下，统一后废除封藩制度，建立多民族统一的官僚帝制国家，统一文字、货币、度量衡。他也是一位高超的书法家，据说秦统一的文字标准版本《仓颉篇》就出自李斯之手。李斯助秦王嬴政完成了统一大业，成就了大秦帝国，其所主持推进的多项改革功施千秋。

正是有了这些能臣的陪伴和支撑，那些霸主们才如鱼得水，成就大业。

但这些能臣又不仅仅是霸主的伴星。他们在自己所能施展的空间里，为社会所作出的贡献，绝不仅止于帮助霸主完成霸业，更多的是促进了社会的发展和进步，惠泽后世，功施到今。

二、棋风各异的乱局圣手

春秋战国 549 年，涌现了难以计数的能臣。我们不可能一一道来。《史记》专门列传的这一时期的能臣有 17 位。他们是：管仲、晏子、伍子胥、商鞅、樗里子、甘茂、穰侯、孟尝君、平原君、虞卿、信陵君、春申君、范雎、蔡泽、蔺相如、吕不韦、李斯。仔细阅读，又觉得其中樗里子、甘茂、穰侯和蔡泽 4 位对后世影响较小，这样就剩下 13 位。此外还有两位《史记》没有专门列传的人物，其实也有很大的贡献和影响，那就是李悝和西门豹。

鉴于这些人的特点和所做的贡献各不相同，可将他们分作五类。

第一类：经天纬地、功施到今的管仲、李悝、商鞅和李斯。

管仲，名夷吾，字仲，是春秋时期齐国颍上（今安徽颍上县）人，史称管子，被后世尊为"春秋第一相"。他约生于公元前 725 年，死于公元前 645 年，活了 80 岁左右。

管仲的先人曾任齐国大夫，但到他之前已经家道中落了。他少时丧父，生活清贫。为维持生计，他做过管理牛马的小吏，当过兵，做过小商贩。那时人们看不到他有什么过人之处，相反倒是小毛病不断：做小吏时，他常犯过错，多次被解除职务；当兵打仗，他畏敌怯战，多次临阵脱逃；合伙做生意，他又占合伙人鲍叔牙的便宜。就是这样一个看似做史无能、从军无勇、经商无信的平凡小人物，在他的至交鲍叔牙的眼里，却是个理智、孝顺、拥有经世治国大智慧的人。鲍叔牙没有看错，管仲是一个旷世奇才。

这个旷世奇才踏上政坛的第一步并不顺利。当时齐襄公与妹妹文姜大搞兄妹恋，杀了情敌鲁桓公，又言而无信、瓜期不代，被反叛者谋杀，齐国陷入一片混乱。管仲追随齐襄公的弟弟公子纠逃到了纠的母国鲁国避乱，而他的好友鲍叔牙则追随了公子纠的弟弟公子小白，逃到莒国（今山东莒县）。不久，杀死齐襄公登位的公孙无知又被别人杀了，齐国君位虚待，公子纠和公子小白就成了两大夺标热门。本来公子纠最具夺取君位的条件，一是他年长，二是他的母国鲁国比莒国不知要强势多少倍。凭着长幼有序的封建秩序和鲁国的强力支持，公子纠信心满满地往故国进发了。管仲多谋，又亲率小股人马飞奔拦截同时从莒国出发、回国争位的公子小白，在即墨（今山东平度市附近）狭路相逢。管仲箭法高超，乘其不备射了公子小白一箭。不巧得很，这一箭居然射在小白的衣钩上，而公子小白富有急智，居然应声趴下，并咬破舌头装死，骗过了管仲。得知小白已被管仲射死，公子纠更加坦然自若地缓缓进行。却不料公子小白骗过管仲之后争分夺秒，一路飞奔，抢先回到了临淄城，在鲍叔牙据理力争之下，齐国贵族们认识到立小白为君麻烦相对要小，莒国不敢向齐国索取好处，如立公子纠为君，纠的母国鲁国可就不像莒国那么好惹了，可能乘机向齐国索取回报。于是他们以公子小白先到为由，拥立了公子小白，也就是后来的齐桓公。初登君位的公子小白立刻调集军队，与不依不饶的鲁国护送公子纠的军队开战，将毫无准备的鲁国军队打得大败。在齐国乘胜逼迫之下，鲁国国君鲁庄公只好杀了公子纠，与齐国和好。管仲于是成了失败者公子纠的遗臣，也是齐国新君小白最痛恨的敌人。按常理，只有死路一条。

　　然而管仲没死，既没有殉职，也没有被杀。客观上鲍叔牙鼎力举荐和保护了他，主观上管仲只为社稷而生死，并不拘泥于小节。

　　本来齐桓公要任命鲍叔牙为太宰（百官之长），但鲍叔牙说：我是国君的一个平庸的臣子，您给予我恩惠，不叫我挨冻受饿，就是国君对我的恩赐了。如果一定要治理国家，只有管仲可以。他对管仲的才能大加赞赏。但齐桓公还在记恨管仲射带中钩之仇。鲍叔牙劝谏道：当时管仲射钩，是为了他的主人公子纠。如今公子纠已死，如果您能重用管仲，他将为您射天下。这句"射天下"打动了齐桓公。

　　于是齐国以报射带中钩之仇为由，要求鲁国将管仲引渡回国，扬言要对他施以酷刑。鲁庄公犹豫再三还是放了管仲。

　　乘着囚车归国的管仲心领神会，明白此一归去如鱼得水，不仅死不了，而且将得到重用。为了避免鲁国君臣反悔追击，管仲现作快节奏歌曲一首，教给推囚车的士卒，让他们在快歌的节奏中加快了回归的步伐。果然鲁国聪明的大臣施伯意识到齐国营救管仲之意，鲁庄公立刻派人追击却没有追上。

　　管仲回到齐国境内，鲍叔牙亲自迎接，将他放出囚车，让他沐浴更衣。齐桓公又亲自到郊外迎接。这次见面，管仲回答了齐桓公很多关于如何治国兴邦的问题，印证了鲍叔牙对他的评价，坚定了齐桓公任用管仲为太宰的决心。这次精彩的对话《国语·齐语》中有明确的记载。主要内容有：改革土地制度，即所谓"均地分利"、"相地衰征"，实质就是顺应铁器时代的到来和乱世争夺人民的需要，解放农奴，解放生产力；改革户籍制度并寓军于民，即所谓"定民之居，成民之事"、"连五家之兵"，就是将士、农、工、商分区定居和管理，同时改革过去由国家和贵族养士建军的落后方式，从每户人家抽调一人从军，组成一支优秀、亲和、富有战斗力的军队；大力发展经济，所谓"官山海"、"弛关市之征"、"置女闾"，即国营鱼、盐、铜、铁，同时建立开放的市场，发挥齐国靠海优势，开发"鱼盐之利"；开山炼矿，铸钱冶铁；设置官办的商业红灯区，招徕天下商贾——《管子·轻重乙》记载，"齐桓公宫中七市，女闾七百"，即有700名女子负责接待各地客商，而且有相应优惠招商政策：携带一车至四车货物的客商，宫市免费提供餐饮；携带五车以上货物的客商，宫市即派出5名女子为之服务。

这些对策后来都在齐国得以实现，使得齐国内修政理，积累了深厚的经济基础，建立了一只富有战斗力的军队。

在此基础上，在对外政策方面，管仲帮齐桓公打出了"尊王攘夷"的旗号。通过尊奉周王室、团结中原诸侯，一致抗击夷狄，维系了华夏文明的发展，也确立了齐国的霸主地位。因此，周襄王曾要任命管仲为王室上卿，位同诸侯，但管仲坚辞了。一百多年后，孔子感慨道："微管仲，吾其被发左衽矣。"意思是：如果不是管仲，我们恐怕都要像胡人一样披散着头发，穿着向左边扣着的衣服了。

管仲不仅是一位了不起的政治家，也是一位了不起的思想家。他的思想和言论被后人写成一部书叫《管子》。《管子》指出："国多财则远者来，地辟举则民留处"、"仓廪实而知礼节，衣食足而知荣辱"。他早早就认识到经济是一切社会生活的基础。这也符合历史唯物主义思想。

管仲比老子大150多岁，比孔子大170多岁，比墨子大250多岁，比韩非子大440多岁。这些令后世敬仰的大思想家们的思想理论，或多或少都能溯源于管子的思想，但他们都比不上管仲处理现实问题的能力。

与"千古第一名相"管仲相比，李悝的名气似乎小了很多。甚至很多后人都不知道这个名字，不知道它读作李悝（kuī）。但当我们深入了解他的事迹后就会发现，他可以称得上是中国历史上依法治国思想的鼻祖。

李悝，生于公元前455年，死于公元前395年。春秋向战国过渡时期的魏国人，曾任魏国丞相，是中国历史上著名的政治家和法家的代表人物。正是在他的主持下，魏国在战国初期即拉开了变法序幕，从而迅速崛起，称霸天下近一个世纪。其后秦国的商鞅变法、楚国的吴起变法等，都是以李悝的魏国变法为蓝本的。魏国的统治经验也成为后世千百年的统治典范。

李悝是个重农主义者。在那个时代重农实际就是重视国计民生，重视经济。李悝的变法，主要也就是围绕这一点展开。所谓"尽地力之教"、"开阡陌"，特别是推出"平籴法"，极大地发展了农业经济，促进了国家的富强和社会的稳定。关于李悝如何尽地力之教，今天已不可详考。《汉书·食货志》记载李悝的说法："地方百里，提封九万顷，除山泽居邑叁分去一，为田六百万亩，治田勤谨则亩益三升，不勤则损亦如之。地方百里之增减，辄为粟百八十万矣。"大意是通过改进耕作技术和管理方式、奖勤罚懒，提高生产力，使得土地大大增产。"开阡陌"，就是将过去传统的井田制中分割土地的阡陌（田界土埂小路）全部开挖成农田。这样既可以增加耕地面积，又可以开展大规模种植和管理，提高生产效率。当然与此同时传统的井田制公田税收模式也作相应改进，改成按收成的比例来缴纳租税了。

最值得赞赏的就是"平籴法"，丰年时可以防止商人压价伤农，保护农民的生产积极性；灾年时可以防止商人抬价伤害城市居民，避免社会恐慌，使"谷贱伤农，谷贵伤民"的事情不在魏国发生。这样在魏国就呈现出"虽遇饥馑水旱，籴不贵而民不散"的局面。在那个动荡争霸的时代，只有"民不散"，政权才能巩固。李悝的"平籴法"取得了很好的效果，史传"行之魏国，国以富强"。这个好政策到今天也不为过时。

　　为了推行法治，李悝归纳了当时各诸侯国的刑典，研究写成《法经》六篇，极大地影响了当时和后世。

　　《法经》六篇的具体内容为四法二律：《盗法》、《贼法》、《囚法》、《捕法》、《杂律》和《具律》。其中，盗是指侵犯财产的犯罪活动。贼是杀人、伤人的犯罪活动。囚、捕两篇是有关劾捕盗贼的条文。杂律内容很广，包括六禁：淫禁，即禁止夫有二妻或妻有外夫；狡禁，即禁止盗用符玺及议论国家法令；城禁，即禁止人民翻越城墙的规定；嬉禁，即关于赌博的禁令；徒禁，即禁止人民群聚的禁令；金禁，即有关官吏贪污受贿的禁令，而具律是《法经》的总则和序列。

　　《法经》六篇是李悝在法律制度方面做出的重大贡献。《法经》出现后，魏国一直沿用，后来由商鞅带往秦国，秦律即从《法经》脱胎而成。汉律又承袭秦律，所以《法经》在中国古代法律史上有非常重要的地位。据说直到清代，法律的基本框架都是《法经》所"规定"的。由此说，李悝是中国官僚帝制时代法律的"总设计师"也不为过了。

　　李悝设计了中国官僚帝制时代的法治，而真正将其思想付诸社会实践，最为彻底也最为成功的人，叫商鞅。

　　商鞅，又称卫鞅或公孙鞅。他本是战国时期卫国人，是卫国国君的后代。商，是他在秦国建功立业之后，秦孝公赐给他的封地。商鞅约生于公元前395年，死于公元前338年，活了五十多岁。他是中国历史上最伟大的改革家。

　　最初，商鞅在魏国效力，投靠在魏国相国公叔座门下，当中庶子。公叔座知道他有才干，还没有来得及向魏王进荐，适遇公叔座病重，魏惠王亲自前往探望病情。魏惠王问公叔座："您的病倘若有三长两短，国家怎么办？"公叔座说："我的中庶子公孙鞅，年纪虽轻，却身怀奇才，希望大王把全部国政交付给他。"魏王沉默不语。因为商鞅当时才二十出头的年纪，魏惠王根本没把他放在眼里。魏王将要离去，公叔座屏退旁人，再对魏惠王说："大王如果不起用公孙鞅，就一定要杀掉他，别让他出国境。"魏王一口应承后离去。

待魏惠王走了，公叔座又召见商鞅，告诉他："今日大王询问可以担任相国的人，我推举了你，看大王的表情不赞成我的意见。我便对大王说如果不任用公孙鞅，就该杀掉他。大王应承了我。你赶紧离开，否则将要被逮捕。"商鞅说："大王既然不采纳您的话任用我，又怎么能采纳您的话杀我呢？"所以没有离去。魏惠王离开公叔座后，便对身边的人说："公叔座病得很重，令人悲伤啊！他居然想让我把国政交付给公孙鞅，岂不荒唐呀！"他果然也没有捕杀商鞅。

这是《史记·商君列传》开头的记述，是很好的镜头语言，有极强的戏剧效果。如果有人要拍商鞅的影视剧，就从这个场景开始最好，司马迁早在两千多年前就写好了剧本。

在魏国得不到重用的商鞅，听说秦孝公下"求贤令"寻求贤才，准备重振秦穆公的霸业，就西行进入秦国，通过秦孝公的宠臣景监见到了秦孝公。最初，商鞅对秦孝公大谈帝道、王道之类的大道理，秦孝公听得恹恹欲睡，并且责备景监所荐非人。经过几番试探和长谈，商鞅了解到秦孝公急于强国称霸的需求，就给他讲了霸道，即强国之术。秦孝公大为高兴，不知不觉膝盖在跪着的席子上直往前挪动，几乎超出了席子的边缘。商鞅因此得到了秦孝公的信任，但商鞅也不无遗憾地对景监说："我用帝王之道达到夏、商、周三代盛世来劝说国君，可国君说：'时间太长，我没法等待。况且贤能的君主，都在自身就扬名天下，哪里能默默无闻地等待几十年、几百年来成就帝王之业呢？'因此我就用强国之术向国君陈述，国君大为高兴。但这样就难以同殷、周的德治相比拟了。"

这时，秦孝公22岁，商鞅27岁。两个20余岁的年轻人担当起历史的重任，领导了秦国的变法。

从公元前356年至公元前350年，商鞅大规模地推行过两次变法。

据杨宽先生《战国史》说，商鞅第一次变法应在秦孝公六年（前356年），即卫鞅任左庶长之后。

第一次变法的主要内容有三条：

1. 实行连坐，轻罪重刑。商鞅将李悝的《法经》带到秦国颁布实行，同时增加了连坐制度，即将百姓"五家为伍，十家为什"地编制起来，如什伍之内有人犯法，必须互相告发，否则同罪连坐。告发"奸人"的与斩敌同赏，不告发的腰斩。一家藏"奸"，什、伍同罪连坐，客舍收留无官府凭证的旅客住宿，主人与"奸人"同罪。

2. 奖励军功，严惩私斗。商鞅建立了20等军功爵制。从低到高为：（1）公士（2）上造（3）簪袅（4）不更（5）大夫（6）官大夫（7）公大夫（8）公乘（9）五大夫（10）左庶长（11）右庶长（12）左更（13）中更（14）右更（15）少上（良）造（16）大上（良）造（17）驷车（18）大庶长（19）关内侯（20）列侯。各级爵位都有相应的政治经济特权，规定斩敌甲士首级一颗赏爵一级、田一顷、宅九亩、服劳役的"庶子"一人。爵位越高，相应的政治、经济特权越大。即便是宗室、贵戚，如没有军功，也不得列入宗室的属籍，不能享受贵族特权。同时严惩国民私斗，从而改变了秦国受西部文化影响国民刁悍易生私斗的民风。

3. 重农抑商，奖励耕织。规定："僇力本业耕织致粟帛多者，复其身；事末利及怠而贫者，举以为收孥。"意思是尽力从事男耕女织的生产事业，生产粮食布帛多的，免除其本身的徭役；凡从事工商业和因不事生产而贫困破产的人，连同妻子、儿女没入官府为奴隶。

制定好法令，尚未公布之时，商鞅担心百姓不信任，就搞了一个极富创意的宣传活动来建立信誉。他在都城市场南门立起一根三丈长的木头，招募百姓有能搬到北门的给十镒黄金。百姓对此感到惊奇，没有人敢搬。商鞅就又宣布说："有能搬的人给五十镒黄金。"重赏之下，有一个人搬走了木头，商鞅立即奖给他五十镒黄金，以表明没有欺诈。百姓至此相信商鞅变法不是戏言，于是法令颁布实施。

法令实行一年，秦国百姓到国都来说新法不适宜的数以千计，甚至太子也触犯了法令。商鞅说："法令不能实行，是由于上面的人触犯法令。"准备依法惩处太子，但太子是国君的继承人，不能施加刑罚，于是对太子师父公子虔和公子贾行刑。第二天，秦国百姓都服从法令了。

第一次变法实行几年后，秦国大治，路不拾遗，山无毛贼，百姓家家富裕，皆大欢喜。百姓勇敢为国作战，不敢私自内斗，城乡大治。秦国百姓中当初说法令不适宜的，又来说法令适宜，卫鞅说"这些都是扰乱教化的人"，将其全部迁居到边境城堡。此后百姓中就没有人敢议论法令了。

商鞅第二次变法是在公元前350年，变法主要内容有两点：

1. 开阡陌。把原来的"百步为亩"，开拓为240步为一亩，重新设置"阡陌"和"封疆"。国家承认地主和自耕农的土地私有权，在法律上公开允许土地买卖。

2. 推行县制。把秦国划为41个县，在未设县的地方，把许多乡、邑，合并成县，共新建31个县，设县令、县丞，由国君任免。

变法后国富兵强，秦孝公任商鞅为大良造，率领军队包围魏国安邑，魏王派公子昂领兵迎击秦军。两军相遇，商鞅写信给魏军将领公子昂说："我当初与公子相交甚好，如今同为两国之将，不忍心互相攻伐，是否可以同公子当面相见，缔结盟约，痛饮一番而后撤兵，以安定秦国和魏国。"魏公子昂认为很好，于是两人会面订立盟约，设宴对饮。商鞅事先埋伏的武士俘虏了魏公子昂，乘势攻击他的军队，打垮魏军而返。魏惠王因军队屡次败于齐国、秦国，国势日益衰落而非常恐慌，于是派遣使者割让河西之地奉送给秦国以求和解。而后魏惠王就离开安邑，向东迁都到大梁。魏惠王说："我悔恨当初不听公叔座的话啊。"商鞅击败魏军归来，秦孝公封给他於、商之间的 15 个邑，从此号称商君。

秦国占领安邑，不仅报了当年魏文侯和吴起侵占秦国河西之仇，而且声威大震。五年后，周天子看到秦国日渐强大，赐祭肉给秦孝公以表彰其霸业，诸侯都来祝贺。

商鞅担任秦国相，十年间，秦国大治，国富兵强。但变法改革从来都是权利与利益的再分配，秦国公室贵族中有很多人怨恨不满。公元前 338 年，秦孝公去世，太子即位，是为秦惠王。公子虔一帮人告发商鞅要谋反，秦惠王就派出官吏逮捕商鞅。商鞅逃亡到边关，打算住客栈。客栈的人不知道他是商鞅，说："商君的法令：留宿没有通行证件的人要判罪。"商鞅只得离开秦国前往魏国，魏国人又怨恨他当年欺骗公子昂打败魏军，拒绝接纳他。

《史记·商君列传》记载，商鞅再次进入秦国，直奔封地商邑，与其党徒调动邑中军队往北攻击郑邑。秦王派兵攻打商君，在郑邑池杀死他。商鞅死后，秦惠王车裂他的尸体示众，说：

"不许再有像商鞅这样的造反者！"接着灭了商鞅的家族。

商鞅就这样死了，但他在秦国建立的制度已经深入人心，被继续沿用。这一历史上著名的变法被冠以"商鞅变法"，已足见历史对商鞅的肯定。商鞅变法促进和支撑了秦国的持续走强。后来秦灭六国，建立强势的大秦帝国，表面上靠的是强大的军事实力和正确的政治外交手段，但根本上是靠其相对优越的制度。正是商鞅变法激发了秦国的活力，才使其经济社会快速发展，举国形成极强的战略执行力。

历来变法改革，因为要与顽固保守势力博弈，往往虎头蛇尾，少有成功，而且主持变法者自身多没有好的结局。商鞅个人的悲惨结局没有超脱人类历史令人无奈与叹惋的铁律，或许也没有超出他自己的料想。但商鞅变法成功了，这是历史事实。今天，我们回首商鞅变法，有必要考察他成功的原因。

归结起来，大概有这样四条：

第一，他顺应了历史发展的潮流。春秋战国时期是封建制度崩溃、官僚帝制时代即将来临的大变局时代，商鞅变法顺应了时代的要求和历史发展的潮流。这是变法成功的根本原因。

第二，他得到了最高统治者的鼎力支持。秦孝公履行诺言，终其一生支持变法。这是变法成功的关键。

第三，他取信于民，得到了民众的支持。这是变法成功的基础。

第四，他不顾个人安危，以身殉法，蹈死无悔。这是变法成功的核心要素。

秦国之兴，商鞅当居首功。不仅如此，商鞅变法为后世中国留下了宝贵的财富和大量可资借鉴的经验，同时也激励着后来法家勇于担当，匡扶社稷，为国家民族不断兴利除弊、变法图强树立了光辉的典范。

商鞅变法，为秦走向法治、走向富强打下了坚实的基础。半个世纪后，另一位法家人物在秦国政坛登场，他继续坚定地施行法家思想，帮助秦始皇统一了天下。这个人就是李斯。

李斯，名斯，字通古。战国末年楚国上蔡（今河南上蔡西南）人。约生于公元前284年，死于公元前208年，活了70多岁。他是中国历史上建树最多、对后世影响和贡献最大的一位能臣。按照司马迁的说法，如果不是因为种种无法让人容忍的恶行（如焚书、篡改圣旨等）毁坏了他的声誉，"斯之功且与周、召列矣"——他的功绩可与周公、召公媲美了。

李斯早年在郡上做看仓库的小吏。偶然间，看到厕所里的老鼠吃人的粪便，见到人和狗就胆战心惊，而仓库里的硕鼠吃着粮食，长得肥肥胖胖，还不用害怕人和狗，悠游自在。李斯由鼠及人，大发感慨，认为人的贤不肖与鼠同，所处的环境不同造就不同的人生。于是放弃做小吏，师从荀子学帝王之术去了。

学成之后，李斯估计了当时的形势，认为地处西部的秦国已经强大到足以兼并天下，于是拜别荀子，入秦谋求前程。

入秦之初，李斯得到相国吕不韦的赏识，被吕不韦任为郎（秦王嬴政的侍卫）。李斯得以向年轻的秦王建言，劝说秦王政灭诸侯、成帝业，由此进入了秦王的政治视野，被任为长史。秦王采纳他的计谋，派遣谋士带着金玉游说东方六国，离间各国的君臣。李斯后来又被升任客卿。

然而，正当李斯在秦国政坛冉冉升起的时候，假宦官、秦王嬴政母亲赵姬的情人嫪毐谋反，韩国派来水利工程师郑国游说秦国修渠，实行疲秦之计暴露，秦国宗室一致认为："非吾族类其心必异。"恰好秦王嬴政亲政后要排斥异己，削弱相国吕不韦的势力，于是于公元前237年下令驱逐外国客卿。李斯也在被逐之列。临行之前，李斯怀着一线希望，给秦王上了千古名篇《谏逐客书》，阻止秦王逐客。

这篇奏疏是一篇极为精彩的政论文章。虽不足千字，但力胜万言。从秦国在一代代外来人才的鼎力效命之下由贫弱而至于富强，过渡到当下秦王对人才的轻视，明确指出这样做只能冷落士心，而决非霸王之胸襟。文章丝丝入扣，据理力争，始终紧扣富国强兵、称雄天下与任用人才的关系，处处点到了有霸主之心的嬴政最为敏感的那根神经，因此深深地打动了秦王嬴政。可以说这篇以理服人的奏疏改变了李斯的命运。说得夸张一点，它甚至改变了历史发展的进程。被追回的李斯不久官任廷尉，在秦王政灭六国的事业中起了重要作用。这篇文章也被认为是有秦一代最高水准的文学作品。

《谏逐客书》

臣闻吏议逐客，窃以为过矣。

昔穆公求士，西取由余于戎，东得百里奚于宛，迎蹇叔于宋，来邳豹、公孙支于晋。此五子者，不产于秦，而穆公用之，并国二十，遂霸西戎。孝公用商鞅之法，移风易俗，民以殷盛，国以富强，百姓乐用，诸侯亲服，获楚、魏之师，举地千里，至今治强。惠王用张仪之计，拔三川之地，西并巴蜀，北收上郡，南取汉中，包九夷，制鄢郢，东据成皋之险，割膏腴之壤，遂散六国之合纵，使之西面事秦，功施到今。昭王得范雎，废穰侯，逐华阳，强公室，杜私门，蚕食诸侯，使秦成帝业。此四君者，皆以客之功。由此观之，客何负于秦哉！向使四君却客而不内，疏士而不用，是使国无富利之实，而秦无强大之名也。

今陛下致昆山之玉，有随、和之宝，垂明月之珠，服太阿之剑，乘纤离之马，建翠凤之旗，树灵鼍之鼓。此数宝者，秦不生一，而陛下悦之，何也？必秦国之所生然后可，则是夜光之璧不饰朝廷，犀象之器不为玩好，郑、卫之女不充后宫，而骏马駃骎不实外厩，江南金锡不为用，西蜀丹青不为采。所以饰后宫、充下陈、虞心意、说耳目者，必处于秦然后可，则宛珠之簪，傅玑之珥，阿缟之衣，锦绣之饰不进于前；而随俗雅化、佳冶窈窕，赵女不立于侧也。夫击瓮叩缶，弹筝博髀，而歌呼呜呜快耳者，真秦声也；《郑》、《卫》、《桑间》、《昭》、《虞》、《武》、《象》者，异国之乐也。今弃击瓮叩缶而就郑、卫，退弹筝而取昭、虞，若是者何也？快意当前，适观而已矣。今取人则不然，不问可否，不论曲直，非秦者去，为客者逐，然则是所重者在乎色乐珠玉，而所轻者在乎人民也，此非跨海内制诸侯之术也。

臣闻地广者粟多，国大者人众，兵强则士勇，是以泰山不让土壤，故能成其大；河海不择细流，故能就其深，王者不却众庶，故能明其德。是以地无四方，民无异国，四时充美，鬼神降福，此五帝三皇之所以无敌也。今乃弃黔首以资敌国，却宾客以业诸侯，使天下之士退而不敢西向，裹足不入秦，此所谓"藉寇兵而赍盗粮"者也。

夫物不产于秦者，可宝者多，士不产于秦者，而愿忠者众，今逐客以资敌国，损民以益仇，内自虚而外树怨于诸侯，求国无危，不可得也。

秦王嬴政终于在这篇妙论的促动之下，改弦更张，撤销逐客，下令追回了旷世奇才李斯。并"复李斯官，卒用其计谋……二十余年，竟并天下"（《史记·李斯列传》）。

秦统一天下后，李斯担任丞相。这时的丞相的确是一人之下万人之上的角色。历史上，此前和此后的丞相都没有秦朝丞相的权力大。大秦帝国建立之初，正是在丞相李斯的主持下，制定了较为完善的朝廷礼仪制度，废除封藩，设立郡县，强化中央集权，开创了中国官僚帝制。李斯还参与完善了法律，统一了文字、货币、度量衡和车轨的尺寸。

秦统一之前，华夏历史上都是采取封建制度。李斯总结了前代弊端，力主废弃封建制度，建立官僚帝制，确保了中央集权，由此开启了中国两千多年官僚帝制时代，确保了后世中国尽管改朝换代却合多分少的绵延统一。

秦统一建立的是一个多文化圈、多民族的大国，为了政令畅通，就必须统一文字，而文字的统一对后世中国的统一也发挥了重要的作用。在统一文字的过程中，李斯还亲笔撰写了一部标准字帖《仓颉篇》。他是个了不起的书法家，直到今天，我们仍能在泰山、琅琊台等秦始皇东巡路上的重要地点看到李斯手书刻写的石碑。不过秦本来要用小篆来统一文字的，却在实践中为隶书所取代。传说隶书为一个叫程邈的奴隶所创，在他给朝廷抄录诏书的过程中被认可，所以叫隶书。

秦统一货币之前，华夏区域内有各种各样的货币。除了原始的贝壳、龟甲、珍珠、玉等货币外，金、银、铜、铁、锡等都可铸币，而且形状多样。有刀币（形似大刀），有布币（形似铲子），等等。多样的货币对经济流通不利，既不利于换算，也不便于携带。为此，秦确定了以黄金为上币（硬通货），以镒为单位，每镒重二十四两，以铜半两钱为下币，一万铜钱折合一镒黄金。并严令珠玉、龟、贝、银、锡之类作为装饰品和宝藏，不得当作货币流通。同时，规定货币的铸造权归国家所有，私人不得铸币，违者定罪等。李斯此举被后人认为是经济史上的一个创举。李斯还亲手设计了外圆内方的铜钱。这种钱币既便于成吊计算，也便于用绳子穿起来携带，而且非常符合中国人的美学和哲学观念。所以这种钱一直沿用到清末都没有变化。

度量衡的统一对于朝廷的税收和经济流通都有重要的意义。

当然李斯是人不是神，是人就有其缺陷。后来秦始皇突然暴病死亡，在赵高的极力劝说下，李斯也从个人的前途命运考量，担心公子扶苏继位可能在政治上改弦更张，对自己不利。于是选择了配合赵高，篡改诏书，辅佐秦二世胡亥登基，却也因此给自己埋下了灭亡的祸根，遗憾地葬送了自己的一世英名。他直到被赵高陷害腰斩灭族时才醒悟。临刑，李斯拉着儿子的手说："吾欲与若复牵黄犬，俱出上蔡东门逐狡兔，岂可得乎！"父子相对痛哭。

第二类：机警过人、见识卓远的晏婴、百里奚、伍子胥和范雎。

晏婴，字仲，又称晏子，是春秋后期齐国夷维（今山东高密）人。生于公元前595年，死于公元前500年。历任齐灵公、齐庄公、齐景公三朝卿相，辅政长达50余年，是春秋后期重要的政治家、思想家、外交家，在历史上留下了贤德与机智的美名。

晏婴出生于一个贵族之家，父亲是齐国的上大夫晏弱。齐灵公二十六年（前556年）晏弱病死，晏婴继任为上大夫。尽管出生贵族，历任三朝卿相，但晏婴自始至终以生活节俭、谦恭下士著称。

他内辅国政，屡谏齐君。

一次齐景公召来晏婴请教如何兴国安邦，希望有朝一日能够光复先君（指齐桓公）的伟业，重振雄风。晏婴回答说："臣陪大王微服察访一下民情，回来后再议兴国大计，如何？"

　　晏婴特意带齐景公来到京都临淄的一个闹市，走进一家鞋店。见鞋店摆放着各种各样的鞋子，但是无人问津，倒是旁边一家假脚店生意兴隆。齐景公不解地询问店主，店主神色凄然地说："当今国君滥施酷刑，动辄对人施以刖刑，很多人被砍去了脚，不买假脚如何劳作和生活呢？"齐景公听罢心生惭愧。回宫的路上，晏婴乘机说道："先君桓公之所以建树了丰功伟业，是因为他爱恤百姓，廉洁奉公，不为满足欲望而多征赋税，不为修建宫室而乱役百姓；选贤任能，国风清正。君臣戮力同心，才取得了雄视天下的地位。如今大王亲小人，远贤良，百姓……"不等晏婴讲完，齐景公便打断了他的话："相国不必多言，寡人已经明白了。寡人也要效法先君，光大宗祠社稷。"

　　有一天，齐景公田猎回来，晏婴在遄台陪侍，大臣梁丘据想讨齐景公的欢喜，也急忙赶来陪同。齐景公高兴地说："看来只有梁丘据与我相和啊！"晏婴说："梁丘据与您只能说是同，怎么能说是和呢？"齐景公说："和与同还不一样吗？"晏婴答道："当然不一样了。和就像制肉羹，用醋酱盐梅烹调鱼肉，以薪炎炖煮，厨师再加好各种调料，口味佳美，君子食之，平其心火，这才叫和。君臣的关系也是这样。君认为对但实际上不对的事情，臣就应该指出其不对；君认为不对但实际上对的，臣也应该坚持正确的方面。这样政治就会平稳而无偏差，人民也无争心。先王治民也用济五味、和五声之法，以平稳百姓之心，使政治成功。演奏音乐也像调味一样，有一气、二体、三类、四物、五声、六律、七言、八风、九歌，这九者相和，然后才能成为一首优美的乐章。君子听了，可平其心，可和其德。现在梁丘据却不是这样，您只要一说行，他就说行；您要说不行，他就说不行。这就像做饭时水里再加上水，谁能吃呢？弹琴时只是一个声音，谁能听呢？他的这种行为就是同，这样做行吗？"这也是成语

"和而不同"的来历。

还有一次，齐景公的一匹心爱的马死了，齐景公大怒，下令把养马的人抓来肢解。正好晏子在场，左右武士正想动手，晏婴上来制止，对齐景公说："杀人总得有个方法，请问尧舜肢解人的时候，从身体的什么部分开始?"尧舜是传说中的仁君，不会因为一匹马而杀人，自然也没有杀人肢解之法，齐景公知道晏婴的意思，就说："那就不肢解，把他交给狱官处死吧。"晏婴又对齐景公说："这个人的确该死，但是他还不知道自己犯了什么罪，请让我说说他的罪状，让他知道，然后死个明白，您说好吗?"齐景公说："好，你说吧!"晏婴就开始数说他的罪状："你犯了三条大罪：国君让你养马你却把马养死，这是一大死罪；所死之马又是国君最喜爱的，这是二大死罪；因为你养死了马而使国君杀人，百姓听说之后一定会怨他，诸侯听说之后一定轻视我国。你养死了国君之马，使百姓生出怨恨，使邻国轻视我们，这是第三大死罪。今天把你送到监狱，你知罪吗?"齐景公听到这里叹息一声，说："您把他放了吧! 免得伤了我的仁爱之名。"

晏子生活十分俭朴，总是吃脱粟之食和苔菜，穿缁布之衣，上朝坐的是敝车驽骊，住的是"近市湫隘嚣尘，不可以居"的陋仄之室。他不仅如孔子所说的"戒得"，也十分注意"戒色"。景公见晏子的妻子又老又厉害，想把爱女嫁给他，晏子坚辞不纳。他说："遗弃旧人是悖理，纳娶少女是淫乱。况且见色而忘义，富贵而丧失人伦，就是违背道德。"

晏子辅佐齐国三代国君，一直勤恳廉洁从政，清白公正做人。他管理国家秉公无私，亲友僚属求他办事，合法者办，不合法者拒。他从不接受礼物，大到赏邑、美宅，小到车马、衣服，都被他辞绝。不仅如此，晏子还时常把自己所享的俸禄送给亲戚朋友和劳苦百姓。所以孔子曾赞晏子说："救民百姓而不夸，行补三君而不有，晏子果君子也!"

据说晏婴身材不高，其貌不扬，但头脑机灵，能言善辩，善于辞令。在外交中常常为齐国赢得尊严。

一次，中原强国晋国谋划攻打齐国。为了探清齐国的形势，便派大夫范昭出使齐国。齐景公以盛宴款待范昭。席间，值酒酣耳热、均有几分醉意之时，范昭借酒劲向齐景公说："请您赐给我一杯酒喝吧!"景公让侍臣用景公的酒杯斟了一杯赐予范昭。范昭接过来一饮而尽。晏婴冷眼旁观，厉声命令侍臣道;"快扔掉这个酒杯，为主公再换一个。"依照当时的礼节，在酒席之上，君臣应是各自用个人的酒杯。范昭用景公的酒杯喝酒违反了这个礼节，是对齐国国君的不敬。范昭故意为之，目的在于试探对方的反应如何，但还是被晏婴识破了。范昭回国后，向晋平公报告说："现在还不是攻打齐国的时候，我试探了一下齐国君臣的反应，结果让晏婴识破了。"范昭认为齐国有这样的贤臣，现在去攻打齐国，没有胜利的把握，晋平公因而放弃了攻打齐国的打算。孔子称赞晏婴这一次的外交表现说："不出樽俎之间，而折冲千里之外。"这就是"折冲樽俎"这个典故的来历。

还有一个著名的晏子使楚的故事。说有一次，晏子出使到楚国去，楚王知道晏子的个子很矮，就想捉弄他。命人在城墙的大门旁边又开了个小门洞，请晏子从小门洞进去。

晏子知道楚王要戏弄他，就故意说："到了狗国，才走狗洞，我现在是出使楚国，不应该走狗洞吧?"

招待晏子的官员听他这么一说，只好请晏子从大门进去。晏子进城后，拜见楚王。楚王故意问："是因为齐国再没有别人，才派你来的吗?"晏子回答说："齐国的人多极了，仅都城就有上百条街道，人们把衣袖举起来，就可以遮住太阳；人们挥洒汗水就像下雨一样。"楚王接着问："既然如此，那么为什么派你出访呢？"晏子不慌不忙地回答："我们齐国派使节出访很有讲究，精明能干的人，就派遣他们出使那些君主道德高尚的国家；无才无德的使臣，就派他们出使那些君主无才无德的国家。我是使臣中最愚蠢、最无能的人，所以就派我出使楚国来了。"晏子的回答让本想戏弄他的楚国君臣面面相觑，无言以对。

楚王设宴招待晏子。正当宾主宴饮之时，两名士兵绑着一个人来见楚王。楚王问道："你们绑的是什么人？"士兵回答说："是齐国人，因为他犯了盗窃罪。"楚王故意看着晏子说："齐国人天生就喜欢盗窃吗？"晏子从席上站起来回答说："我听说，橘子长在淮河南边就是橘子，而长在淮河北边就变成枳子，虽然两种植物的叶子一样，它们果实味道截然不同。原因何在？是因为水土不同的缘故。现在，齐人在齐国不犯偷盗，到了楚国却学会了偷盗，莫非楚国的水土使百姓善于偷盗吗？"楚王听了晏子一番反驳，钦佩他的机智和对齐国尊严的维护。笑着承认说："圣人是不能同他开玩笑的，我这样做反而自讨没趣了。"

类似的故事还有很多。晏子凭自己的智慧，挫败了一些国家有辱齐国国格和自己人格的阴谋，他的名声也越来越大，成为春秋末期著名的外交家。

据专家考证，晏子活到 95 岁（前 595 年—前 500 年）。在 2500 多年前，社会动荡，医疗条件差，生活水平低下的春秋时代，一个政治家能活到如此高龄，也算是个奇迹了。

晏子是一位贤者、仁者，也是一位政坛的不倒翁。与他相比，出生于平民，大半生辛苦飘零的贤才百里奚可谓尝尽了人生五味。

百里奚，春秋时楚国宛（今河南南阳）人，也有人说是虞国（今山西平陆北）人，生卒年不详。秦穆公手下的贤臣，著名的政治家。

　　史传百里奚饱读诗书、才学过人，然而出生寒微，在宗法制度森严的楚国，他没有入仕为官的门路。他的妻子很有见识，就鼓励百里奚出游列国求仕。在百里奚出游那天，家中已经穷得无米下锅。妻子杜氏宰杀了家中唯一的一只下蛋的母鸡，没有柴火，就劈了门闩炖母鸡，给丈夫饯行。百里奚出游求仕，历经宋国、齐国等国家，因为朝堂里无人引荐，都没有得到录用。在齐国，百里奚陷入困境，一度沿街乞讨。在齐国郅地，他遇见了蹇叔，两人一番宏论，结为知己。此后，在蹇叔的举荐下，百里奚到虞国当了个大夫，但虞国国君爱财如命，在收了晋国的垂棘（垂棘地方产的宝玉）和宝马等财物以后，就答应借道路给晋国，让晋国去征讨自己的邻国虢国。百里奚对虞国国君述说唇亡齿寒的道理，在劝说无效的情况下，闭口不再劝谏，并对同僚宫之奇说："对蠢人直言相劝，无异于把珍宝丢弃在路上。"果然，晋国（献公）灭虢国后，又于公元前655年灭掉了虞国，俘虏了虞国国君。百里奚也被俘，并被晋国充作奴隶（媵人），在穆姬嫁给秦穆公的时候，陪嫁到秦国。百里奚在去秦国的途中，逃回了楚国。

　　由于百里奚善于养牛，楚国人就让他在荒野之地养牛。秦穆公听说百里奚是个了不起的人才，想用重金赎回他。秦穆公的谋臣公子絷说："楚成王一定是不知道百里奚的才能，才让百里奚养牛。若用重金赎他，不就等于告诉人家百里奚是千载难遇的人才吗？"秦穆公问："那我该怎么样才能得到百里奚？"公子絷说："可以贵物贱买，用一个奴隶的市价，也就是五张黑公羊皮去换百里奚。那样楚成王就一定不会怀疑了。"

　　百里奚被带回秦国后，秦穆公亲自接见了他。百里奚说：

"我是亡国之臣，哪里值得国君垂询！"穆公说："虞君不用你，才使你被掳，并不是你的过错。"秦穆公亲自解除了他的奴隶身份，并与他商谈，讨教国家大事。两人一谈就是三天，相谈甚欢。秦穆公大有相见恨晚之感。

这时百里奚已经70多岁了。秦穆公不无遗憾地说："可惜您年纪太大了啊。"百里奚仰天大笑，他说："如果您打算派我去追逐飞鸟，捕获猛兽，我确实年纪大了一些。但是您要是让我经营国家，策划天下大事，那我还算年轻呢。当年姜子牙八十岁垂钓于渭河边，文王还不嫌他老，置之身侧，朝夕问道，这才有姜子牙辅周灭商、开创大周数百年的基业。这样看来，我刚七十多岁，还大有作为呢。"穆公闻言顿悟，深以为然，更加诚恳地向百里奚请教起霸王之道。

百里奚胸有成竹，凭着他对东方各国的了解和深刻的政治见地，为穆公详细分析了当时天下各个政治集团的实力和长短，为秦国规划了影响深远的国家发展战略。这一战略后来与秦昭王时应侯范雎的"远交近攻"战略一起奠定了秦国扫平六国、一统天下的大格局。

百里奚说："要想有所作为，必须有所依托（也就是要有根据地）。秦国地处西部边陲，应首先开拓自己周围的土地，建立稳固的统治，经营好自己的地域。同时，也利用秦国远离中原斗争中心这一有利条件，避开敌国锋芒，耐心开发土地，加强武装力量，逐步扩展势力。对于服从的，抚之以德；不服从的，镇之以力。随着实力的不断强大，就会拥有与中原各强国一决高下的资本。这样，退则可以稳固防守，进则可以窥视中原。一旦出现机会，便可以进图中原。如此经营，秦国的霸业就可以实现了。"

听到百里奚的真知灼见，穆公大喜过望，当即要拜其为上大夫，委以国政，要把秦国的军政大权都交给百里奚。百里奚坚辞不受，并推荐自己的好友蹇叔来当上卿。这既是荐贤之举，也有报恩之意。于是，秦穆公就用重礼将蹇叔请到秦国，让蹇叔和百里奚一道做秦国的上大夫。因为百里奚是秦穆公用五张黑公羊皮换回来的奴隶，所以世人称百里奚为"五羖大夫"。羖，就是黑公羊皮的意思。

百里奚当上秦国上大夫后，始终保持着爱民思想。他勤政廉洁，轻车简从地走遍了秦国，深得人民信赖。对内提倡教化，开启民智，按照周朝的官制和朝仪改革了秦国落后的国体；对外则与邻修睦，平息战事，使秦国迅速大治，走上了文明强国之路。

东汉泰山太守应劭的著作《风俗通》里，记载了百里奚任秦国大夫之后的一个感人故事。有一天，百里奚的相府宾客盈门，觥筹交错，非常热闹。府内用歌舞款待客人。一个洗衣服的女佣听到乐器声后，主动要求为上大夫百里奚演奏一曲，百里奚欣然同意。那老妇人走到大庭广众之下，落落大方地抚琴唱道：

　　百里奚，五羊皮。忆别时，烹伏雌，炊扊扅，今日富贵忘我为。

　　百里奚，初娶我时五羊皮。临当别时烹乳鸡，今适富贵忘我为。

　　百里奚，百里奚，母已死，葬南溪。坟以瓦，覆以柴，春黄黎，搤伏鸡。

　　西入秦，五羖皮，今日富贵捐我为。

听着这首指名道姓、委婉幽怨的歌，百里奚大为惊讶。他上前询问，方才发现这浣妇原来是自己的结发妻子杜氏。

原来，自丈夫离家之后，几十年杳无音讯。家境贫困，又逢灾年，杜氏就带上儿子外出逃荒。后来，听说百里奚已经在秦国当了大夫，便前来寻夫。也不知当上大夫的百里奚能否相认，为了能接近百里奚，杜氏设法到百里奚府中当了一名浣妇，利用这样的机会才得以夫妻重逢。

夫妻二人当场抱头痛哭。秦国人知道这件事情以后，都十分感动。秦穆公还派人送来了许多财宝，以示祝贺。从此，百里奚位高不忘旧情、相堂认妻的故事在民间广为流传。在那样的时代，富贵而不弃糟糠之妻，是难能可贵的。

百里奚是一个战略家，加之得到秦穆公重用时年事已高，所以没有更多的功业留给后世。但在此之前，志在争霸的秦穆公不得要领，直接将目光投降中原，常常伺机而发，却总是无功而返，秦国的实力得不到发展壮大。正是百里奚给他做了长远的战略谋划，才带来了穆公的一世成就，也奠定了其后秦国长远发展战略。按照百里奚的策划，穆公果然没有卷入中原霸权的争夺战中，而是安心地经营起自己的实力来。后来，秦国征服了周边的一些小国，成了西戎霸主。在百里奚这个谋略高手的经营下，秦国从第二流国家成功崛起为第一流国家，具备了争夺天下的实力。

可以说，由于客观条件所限，百里奚是个大器晚成之人。他留给历史的闪光点并不多，但也丝毫不影响他成为历史上一位富有远见卓识的能臣。

几乎在百里奚晚年得志于秦国的同时，一个叫伍子胥的楚国人，为了给父兄报仇，逃亡吴国，也在吴国成就了一番大功业。

伍子胥，名员（yún），字子胥，春秋后期楚国人，故里在今天湖北老河口市光化县。其生年不可考，死于公元前 484 年。

春秋末期在吴国任大夫。

伍子胥的祖父叫伍举,因为侍奉楚庄王时刚直敢谏而显贵,所以伍氏家族在楚国很有名气。伍子胥的父亲叫伍奢,哥哥叫伍尚,三人均为当时名臣。父亲伍奢是楚平王的太子建的师傅。伍员和伍尚也同父亲一道辅助太子建。

楚平王听信小人费无忌的话,用调包计换娶了本来嫁给太子建的秦国美女。后来费无忌又担心太子建将来继位后报复自己,就进一步进谗言,说太子建得知楚平王娶了本属于他的秦女心怀不满,让楚平王将太子派往北方边境戍边,并设计杀了伍子胥的父亲和兄长,伍子胥携太子建之子胜逃亡,被楚兵一路追杀。二人辗转来到吴楚边界的昭关,想从这里逃往吴国。可是昭关把守很严,难以过关。

扁鹊的弟子东皋公就住在昭关附近的山村,他对比悬赏令上的画像认出了伍子胥,很同情伍子胥的冤屈,决定帮助他。东皋公把二人带到自己的居所,悉心招待,一连七日,却不谈过关之事。伍子胥急不可耐地对东皋公说:"我有大仇要报,度日如年,这几天耽搁在此,生不如死,先生有什么办法助我呢?"东皋公说:"我已经为你们筹划了可行的计策,只是要等一个人来才行。"伍子胥将信将疑,当晚夜不成寐,辗转反侧,直挨到天亮。东皋公一见他大惊道:"你怎么一夜之间,头发全白了?"伍子胥一照镜子,果然一夜愁白了头。

当天,东皋公的朋友皇甫讷如期到达,其形象酷似伍子胥。东皋公把皇甫讷扮成伍子胥的模样,而伍子胥和公子胜装扮成仆人,一路前往昭关。皇甫讷的出现,立刻吸引了守关吏卒,而伍子胥二人则趁乱混过了昭关。

这就是著名的伍子胥过昭关,一夜愁白头的故事。

伍子胥到吴国之后见到吴王僚,极力劝说吴王攻打楚国。吴王僚的叔伯兄弟公子光，也就是后来的吴王阖闾有篡位之想。他看出伍子胥是个人才，就故意离间他和吴王僚，告诉吴王僚说伍子胥是为了报私仇而策动吴国发兵。吴王僚便没有听伍子胥的意见，也没有重用他。伍子胥看出了公子光的心思，两人私下秘密交往起来。为了帮公子光篡位，伍子胥推荐了刺客专诸，帮公子光刺杀了吴王僚。又推荐了刺客要离刺杀了僚的儿子公子庆忌，辅助光夺取了吴国政权（这两个刺客的事情，我们在后面"侠肝义胆"一章会详细讲到）。再后来，伍子胥又推荐了著名军事家孙子，帮吴王阖闾打败楚国，称霸天下（这些将在"名将传奇"一章中详述）。

公元前506年，伍子胥带领吴军打败楚国，攻入了楚国都城郢都。这时楚平王早已死了。吴国君臣在郢都和楚国宫廷洗劫淫乐，而伍子胥则到处寻找当年陷害自己父子的楚平王的坟墓。找到之后，开棺，当众鞭尸。对此事，历史上有两种截然相反的评价。有人说伍子胥君子报仇十年不晚，佩服他的血性；也有人，主要是楚国人认为伍子胥太过分了，毕竟自己是楚人，鞭打自己的国君，是大逆不道。伍子胥年少时的朋友申包胥看不惯了，发誓拯救楚国，就跑到秦国，在秦国朝廷上痛哭了七天七夜，感动了秦人。于是秦国出兵干预，吴国军队才撤回了吴国。

吴王阖闾终其一生对伍子胥十分倚重，后来他被勾践所伤，临死之前，又把儿子吴王夫差托付给伍子胥。夫差早期也十分尊重伍子胥，在伍子胥的帮助下，吴国进一步强大，夫差终于打败勾践报了杀父之仇。但后来夫差雄心膨胀，却志大才疏，不听伍子胥的忠言，还与他产生了严重的嫌隙，竟然将伍子胥毒杀后用皮口袋装了尸体扔进了长江。

伍子胥死前预言吴国将被越王勾践所灭。他说："我死之后，把我的头挂在城门上，我要看着越国是如何剿灭吴国的。"

　　由于伍子胥家事悲惨、经历坎坷，有血气、有勇谋，君子报仇十年不晚，打败了强大的楚国，辅助两代吴王称霸，所以关于他的传说故事很多，至今还在民间曲艺和戏曲舞台上演义。

　　春秋之末，为报父仇的伍子胥在吴国取得成功，也在吴国沉冤江底。战国之初，另一位为自己复仇的范雎则在秦国得志，最终高明地急流勇退了。

　　范雎，字叔，战国时魏国人，著名政治家、军事谋略家。生年不可考，死于公元前 255 年，秦昭王时任秦国丞相。提出了著名的"远交近攻"的外交谋略和"强干弱枝"的内部集权策略，对秦的强大和统一天下发挥了重大作用。

　　范雎出身贫寒，年轻时出仕无门，投在魏国中大夫须贾的门下当门客。一次，魏昭王派须贾出使齐国，范雎随同前往。在齐国朝堂上，由于须贾才疏学浅，面对齐国国君不能对答，胆战心惊，范雎便大胆替须贾应对，赢得了齐王的敬重。齐王想留他做客卿，给他送了十斤黄金和一些酒肉，都被范雎谢绝了。大概此事让须贾感到很失脸面，回国后，心怀不满的须贾不仅不肯定范雎的才华和勇气，反而向相国魏齐诬告，说范雎私受齐国贿赂，一定是出卖了魏国的情报。相国魏齐也不调查，就将范雎抓起来拷打，直打得他肋骨折断，牙齿脱落，体无完肤，昏死过去，才用席子裹了弃置到茅厕当中，让宾客往范雎身上撒尿。范雎醒来后祈求看守，假称他已经死了，将他抛于郊外放了。死里逃生的范雎投奔了好友郑安平，将自己藏匿起来，化名张禄，并让家人举丧，使魏齐等人相信自己的确已经死了。

　　半年后，秦国使臣王稽访问魏国。郑安平设法让范雎同王稽会了面。经过交谈，王稽发现范雎是个难得的人才，就将他和郑安平悄悄带回了秦国。

当时的秦国秦昭王在位，但昭王的母亲宣太后和舅舅丞相穰侯等都很强势，贵族们各谋各的利益，国家政令不一，对外斗争没有章法。比如穰侯自己的封地在东方，接近齐国，为了扩展自己的利益，他主张千里跃进，跨过韩魏去攻击远方的齐国，这样必然使得国家劳师远行，得不偿失。

来到秦国的范雎接近秦昭王之后，向他提出了"远交近攻"的战略思想，又提出了"强干弱枝"的内部集权策略，正好应合了秦昭王的心思。所谓远交近攻，就是对齐、楚等距秦较远的国家先行交好，稳住他们，让他们不干预秦攻打邻近的国家。魏、韩两国地处中原，地理上是"天下"的枢纽，也处于秦国东进中原的要冲。它们与秦国接壤，先攻打它们，打下一寸就稳稳地占领一寸。待魏、韩臣服之后，再北向威慑赵国、南向攻打楚国，最后再攻击东方的齐国。这样由近及远，逐步向外扩张，蚕食天下。

秦昭王接受了范雎的建议。从公元前268年开始，派兵伐魏，攻占怀（今河南武陟西南）。两年后又攻占邢丘（今河南温县东）。公元前265年，范雎又为昭王谋划攻打韩国，首先攻占地处韩国咽喉的荥阳，将韩断为三截，致使韩处于危亡之中，不得不听命于秦。经过一系列征战，秦国国势越来越强，各国无不震动。

昭王又按范雎的谋划，对内实行"强干弱枝"的政策，坚决剥夺权贵们手中的大权，于昭王四十一年（前266年）收回穰侯的相印，令其回封地养老。拜范雎为丞相，封为应侯。接着又把华阳君、泾阳君、高陵君等贵戚驱逐到关外，将宣太后安置于深宫，不准再干预朝政。通过这些变革，消除了内部隐患，使权力集中于以秦昭王为首的中央手中，政权更加巩固了。

在慑服魏、韩和整顿内政后，秦国开始把攻击矛头指向赵国。秦昭王四十七年（前260年），昭王派大将王龁率兵伐赵。赵国大将廉颇经验丰富，在长平（今山西高平市西北）深沟高垒，拒不出战。王龁攻打四个多月不下，粮草不济，派人向昭王告急。

面对艰巨的战事，丞相范雎采用反间计，派人潜入赵都邯郸，用重金收买了包括赵王宠臣郭开在内的一些大臣，散布廉颇年老怯战、秦国最怕赵奢之子赵括出战的流言。加之赵国也正苦于国力难以支撑廉颇的持久战，赵王中计，起用缺乏作战经验的赵括替换了廉颇。秦昭王又按范雎之计，秘密派武安君白起为上将军，连夜赶往长平指挥战争。不久，白起大败赵括，消灭赵军45万，赵括死于乱军之中。

长平之战具有划时代的意义。秦与关东六国之间，经此一战，战略态势发生了根本性的转变。如果说此前是战略相持的话，至此则进入了秦国战略攻击阶段。秦国自此从根本上动摇了东方六国的抵抗能力。

谈到长平之战，人们通常只讲白起的军事指挥才能，而少有人提起范雎的运筹帷幄之功。

范雎因其远见卓识而深受秦昭王青睐，随着他功勋积累而日益位高权重。正当其政治权势如日中天之际，他与武安君白起之间产生了矛盾。凭借秦昭王对自己的信任，范雎进了谗言，排挤直至杀害了白起。范雎乘势推荐自己的恩人郑安平接替白起攻打赵国。哪知郑安平一战即溃，还率领两万人的军队投降了赵国。接下来，当年带范雎入秦的王稽担任河东太守，又私自与其他诸侯国通好，被依法诛杀了。受此两项牵连，虽然秦昭王对范雎格外信任，但范雎自己惊恐难安。

就在这时，从燕国来了一个叫蔡泽的年轻人。

蔡泽很有辩才，但之前游说诸侯还未获赏识。此时，他抓住范雎进退维谷之机，来到秦国，给范雎大谈了一通"日中则移，月盈则亏"的道理，建议范雎功成身退。智慧的范雎何尝不知道这些道理？于是，他顺水推舟，将蔡泽推荐个秦昭王，而自己则称病退出，得以善终。

虽然范雎也有心胸狭隘、党同伐异的一面，但他帮秦国确立了正确的发展战略，为秦最终一统天下做出了贡献。同时，他也为自己选择了退路，使自己在那个乱世权倾一时之后得以善终。他的确是个有政治智慧和远见的人。

第三类：信誉远扬、宾客盈门的孟尝君、平原君、信陵君、春申君、吕不韦。

这些人都散财养士，都有很强的政治亲和力，对内对外都有很大影响。前面的四个人是所谓"战国四公子"，吕不韦有与之相似之处，当然前面四人在功业上与吕不韦相比要差得很远。让我们一一道来。

孟尝君，田氏，名文，是田氏齐国的宗室。他生年不可考，死于公元前279年。其父名叫田婴，是齐威王的小儿子、齐宣王同父异母的弟弟，担任过齐宣王的宰相。

田文本是田婴的一个贱妾所生，而且出生于农历五月五日，是古人祭鬼的日子，田婴认为此子不祥，不让她母亲养活他。但田文的母亲偷偷养大了这个孩子，等孩子长大了让兄弟们引见给父亲。田婴很生气，而少年田文却义正词严，不仅驳斥了父亲的错误观点，而且指出其家族的隐忧，令田婴大为惊讶。后来田婴让田文主持家事，事事妥帖，就把他立为世子，让他继承了君位。

孟尝君即位之后散财养士，广招门客，号称食客三千，在齐国内外产生很大影响。传说他有个很得人心的交际手段，就是每次接待门客与之谈话时就在屏风后面安排人做记录。孟尝君关心询问门客的家庭困难，常常这些门客回到家中时，孟尝君派去"送温暖"的人已经先他而到了，所以门客们都对其感恩戴德，竭力报效。

听说孟尝君贤德，秦昭王邀请他入秦，还将秦国公子泾阳君送到齐国作为人质，求孟尝君前往。第一次孟尝君没敢去，第二次齐闵王坚持派孟尝君入秦，这才成行。见到孟尝君，秦昭王有意让他担任秦国丞相，时任秦国丞相的樗里疾担心田文夺他的相位，指使门客公孙奭向昭王进谗言说："田文是齐国人，他必定先齐后秦。再说，他的门客中藏龙卧虎，对秦国的事务了如指掌，他一旦背叛秦国，秦国就危在旦夕。"秦昭王犹豫了，就去征询樗里疾的意见，樗里疾假作惊诧地说："说得对呀，秦国不仅不能用田文，而且田文还是秦国的祸害，不如杀了他！"秦昭王将信将疑，就把田文软禁在馆舍里。孟尝君发觉情势不好，婉转找到秦昭王的宠妾燕姬求情，燕姬听说田文有一件很好的白狐皮袍子，就向他索取。可是这件袍子田文已经送给了秦昭王，正在危难之际，田文有一位下等门客是个狗盗之徒，深夜里潜入秦宫库房把袍子偷出来献给了燕姬。于是，燕姬向秦昭王求情，把田文放了。但不久，秦昭王后悔了，派兵去追。田文一行连夜跑到秦国边境函谷关，关口规定要鸡鸣才能开关放行。恰好田文的下等门客中有人会学鸡鸣，带动得四方八里的鸡都叫了起来，田文因此及时逃出了函谷关。这就是成语"鸡鸣狗盗"的来历。

后来孟尝君担任齐国的宰相，他与齐闵王之间的关系十分微妙。一方面，齐闵王在应对复杂的内外矛盾时需要孟尝君；另一方面，他又时时担心孟尝君影响太大，怀有二心。所以，孟尝君一时权倾齐国，一时又遭受猜忌和罢黜。在他落魄的时候，三千食客几乎全部四散而去，令他十分心酸。于是在纵横捭阖的各国斗争中，他选择了前往魏国，并在魏昭王手下担任了丞相。直到齐闵王死了，齐襄王继位，又重新亲近田文。田文死后，几个儿子争权，被齐国和魏国共同灭了他家的封邑"薛"，所以孟尝君没有后人。

司马迁说，他曾到孟尝君的封地薛（今天山东滕州），看到那里多有残暴桀骜子弟。问其原因，有人说："当年孟尝君招揽天下侠士，有六万多户奸邪之人乘机来到薛地。"大概遗风使然吧。

与孟尝君田文跟秦国玩鸡鸣狗盗不同，赵国公子平原君则与强秦进行着针锋相对的斗争。

平原君，赵氏，名胜，是著名的赵武灵王之子，赵惠文王的弟弟。其生年不可考，死于公元前253年。在赵惠文王和赵孝成王时担任相国，声誉甚隆，被誉为"天下奇器"。

但笔者觉得此人的名望高过了他实际的政治才能，恐怕是个志大而才疏的人。

秦赵长平之战就是因他而起，正是他主张接受韩国上党郡而引来秦国兵锋的，结果给赵国几乎带来灭顶之灾。好在秦国内部范雎与白起不和，才给了赵国以喘息之机。接下来平原君倒是发挥了自己的影响力，引出了魏国公子信陵君窃符救赵的义举；又获得毛遂自荐，赢得了楚悼王的合力抗秦，才使得赵国转危为安。

在此期间，平原君带头散家财，组织敢死队反守为攻，打退秦国军队，为等待魏国和楚国的援军赢得了时间。

平原君也以善于养士而闻名。传说他因为要赢得士人之心，居然杀了讥笑跛足之士的妾。一次，平原君的一个侍妾看见一个跛腿者一瘸一拐地走路，就大声地嘲笑。过了一年多，平原君家里的门客悄悄地走了一多半。平原君觉得奇怪，就问："我赵胜对待各位从来不敢有失礼之处，可为什么这么多人都走了呢？"他的一个门客说："因为殿下您不杀那个嘲笑跛足者的人，大家认为您重女色而慢待宾客，所以宾客才走了。"于是平原君杀掉了那个嘲笑跛脚者的侍妾，还亲自到跛脚者家里去道歉。此后，走了的宾客又都悄悄地回来了。

或许在那个时代，这也是一种值得称道的行为吧，但是这个故事总让人有些不舒服。与他相比，另一位战国公子信陵君，就显得可爱多了。

信陵君，魏国公子，名无忌。魏昭王的小儿子，魏安釐王的异母弟弟。其生年不可考，死于公元前 243 年，战国时期魏国著名的军事家，被封于信陵（今河南宁陵县），所以后世皆称其为信陵君。

与其他几位战国公子一样，信陵君在国内外均享有盛誉，因此，他与魏安釐王之间的关系也很微妙。安釐王一方面倚重他的才能和威望，一方面又忌惮他，所以他在国内常常是有贤名而无实权。

公元前 260 年，秦赵长平之战赵国大败，危在旦夕。无论从旧时三晋之渊源，还是从唇亡齿寒的道理考虑，魏国都应出兵救援赵国，而且信陵君的姐姐是赵国平原君的夫人。她几次写信给魏王和信陵君求救。与此同时，秦昭王也派人警告魏王，说："我攻下赵国只在旦夕之间。诸侯当中，有敢于出兵救赵国的，等我攻下赵国就调兵先攻击他。"安釐王胆小短视，他派心腹大将晋鄙率十万大军，开到赵魏两国边界驻扎，实际持两端观望态度。

这时，平原君的使者去见信陵君，传话给他："我赵胜之所以与魏结成姻亲，就是因为信陵君的声誉，相信信陵君能急人之困。现在邯郸早晚就要降秦了，而魏国的救兵还不来，这能说明公子急人之困吗？况且公子即便不在乎我赵胜，也该可怜你的姐姐吧。"信陵君非常着急，几次去请求魏王，同其他宾客一道向魏王讲了无数的道理，而魏王害怕秦国，始终没听从信陵君的意见。信陵君估计自己无法说服魏王了，就召集自己的门客，集结了百余车骑，打算带着这些门客去与秦军拼杀，陪着赵国人一起死。

他的队伍经过城门的时候，见到德高望重的老门客侯生。信陵君将自己与秦军决死的想法告诉了侯生，然后告辞。侯生听完了说："公子自己去拼吧，老臣我就不能跟从了。"信陵君走了几里路，想着侯生的话心里很不痛快。心想："我平生对待侯生非常敬重，这事尽人皆知。现在我要去赴死了，他连一句话都没送给我，难道是我做得不当？"于是调转车头，回去问侯生。侯生见他回来就笑了，说："我就知道您会回来找我的。您喜欢结交士人，天下闻名。现在有难处，就这样不加思考地去冲入秦军，简直如同投食喂虎，何功之有？"信陵君听出侯生有自己的见解，就再次下拜请教。侯生屏退从人，单独对信陵君说："我听说调动晋鄙军队的兵符常常放在魏王的卧室里。现在如姬最受魏王宠幸，她可以出入王的卧室，有办法能偷到它。如姬的父亲遭人杀害，如姬悬赏三年，魏王和群臣都想帮她报杀父之仇，却都没能如愿。如姬因此向公子您哭诉，是您派门客斩了她仇人的头献给了如姬。如姬因此而愿意以死报答您，一直还没找到报答的方式。现在如果您向如姬开口，请她帮忙盗取兵符，如姬必然会答应。这样拿到虎符去夺取晋鄙的军权，再往北去解救赵国，打退秦国，这才是过去五霸式的作为啊。"信陵君听从了侯生的计谋，请求如姬帮忙，如姬果然盗取兵符给了他。

信陵君拿到兵符，再度出发之前，侯生又说："将在外，君命有所不受。现在公子虽然拿到兵符，晋鄙也可能不接受您的命令。"于是侯生又将自己的一个叫朱亥的门客推荐给信陵君同往。此人是个杀猪卖肉的大力士。打算晋鄙如不听从命令，就让朱亥杀了他。听到这些，信陵君哭了，说："晋鄙是魏国的老将，我去了他恐怕很难听我的，肯定要杀了他。"

信陵君一行到了邺地，虽然对上了兵符，但老将晋鄙感到蹊跷，仍然不愿听从命令。这时紧随信陵君的朱亥从袖中取出一把四十斤重的铁锤，锤杀了晋鄙。掌控了军权之后，信陵君又精选了八万人，带着去救邯郸，保住了赵国。

为了感谢和报答信陵君，赵王和平原君一起到郊外远迎，对信陵君和他的门客待若上宾。信陵君"窃符救赵"被传为佳话，千古留名。对于赵国有救亡之功，对于魏国也有长远的意义。但这个做法无疑违背了魏王的意愿，也违犯了魏国的法律。对此，信陵君也有自知之明。于是他让魏国将领领军归国，自己则与门客一起留在了赵国。

几年后，魏国也遭到秦国的威胁，魏王因而又想到了信陵君，急忙写信请他回国。最初信陵君不想回去，经过门客的劝说才回到魏国，并发挥其影响力，联合东方多国抵御秦的攻击。魏王对他表现出极大信任，把军权完全交给他。而当秦军撤退之后，魏王又赶紧找借口收回军权，冷落信陵君。如此反复，信陵君心灰意冷，便纵情酒色，自我麻醉。几年后便身心空乏而死去。

与前面三位名声远播却命运多舛的公子不同，楚国的春申君虽然晚节不保，死得很惨，但一路春风得意，享尽荣华富贵，给后世的影响似乎也要大一些。

春申君，名黄歇，是战国时期楚国的公室大臣，生于公元前314年，死于公元前238年，是著名的政治家和军事家。年轻时以辩才出众，后来官至令尹，合纵抗秦，兼并鲁国，权倾一时，受封于旧时吴越地域。因其礼贤下士，门客数千，在当时有很大的影响力。

黄歇年轻的时候曾四处拜师游学，见识十分广博。

公元前302年，在秦国做人质的楚太子熊横（后来的楚顷襄王）私斗中杀死了秦国的一位大夫，畏罪逃回了楚国。秦国与楚国因此而关系恶化。接着秦国攻占楚国八个城池，强行扣留入秦议和的楚怀王致使其于公元前296年死在秦国。两年后，楚太子熊横继位，此即楚顷襄王。趁着楚王新立，秦昭王大举出兵，其架势似要灭掉楚国。秦将白起攻打楚国，夺下巫郡（今四川东部）、黔中郡（今湖南、四川、贵州交界地区）两郡，并于公元前278年攻下楚国都城鄢郢（今湖北江陵）。接着向东一直打到竟陵（今湖北潜江），楚顷襄王被迫把都城向东迁往陈县（今河南淮阳）。这时楚顷襄王急于向秦国求和，于是于公元前272年派遣辩才出众的黄歇出使秦国。

黄歇来到秦国，上书劝秦昭王说，秦国和楚国是两个大国。如果秦国一定要攻打楚国，势必两败俱伤，结果将是中原各国渔翁得利。倒不如秦楚结盟，联合对付其他国家。秦昭王被黄歇说服，停止了攻击楚国的计划，还派使臣给楚国送去厚礼，与楚国缔结了盟约。

促成结盟的黄歇回到了楚国。楚顷襄王又派他陪着自己的太子熊完作为人质去到秦国，在秦国呆了10年。

公元前263年，楚顷襄王病重。消息传到秦国，秦国不同意太子熊完回国探病。黄歇和太子非常着急，担心楚王一旦驾崩，王位就可能落入他人之手。于是黄歇找到与熊完关系较好的秦国丞相范雎，直言告知楚顷襄王可能会一病不起，如果秦国能让熊完回去，熊完即位后必然会感激秦国，努力维护和秦国的关系；如果不放熊完回去，而是利用熊完要挟楚国，楚国必然会另立太子来对付秦国，秦和楚的关系就会破裂。而那时被秦国掌握的太子熊完也就变成了一个没有价值的人。范雎将黄歇的意思转达给秦昭王，秦昭王只同意让熊完的师傅回去探问一下病情，回来后再作打算。机敏的黄歇抓住这个机会，让熊完扮成楚国使臣的车夫蒙混出关，而黄歇自己在秦国留守，天天以熊完生病为借口谢绝访客，等熊完走到秦国无法再追到的时候，黄歇才向秦昭王说出实情。秦昭王大怒，想让黄歇自尽。范雎劝说道，熊完即位后，必定会重用黄歇，不如让黄歇回去，以表示秦国的亲善。秦昭王听从了范雎的意见，将黄歇送回了楚国。

楚顷襄王去世后，太子熊完即位，即楚考烈王。鉴于黄歇的辅佐之功，楚考烈王元年（前 262 年），黄歇被任命为楚国令尹，封为春申君，赐给淮北十二县的封地。后来，由于与齐国相邻的淮北经常发生战事，黄歇请求楚考烈王把自己的封地换到江东，考烈王答应了黄歇的要求。

公元前 260 年，秦赵长平之战，赵国大败。三年后，秦军再度包围赵国的都城邯郸，赵国危在旦夕。赵国的丞相平原君赵胜去楚国求援，赵胜的门客毛遂义正词严说服了楚王。楚国派遣春申君领兵救援赵国，解除了邯郸之围。

公元前 256 年，春申君领兵北伐鲁国，于次年灭鲁，在鲁国旧地设兰陵县，任命荀况为兰陵（今山东苍山）县令。

经过援赵和灭鲁，春申君在诸侯中的威望大增。与此同时，他也与齐国的孟尝君、赵国的平原君、魏国的信陵君一样礼贤下士，广纳门客。由于楚国在春申君辅助之下再度兴盛，春申君在楚国又权倾一时，他在经济和政治地位上比其他三位公子的条件要优越得多，所以供养门客的能力也要强得多。据说春申君门客最多的时候有三千多人，其数量在"战国四公子"中居首。

公元前 249 年，秦国秦庄襄王即位，任命吕不韦为丞相，又带兵灭掉东周。东方各国担忧秦国东进之势不可遏制，遂于公元前 242 年，订立盟约，再次合纵讨伐秦国，并让楚考烈王担任六国纵约长，让春申君当权主事。六国组成的合纵联军一度攻到函谷关（今河南灵宝境内），秦国倾全国之兵出关应战，六国联军战败而逃。楚考烈王把作战失利的罪责归于春申君，从此开始冷落他。

尽管受到楚王冷落，但春申君的地位和影响依然不可动摇。然而英明一世的春申君，却误听小人之计，给自己酿成了杀身之祸。

一个叫李园的赵国人前来投奔，并将自己漂亮的妹妹献给春申君。不久，李园的妹妹怀孕了。野心勃勃的李园给春申君出了个歪主意，建议春申君将怀孕的美女送给没有子嗣的楚考烈王，将来生下儿子可继承王位。春申君一时糊涂，照李园之计而行。赵女果然生下一子，取名熊悍，亦即后来继楚考烈王之位的楚幽王。

成了国舅的李园得陇望蜀，密谋取春申君而代之，暗中豢养了刺客准备刺杀春申君。不久，楚考烈王去世，李园在王宫的棘门埋伏下刺客，单等春申君前来奔丧，在棘门将他杀了。同时，李园派官兵前去春申君的家中，将春申君的家人满门抄斩。同年，熊悍继位，李园取代春申君被任命为楚国的令尹。一个小人就靠这样的手段获取了高位，而赫赫有名的春申君就这样结束了生命。

春申君不仅在外交和军事上有成就，在其封地的国计民生中也很有作为。他因为众多的历史功绩而被后人纪念。今天的无锡惠山还有春申君祠、春申涧等。特别是今天中国最大的都市上海简称"申",也因春申君黄歇而得名。

战国四公子都行走于各国之间,对当世和本国都有重要影响。同为好养门客、信誉远播之人,秦相吕不韦的影响比起他们更大也更深远。

吕不韦,本是战国末期卫国的一个大商人。后来他以商人的精明和运作方式介入政治,大获成功,成为秦国丞相,为秦始皇嬴政父子登上秦国王位和秦一统天下做出了特殊的贡献。

吕不韦生年不可考,死于公元前235年。祖辈经商,家业殷富。这个精明的大商人在见到秦国置于赵国的人质异人之后,改变了人生的轨迹。

异人是秦昭王庶出的孙子,在秦国王孙中本就没有地位,加之秦赵两国关系紧张,赵国也就更不待见这个人质。异人在赵国生活困窘,很不得意。商人吕不韦到赵国都城邯郸去做生意,见到他后大喜,他发现了异人身上潜在的巨大价值。他说:"异人就像一件奇货,可以囤积居奇,以待高价售出。"(这就是成语"奇货可居"的出处)于是他就前去拜访异人,对他说:"我能光大你的门庭。"异人笑了,说:"你先光大自己的门庭,然后再来光大我的门庭吧!"吕不韦说:"你不明白,我的门庭要等待你的门庭光大了才能光大。"异人这才领会吕不韦的意思,两人进行了深谈。吕不韦说:"秦王已经老了,安国君被立为太子。我听说安国君非常宠爱华阳夫人,而华阳夫人没有儿子,能够选立太子的只有华阳夫人一个。现在你的兄弟有二十多人,你又排行中间,不受秦王宠幸,长期被留在诸侯国当人质,即使是秦王死去,安国君继位为王,你也无法同你的长兄和早晚都在秦王身边的其他兄弟们争太子之位。"异人说:"的确如此,但该怎么办呢?"吕不韦说:"你很贫窘,又客居在此,也拿不出什么来献给亲长,结交宾客。我吕不韦虽然不富有,但愿意拿出千金来为你西去秦国游说,侍奉安国君和华阳夫人,让他们立你为太子。"异人于是叩头拜谢道:"如果实现了您的计划,我愿意分封土地给您。"

于是,吕不韦拿出五百金送给异人,作为日常生活和交结宾客之用。又拿出五百金买珍奇玩物,自己带着西去秦国游说去了。

来到秦国,吕不韦先拜见华阳夫人的弟弟和姐姐,把带来的东西统统献给华阳夫人,顺便谈及异人聪明贤能,所结交的诸侯宾客遍及天下,还说他心里特别尊崇华阳夫人。夫人非常高兴。吕不韦乘机又让华阳夫人姐姐劝说华阳夫人:"用美色来侍奉别人的,一旦色衰,宠爱也就随之减少。现在夫人您侍奉太子,甚被宠爱,却没有儿子,不如趁早在太子的儿子中选择一个有才能而孝顺的人,立他为继承人并像亲生儿子一样对待他,那么,丈夫在世时受到尊重;丈夫死后,自己立的儿子继位为王,最终也不会失势。这就是人们所说的,一句话能得到万世的好处啊。不在容貌美丽之时树立根本,等到容貌衰老,失去宠爱后,虽然想和太子说上一句话,还有可能吗?现在异人贤能,而他自己也知道排行居中,按次序是不能被立为继承人的,而他的生母又不受宠爱,只要给他机会,他就会主动依附于夫人,夫人若真能在此时提携他为继承人,那么夫人您一生在秦国都会受到尊宠。"

华阳夫人认为吕不韦言之有理,就趁太子安国君高兴的时候,向他提起异人,说来往的人都称赞他贤德。接着又要求把异人过继给她,以后也好有个依靠。安国君答应了。后来异人回国来拜见华阳夫人,因夫人是楚人,异人就故意穿上楚人的服装以讨好夫人。夫人见了大喜,将其名字改为"楚",又称子楚。

　　吕不韦与异人相识并积极推进他们的争位谋略的时候，常常在一起饮酒。吕不韦与一个非常漂亮而又善于跳舞的邯郸女子同居。异人有一次和吕不韦饮酒，看到这个赵女后非常喜欢，就请求把此女让给他。吕不韦很生气，但考虑到他们的大计和已经破费的家产，就献出了这个女子。史载这个女子此时已经怀了吕不韦的孩子，但她隐瞒了怀孕之事，跟了异人后生下一个儿子取名政，也就是后来的秦始皇嬴政。异人就立此姬为夫人。对于秦始皇的身世，笔者不太相信这个历史记载。在笔者看来，秦国王室在王位传承人的问题上，一定不会马虎。

　　秦昭王五十年（前257年），派王龁围攻邯郸，赵国情况紧急，想杀死子楚。子楚与吕不韦密谋，拿出六百斤金子送给守城官吏，才得以脱身，逃到秦军大营。赵国又想杀子楚的妻子和儿子，子楚的夫人是赵国富豪人家的女儿，隐藏起来，因此母子二人得以活命。秦昭王五十六年（前251年），昭王去世，太子安国君继位为王，华阳夫人为王后，子楚被立为太子。赵国也护送子楚的夫人和儿子嬴政回到秦国。

　　安国君继秦王位，守孝一年后，加冕才三天就突发疾病去世了，谥号为孝文王。子楚继位，是为秦庄襄王。庄襄王尊奉华阳王后为华阳太后，生母夏姬被尊为夏太后。庄襄王元年（前249年），任命吕不韦为丞相，封为文信侯，将河南洛阳附近的十万户作为他的食邑。

　　庄襄王即位三年之后死去，太子嬴政继立为王，尊奉吕不韦为相国，称他为"仲父"。这时秦王嬴政年纪还小，太后赵姬常常和吕不韦私通。吕不韦家有奴仆万人。当时，魏有信陵君，楚有春申君，赵有平原君，齐有孟尝君，他们都礼贤下士，结交宾客，并在此方面一争高低。

　　吕不韦认为秦国国力强大，文化上也不应该逊色于中原各国。于是，他也招来了大批的门客，给他们优厚的待遇，门下食客多达三千人，而且其层次较高，多为文人学士。那时各诸侯国都蓄养文人，著书立说，流行天下。吕不韦就命他的食客各自将所见所闻记录下来，综合在一起，编成八览、六论、十二纪，共二十多万言。他认为其中包括了天地万物古往今来的事理，所以号称《吕氏春秋》，并将之刊布在咸阳的城门，上面悬挂着一千金的赏金，若有人能增删一字，就给予一千金的奖励。

秦王嬴政逐渐长大，但太后一直淫乱不止。吕不韦唯恐东窗事发，灾祸临头，就想抽身远离太后赵姬。于是，他暗地寻求了一个阴茎特别大的人嫪毐（lào ǎi）作为门客，常常让嫪毐表演用阴茎穿过桐木车轮，拨动车轮行进，并想方设法让太后知道，以此引诱她。太后听说后，想占有嫪毐。吕不韦就帮太后策划：让嫪毐假装受了宫刑，作为太监进到宫中。太后又暗地贿赂和指示主持宫刑的官吏，假装处罚嫪毐，拔掉了他的胡须假充宦官来侍奉太后。太后与嫪毐通奸，对他特别喜爱。后来太后怀了孕，害怕泄露，就假称卦象不吉，需要换一个风水好的环境来躲避一下，借此带着嫪毐迁移到雍地的宫殿中去了。嫪毐跟着太后，得到丰厚的赏赐和信任，他便借此发展起自己的势力来。嫪毐的仆人居然有数千人，为了做官而投靠到他门下的门客也有上千人。嫪毐开始作威作福，居然以秦王的"假父"自居。

秦王政九年（前238年），有一个被嫪毐欺辱过的官员告发嫪毐，揭发他是假宦官，常常和太后淫乱，生下两个儿子并把他们隐藏起来，还和太后密谋说：若是秦王死去，就立他们的儿子继位。嫪毐见事情败露，干脆起兵谋反。但少年老成的秦王嬴政早有准备，一举将嫪毐诛杀，并灭其三族。接着斩草除根，摔死了太后与嫪毐所生的两个儿子，并冷落太后。后来，齐人茅焦劝说秦王，秦王才到雍地接太后回归咸阳，但秦王借嫪毐和郑国间谍案，免去了吕不韦的相国职务，把吕不韦遣出京城，命他前往河南的封地。

由于吕不韦的政治亲和力和影响力巨大，各诸侯国前来问候吕不韦的宾客使者络绎不绝。秦王怕他反叛，就写信责问吕不韦："你对秦国有何功劳，秦国封你在河南，食邑十万户？你跟秦王有什么血缘关系，而号称仲父？你与家属全部迁到蜀地去居住吧！"这封信等于要吕不韦的命。吕不韦只有用死来除却秦王对他的担忧，也只有用死来消除秦王嬴政是自己儿子的传言。他知道这是作为政治家的嬴政希望得到的结果。吕不韦毅然喝下鸩酒，自杀了。

第四类：决智搏勇、护国靖难的蔺相如。

蔺相如是战国时期的政治家、外交家。生于公元前 329 年，死于公元前 259 年，战国时期赵国的上卿。

最初，蔺相如只是赵国宦官头目缪贤的一个家臣。一个偶然的机会，他脱颖而出，迅速成为赵王高度倚重的人物。

赵国自赵武灵王的儿子赵惠文王开始，国势渐衰，与秦昭王治下的秦国相比日显弱势。赵惠文王偶然得到了稀世珍宝"和氏璧"。这件事情让秦昭王知道了，他就写了封信对赵王说，自己愿意用十五座城池来换和氏璧。

赵王看了信十分为难，一方面担心上当，怕秦王言而无信，骗取宝贝；另一方面又怕不答应给秦国以口实，引来秦王的攻击。想来想去，拿不定主意，就和大臣们商量，大臣们也想不出什么好办法来。宦官缪贤便推荐了自己的家臣蔺相如。蔺相如对赵王说："大王，让我带着和氏璧去见秦王吧。到那里我见机行事。如果秦王不肯用十五座城池来交换，我一定把和氏璧完整地带回来。"赵王看出蔺相如是个既勇敢又机智的人，此时也无其他更好的办法，就同意他去了。

蔺相如到了秦国，秦王在王宫里接见了他。蔺相如把和氏璧献给秦王。秦王接过来左看右看，非常喜爱。看完了，又传给大臣们一个一个地看，然后又交给后宫的妃子们去看，就是闭口不提交换城池的事情。

蔺相如站在旁边等了很久，见秦王根本没有用十五座城池换取宝玉的诚意，于是心生一计，走上前说："这块和氏璧虽然看着挺好，可是有一点小瑕疵，让我指给大王看。"秦王一听和氏璧有瑕疵，刚才竟然没有发现，赶紧叫人把宝玉从后宫拿来，让蔺相如指出来。

蔺相如拿着和氏璧后退几步，身体靠在宫廷的柱子上，理直气壮地对秦王说："当初大王差人送信给赵王，说情愿拿十五座城来换赵国的和氏璧。赵国大臣都说，千万别相信秦国骗人的话，我说老百姓还讲信义呐，何况秦国的大王呢！赵王听了我的劝告，这才派我把和氏璧送来。没想到方才大王把宝玉接了过去，随便交给下面的人传看，却不提十五座城池交换的事。这样看来，大王确实没有用城换璧的诚心。现在宝玉在我的手里，如果大王硬要逼迫我，我情愿把自己的脑袋和这块宝玉一块儿撞碎在这根柱子上！"蔺相如说着举起和氏璧，面对柱子，就要摔过去。

秦王本来想叫武士去抢，可是又怕蔺相如真的把宝玉撞碎，连忙向蔺相如赔礼，说："大夫不要着急，我说的话怎么能不算数呢？"说着叫人把地图拿来，假惺惺地指着地图说："从这儿到那儿，一共十五座城，都划给赵国。"蔺相如也看出了秦王的把戏，未上他的当。他对秦王说："这块和氏璧是天下有名的宝贝。赵王送它到秦国来的时候，斋戒了五天，还在朝廷上举行了隆重的赠送宝玉的仪式。现在大王要接受这块宝玉，也应该斋戒五天，在朝廷上举行接受宝玉的仪式，我才能把宝玉献上。"秦王本不想这样做，但见蔺相如态度坚决，只得说："好，就这么办吧！"说完，他就派人送蔺相如到公馆去休息。

蔺相如带着宝玉到了公馆，叫一个随从打扮成买卖人，把宝玉藏在身上，偷偷地从小道跑回赵国了。

等秦王发觉这件事，后悔已经来不及了。他见蔺相如此机智勇敢，是位难得的人才，也没有为难他，便放他回了赵国。

这就是成语"完璧归赵"的来历。其实这个故事有很多令人生疑的地方。如果秦国真要找借口进攻赵国，蔺相如的做法比不送和氏璧入秦更令秦王生气，更可以作为发动战争的口实。这个故事只注重宣扬了蔺相如的机智勇敢，没有深入分析秦昭王的战略用意。纵观历史，秦昭王绝对不是个贪小利而忘大事的人。笔者揣测，秦昭王只是想借以城换璧这个诈谋，来试探赵国上下对秦国的态度和赵国实际的抗秦能力。结果发现赵国上下对这样一件近乎玩笑的事情噤若寒蝉，草木皆兵，而又乖乖入套。其国力几斤几两，其君臣对秦国的惧怕程度就了然于胸了。当赵国这边为发现了一个外交英雄而欢呼的时候，秦昭王那边则为看透了赵国的可怜而乐不可支了，也可以说是秦昭王的大谋略成就了完璧归赵的蔺相如。当然，也可能蔺相如早就看透了这个阴谋和历史大势，若是那样，他的智慧就远胜于人们所看到的他与秦王玩的小把戏了。

果然经过以城换璧的试探，秦对赵的底气和实力了如指掌了。从公元前282年开始，秦国不断进攻赵国，占领了赵国一些土地和城池，消灭了赵国两万多军队。但到公元前279年，秦军的攻势被遏止了。看到赵国的抵抗力犹存，秦昭王就想与赵国讲和，改变发展方向，集中力量攻击南方的楚国，于是派使者到赵国，约赵王在西河外的渑池和谈，互修友好。

赵王害怕秦王耍阴招，不想去，大将军廉颇和上大夫蔺相如劝赵王说："秦王约您会面，如果大王不去，就显得赵国力小而胆怯了，还是去好。"赵王听从了廉颇、蔺相如二人的建议，并带上蔺相如一起去渑池。

廉颇带领大军把赵王送到边境，对赵王说："这次大王去渑池，路上往返的行程，加上会见的时间，估计前后不会超过三十天。为了防止意外，要是过了日期大王还未回来，请允许我们立太子为王，以断绝秦国扣留大王要挟赵国的念头。"赵王同意了。廉颇还在边境上布置了重兵，防备秦国的进攻。

到了渑池，见到秦王，双方便在筵席上叙谈。酒到中巡，秦王对赵王说："我听说你喜欢弹瑟，我这里有瑟，就请你弹一支曲子助助兴吧！"赵王不敢推辞，只好弹了一曲。这时，秦国的御史走了过来，在简上写道：某年某月某日，秦王和赵王在渑池宴会，秦王命赵王弹瑟。蔺相如见此情景，上前对秦王说："赵王听说秦王擅长击缶，我这里有个缶，请你敲敲缶让大家高兴高兴。"秦王听了勃然大怒，不肯答应。蔺相如又端起缶走过去，献给秦王，秦王还是不肯敲。蔺相如就说："现在我离大王只有五步，如果大王不答应，我拼着一死，也要溅你一身血。"意思是要和秦王拼命。秦王的侍卫看到秦王受到胁迫，慌忙拔出刀来，要杀蔺相如。蔺相如瞪着双眼，大喝一声，吓得侍卫连连后退，秦王心里很不高兴，也只好勉强在缶上敲了几下。蔺相如回头叫来赵国的御史，也把这件事情记下来：某年某月某日，赵王和秦王在渑池宴会，赵王命秦王击缶助兴。秦国的大臣们见秦王没有占到便宜，就说："请赵王献出十五座城地为秦王祝福！"蔺相如也不示弱，说："请秦王拿咸阳为赵王祝福！"一直到结束，蔺相如为了维护国家的尊严，机智勇敢地同秦国君臣进行了针锋相对、不屈不挠的斗争，挫败了秦国的图谋。

　　秦国也知道廉颇率领大军驻扎在边境上，使用武力得不到好处，便只好恭恭敬敬送赵国君臣回国。以后，秦、赵间暂时停止了战争。停战议和是秦国的提议，也是秦国实际要达到的阶段性目标，这场渑池大会同样是秦国如意，而赵国君臣胆战心惊地走过来，回到家又自以为是地认为自己没有吃亏，甚至还有某种胜利之感，这样一个弱国外交的例子直到今天都值得我们警醒！

　　经过完璧归赵和渑池大会，蔺相如在赵国被视为英雄，其威信如日中天，被拜为上卿，位列廉颇大将之前。廉颇因此心中不快，扬言要当面侮辱蔺相如。蔺相如知道后，不愿意和廉颇争位次先后，便处处留意，避让廉颇。有一次，蔺相如乘车外出，远远望见廉颇骑着高头大马迎面而来，急忙叫手下人把车赶到小巷里避开。相如的门客便以为相如害怕廉颇，非常气愤。蔺相如对他们解释说："依你们看来，是廉将军厉害呢，还是秦王厉害呢？"门客们说："当然是秦王厉害了。"蔺相如说："对了，秦王这样威焰万丈，我却在朝堂上斥责他，侮辱他的臣子们，难道我会害怕廉将军吗？不过我想，强暴的秦国之所以不敢对赵国用兵，正是因为赵国文有蔺相如，武有廉颇。如果我们两个针锋相对，发展下去，一定不能一起生存。我对廉将军一再退让，正是以国家利益为重，把私人恩怨的小事抛在脑后啊！"蔺相如这番话，使他手下的人极为感动。以后也学习蔺相如的样子，对廉颇手下的人处处谦让。此事传到了廉颇的耳中，廉颇为相如如此开阔的胸怀深深感动，觉得十分惭愧，于是脱掉上衣，在背上绑了一根荆杖，到相如家请罪，并恳切地说："我是个粗陋浅薄之人，真想不到丞相对我如此宽容。"蔺相如见廉颇态度真诚，忙亲自解下他背上的荆杖，请他坐下，两人坦诚畅叙，从此誓同生死，成为至交。

　　司马迁认为，蔺相如多谋善辩，胆略过人；他以国家利益为重，不畏强暴，出使秦国，留下了流芳千古的"完璧归赵"的故事。他为了国家利益，忍辱负重，使大将廉颇"负荆请罪"，"将相和"的典故为历代人们所传颂。

对此，笔者有不同的看法。本来强大的秦国故意在外交上示弱，故意成就蔺相如，赵国还真的以为秦国的退让是因为蔺相如的勇敢机智，因此提拔重用蔺相如，正好中了秦国的圈套。这无疑会极大地刺激战功卓著、而国家又真正最为需要的军事将领的心。笔者认为，最后的"将相和"，不是蔺相如心胸多么开阔，反倒应该肯定廉颇的心胸！秦国的谋略不仅骗过了赵国，挑起其内部矛盾，打击其真正的国之支柱，也骗了千古历史学者，让廉颇在史载中受了误解和委屈。

第五类：除暴安良、惠及一方的西门豹。

西门豹，生卒年不详，战国时期的魏国人，其故里在今山西省运城市盐湖区安邑一带，是著名的政治家、军事家和水利专家，魏文侯当政时任邺（今河南省安阳市区北）令。

西门豹到了邺县，会集地方上德高望重的人，问他们有关老百姓的疾苦。这些人说："百姓苦于给河伯娶媳妇，因为这个缘故，本地民穷财尽。"西门豹问这是怎么回事，这些人回答说："邺县的三老、廷掾每年都要向老百姓征收赋税搜刮钱财，收取几百万钱，他们只用其中的二三十万为河伯娶媳妇，而和巫祝一同分那剩余的钱，中饱私囊。到了为河伯娶媳妇的时候，女巫巡查看到小户人家的漂亮女子，便说'这女子合适做河伯的媳妇'。马上下聘礼娶走，给她洗澡洗头，给她做新的丝绸花衣，让她独自居住并沐浴斋戒；并在河边上给她做好供闲居斋戒用的房子，张挂起赤黄色和大红色的绸帐，这个女子就住在那里面，给她备办牛肉酒食。这样经过十几天，再装饰好一套嫁女用的床铺枕席，让这个女子坐在上面，放到河中，顺流而下。女子坐在床上，在水面上漂浮几十里便沉没了。那些有漂亮女子的人家，担心大巫祝替河伯聘娶她们，因此大多带着自己的女儿远走他乡了。也因为这个缘故，城里越来越空荡无人，以致更加贫困，这种情况由来已久了。民间流传着'假如不给河伯娶媳妇，就会大水泛滥，把老百姓都淹死'的说法。"

听了这些情况，西门豹说："今年到了给河伯娶媳妇的时候，希望三老、巫祝、父老都到河边去送新娘，也请你们来告诉我，我也要去送送那女子。"

到了为河伯娶媳妇的日子，西门豹到河边与长老相会。三老、官员、有钱有势的人、地方上的父老也都会集在此。女巫是个七十多岁的老婆子，她身后站着十几个女弟子，都身穿丝绸单衣。

西门豹说："叫河伯的媳妇过来，我看看她长得漂亮不漂亮。"人们马上扶着这个女子出了帷帐，走到西门豹面前。西门豹看了看这个女子，回头对三老、巫祝、父老们说："这个女子不漂亮，麻烦大巫婆为我到河里去禀报河伯，需要重新找一个漂亮的女子送去。"叫差役们抱起大巫婆，把她抛到河中。过了一会儿，西门豹说："巫婆为什么去这么久还不回来？叫她的弟子去催催她！"又把她的一个弟子抛到河中。过了一会儿，他又说："这个弟子为什么也去了这么久？再派一个人去催催她们！"又抛一个弟子到河中。总共抛了三个弟子，也不见巫婆和三个弟子回来复信，西门豹就说："巫婆、弟子，这些都是女人，不能把事情说清楚。请三老去说明情况。"又把三老抛到河中。

西门豹面对着河站着等了很久。长老、廷掾等在一旁看着都惊恐至极。西门豹说："巫婆、三老都不回来，怎么办？"要再派一个廷掾或者长老到河里去催他们。《史记》中写道："（西门豹）欲复使廷掾与豪长者一人入趣之。皆叩头，叩头且破，额血流地，色如死灰。"——这些人都吓得趴到地上叩头，而且把头都叩破了，额头上的血流了一地，脸色像死灰一样。西门豹说："好了，暂且留下来再等他们一会儿。"过了一会儿，西门豹说："廷掾可以起来了，看样子河伯留客要留很久，你们都散了吧，离开这儿回家去吧。"邺县的官吏和老百姓都为西门豹的举动所震慑，从此没有人敢再提为河伯娶媳妇的事了。

西门豹深知，面对频发的洪水，解决问题的根本办法在于治河。于是，他征发民众开挖了十二条渠道，一方面疏导水流，一方面把黄河水引来灌溉农田，水患因此得以解除，田地也得到灌溉。老百姓因为开渠劳累，就表现出厌倦。西门豹说："百姓可以共享成功的快乐，而难以共谋大事于开始。现在父老乡亲们虽然因我而受苦，但可以肯定，百年以后人们会想起我今天说过的话。"

后来邺县因兴修水利而得到便利，老百姓因此而生活安定富裕。到汉朝建立时，地方官吏需要修路，认为当年修的十二条河渠现在要架设十二道桥梁，增大了修路架桥的工程量。既然这些河渠彼此相距又很近，不如合并渠水，每三条渠道合在一起，架一座桥梁。邺地的百姓不肯听从官吏的意见，认为那些渠道是经西门先生规划开凿的，贤良长官的法度规范是不能更改的。地方长官听取了大家的意见，放弃了并渠的计划。可见，西门豹除暴安良、惠及一方的影响之久远。

三、启迪后世的良策与奇谋

这些能臣之所以能在乱世中有所作为，主要因为他们有过人的智慧。他们凭借过人的智慧审时度势，不仅解决当世的难题，也留下了大量启迪后世的良策与奇谋。比如：

1. 管仲创立官妓制度。

妓女、歌妓早在三皇时代就有了，但都散于民间，没有明确分类。由国家设立官妓，在专门区域内设置分工明确的各类妓女，有历史记载是始自管仲。

《战国策·东周策》记载："齐桓公宫中七市，女闾七百。"女闾，即妓女居住的馆所，也就是后世的妓院。其开设的目的，一是缓解社会上男女比例失调（贵族过多占有女性），有利于社会安定；二是吸引各国商人，通过税收增加政府的财政收入；三是吸引各国间游走的人才；四是在各国交往中通过赠送妓女，缓解矛盾。管仲的这一发明很快给齐国带来了极高的人气，迅速促进其经济发展。后来被其他各国所效仿，一时官妓大兴。

2. 李悝射决诉讼。

李悝在做魏国的相国之前，曾做过上地（今陕西洛河以东、黄梁河以北，东北到子长、延安一带）郡守。上地郡西面与秦国相邻，是魏国的边防要地，常与秦国发生军事冲突。李悝突发奇想，对于老百姓中一些难以判断的诉讼纠纷，他下令以射箭来决断输赢，"中之者胜，不中者负"。此令一下，民间争相练习射技，日夜不停，以防哪天要通过比箭术来决曲直。上地郡民众箭术普遍提高，后来再与秦国作战，上地军民的射技令秦军胆寒。

射技高低与是非曲直无疑是风马牛不相及的事情，但在战国时与强秦接壤的地区，军事压倒一切。李悝用此法鼓励人们练习作战技术，并取得很好的效果，也堪称奇谋了。

3. 晏婴的"二桃杀三士"。

齐景公是个好高骛远的国君。他在位时，曾想通过豢养勇士来建立武功。当时，齐景公豢养了三个勇士：一个叫田开疆，一个叫公孙捷，一个叫古冶子，号称"齐国三杰"。这三个人皆勇猛异常，深受齐景公的宠爱。然而，他们也恃宠自傲，为所欲为。这时齐国田氏的势力越来越大，联合国内几个贵族，打败了原来掌握实权的栾氏和高氏。田氏势力的提升直接威胁着国君的统治，而田开疆正属于田氏一族，齐景公又担心这"三杰"为田氏效力，危害国家，于是想除掉他们，但同时也担心"搏之恐不得，制之恐不中"，怕搞不好适得其反。相国晏婴明了国君的心事，他暗暗打算帮齐景公智杀"三杰"。

恰好一天鲁昭公访问齐国，齐景公设宴款待。鲁国由大夫叔孙蜡执礼仪，齐国由晏婴执礼仪，君臣四人坐在堂上，"齐国三杰"佩剑立于堂下，态度十分傲慢。晏婴心生一计，决定乘机除掉他们。当两位君主酒至半酣时，晏婴说："园中金桃已经熟了，摘几个请二位国君尝尝鲜吧？"齐景公大悦，传令派人去摘。晏婴忙说："金桃很难得，还是臣亲自去吧。"不一会儿，晏婴领着园吏，端着玉盘献上六个桃子。众人一看，只见盘子里放着的六个桃子，个个硕大新鲜，令人垂涎。齐景公问："就结了这几个吗？"晏婴说："还有几个没太熟，只摘了这六个。"说完恭恭敬敬地献给鲁昭公和齐景公一人一个金桃。鲁昭公边吃边赞桃味甘美。齐景公说："这桃子实在难得，叔孙大夫天下闻名，当吃一个。"叔孙诺谦让道："我哪里赶得上晏相国呢？相国内修国政，外服诸侯，功劳最大，这个桃应该他吃。"齐景公见二人争执不下，便说："既然二位谦让，那就每人饮酒一杯，食桃一个吧！"两位大臣谢过齐景公，饮了酒，把桃吃了。

这时，盘中还剩两个桃子。晏婴说道："请君王传令群臣，谁的功劳大，谁就吃桃，如何？"齐景公对晏婴的意图心领神会，于是传令下去。

台下站着三个勇士而赐二桃，不足则争乃人之天性，何况这样三个居功自傲之人。

三勇士各言其功，都自认为功大无比。公孙捷率先出列，拍着胸膛说："有一次我陪大王打猎，突然从林中蹿出一头猛虎，是我冲上去将虎打死救了国君。如此大功，还不应该吃个金桃吗？"晏婴说："冒死救主，功比泰山，可赐酒一杯，桃一个。"公孙捷饮酒食桃，站在一旁，十分得意。古冶子见状，厉声喝道："打死一只老虎有什么稀奇的？当年我送国君过黄河时，一只大鼋兴风作浪，咬住了国君的马腿，一下子把马拖到急流中，是我跳进汹涌的河中，杀死了大鼋，保住了国君的性命。像这样的功劳，该不该吃个桃子？"齐景公说："当时黄河波涛汹涌，要不是将军斩鼋除怪，我的命早就没了。这是盖世奇功，理应吃桃。"晏婴忙把剩下的一个桃子送给了古冶子。一旁的田开疆眼看桃子分完了，急得大喊大叫道："当年我奉命讨伐徐国，舍生忘死，斩其名将，俘虏徐兵五千余人，吓得徐国国君俯首称臣，就连邻近的郯国和莒国也望风归附。如此大功，难道就不能吃个桃子吗？"晏婴忙说："田将军的功劳当然高出公孙捷和古冶子二位，然而桃子已经没有了，只好等树上的金桃熟了再请您尝。先喝酒吧。"田开疆手按宝剑，气愤难平地说道："打虎、杀鼋有什么了不起。我南征北战，出生入死，反而吃不到桃子，在两位国君面前受到这样的羞辱，我还有什么面目站在朝廷之上！"说罢，竟挥剑自刎了。公孙捷大惊，也拔出剑来，说道："我因小功而吃桃，田将军功大倒吃不到。我还有什么脸面活在世上！"说罢也自杀了。古冶子更沉不住气了，大喊道："我们三人结为兄弟，誓同生死，亲如骨肉，如今他俩已死，我还苟活，于心何安？"说完，也拔剑自刎了。

4. 商鞅的"徕民"政策。

秦国要想富国强兵，就必须大力发展农业，为国家和军队建设提供经济和粮食支撑。而要发展农业，就必须解决秦国地广人稀的矛盾。

为此，商鞅推出一种"徕民"政策，以招徕地少人多的三晋（韩、赵、魏三国）之民，前来秦国垦荒种地。这项政策规定：三晋民众凡来秦国定居的，将有地有房，且三代免除徭役。自己垦荒的更加优待，十年不缴纳赋税。只要将收获的粮食卖给国家即可，无须服兵役。这项政策规定只让秦国原住民当兵打仗，新来的人种田解决粮食问题，从而使秦国的兵源和粮食问题都得以解决。这项政策使秦国的农业在战乱时期也得到很大的发展。

四、千秋功罪任评说

历史人物的功过是非，站在不同的角度就会有不同的评价，有的评价甚至截然相反。

如商鞅。由于他的变法强大了秦国，却威胁了东方六国，也触动了秦国贵族们的利益，因此秦孝公赞赏他，说他"极忠无二虑，尽公不顾私"。东方六国、秦国贵族乃至于一些百姓都痛恨商鞅，说他刻薄寡恩、建虎狼之国。就连司马迁对他的评价也不高。但后世的改革家对商鞅的评价都很高。王安石读到商鞅的事迹时惺惺相惜，泪湿衣衫，挥笔写下："自古驱民在信诚，一言为重百金轻。今人未可非商鞅，商鞅能令政必行。"毛泽东对商鞅的评价就更高了，说他是"首屈一指的利国富民伟大的政治家，是一个具有宗教徒般笃诚和热情的理想主义者"。他认为商鞅之法"惩奸宄以保人民之权利，务耕织以增进国民之富力，尚军功以树国威，孥贪怠以绝消耗。此诚我国从来未有之大政策。可以称为中国历史上第一个真正彻底的改革家，他的改革不仅限于当时，更影响了中国数千年"。可以肯定的是，商鞅变法为秦国奠定了基业，却为自己挖掘了坟墓。商鞅用其生命推行了一场深刻的社会变革，极大地推进了历史的进步，为后世留下了宝贵的精神财富。

再如李斯。李斯是对后世中国影响非常大的一位能臣。在秦统一天下和塑形中国的历史进程中，李斯都发挥了不可替代的作用。他在政治、经济、军事和文化各个领域都有卓越的贡献。他政治上坚定地主张废除封建，建立官僚帝制；经济上主持统一货币、统一度量衡；军事上坚定执行远交近攻策略，善用离间计，帮助秦始皇统一天下；文化上主持文字统一。他还亲手设计了外圆内方的铜钱，后世用了两千多年。他亲笔书写了标准字帖《仓颉篇》。遗憾的是，他晚节不保，听了赵高的话篡改秦始皇诏书，此举不忠、不公、不义，祸害了大秦江山，也给自己埋下了祸根。后世很多人着眼于李斯的人品，指责他谋害韩非、"焚书坑儒"、篡改诏书。对此司马迁的评价是公允的。他在指出李斯的诸多过错和问题之后说："不然，斯之功且与周、召列矣。"意即如果不是这些过错和问题，李斯的历史功绩堪比周公和召公了。其实在笔者看来，李斯的功是主要的，影响深远，应该得到充分的肯定。

此外，对于伍子胥，有人称赞他君子报仇，有人则指责他卖国辱君；对于范雎，有人称赞他深谋远虑，有人指责他小肚鸡肠；对于孟尝君，有人称赞他海纳百川，有人指责他藏污纳垢；对于平原君，有人称赞他"天下奇器"，有人却指责他利令智昏。还有春申君黄歇，聪明一世糊涂一时。有人称赞他"为主轻生大丈夫"，也有人指责他"女子异心安足听"。

这就是历史，很难有什么盖棺定论。作为英雄，只能担当生前事，不计身后评。

名 将 传 奇

　　春秋战国时期是一个弱肉强食的乱世，战争成了那个时代的
"主旋律"。

　　那个时代，很少有人不信奉武力。许多著名的军事家和思想
家都深刻认识到，只有用武力才能掌握政权，实现统一。用孙膑
的话讲就是要"举兵绳之"，"战胜而强立，故天下服矣"。用现
代军事伟人毛泽东的话讲就更加直白："枪杆子里面出政权。"

一、兵绳天下

　　那样一个战争频仍的时代，造就了一大批名垂千古的战神。
要将那五百年间的名将悉数列举，几乎不可能。《史记》专门列
传的春秋战国名将有十位。他们是司马穰苴、孙武、吴起、孙
膑、白起、王翦、乐毅、廉颇、田单、蒙恬。此外，笔者以为还
有一位赵国名将李牧也可与上述十人媲美。所以，我们就通过这
十一位名将的故事，来管窥那个时代的战神们吧。

　　先从司马穰苴说起。

　　司马穰苴，原姓田，叫田穰苴。当年陈国公子陈完逃到齐
国，投奔齐桓公后改姓了田，这田氏在齐国不断壮大，成为齐国

一个望门贵族。田穰苴只是田氏的一个旁系子孙，因为后来担任了齐景公的大司马，掌管齐国军事，而将司马做了姓。春秋战国时期，很多家族的姓都是这样，由曾经担任的官职而来。

田穰苴的生卒年不详。他是继姜子牙之后，中国历史上的一位承前启后的著名军事家。他最主要的贡献在于军事思想，留下了著作《司马穰苴兵法》。这部兵法传到北宋时，被列为武经七书之一，成为将校必读之书。与《孙子兵法》相比，《司马穰苴兵法》所研究的是"广义的军事艺术"，讨论的问题包括军赋制度、军队编制、军事装备保障、指挥联络方式、阵法与垒法、军队礼仪与奖惩措施等方面。两部兵法互补，对军队建设和战争实施具有重要的指导意义。所以司马迁称赞它"闳廓深远，虽三代征伐，未能竟其义，如其文也"。

司马穰苴没有什么辉煌的战例，但他在历史舞台上一亮相，就非同寻常。

就在晏婴设计"二桃杀三士"之后，晋、燕两国入侵齐国，齐景公十分惊慌。晏婴向景公推荐了出身贫贱却"文能服众，武可威敌"的穰苴。景公任命穰苴为将军，率兵去抵御晋、燕之师。穰苴对齐景公说，自己出身卑贱，骤然被提拔为将军，"士卒未附，百姓不信，人微权轻"，希望齐景公派一名贵臣做监军。齐景公觉得言之有理，就委派了宠臣庄贾担任监军。穰苴便与庄贾当场约定：次日中午，在军门会面。

第二天，穰苴早早来到军中，立起木表，设下漏壶，专候庄贾到来。庄贾是个养尊处优的宠臣，骄纵成性，现在当了监军，亲朋好友大摆筵席欢送，直喝到傍晚，才姗姗来迟。穰苴责问他为何迟到？庄贾不以为然地说，因为亲朋好友相送，所以来迟。穰苴说："将受命之日则忘其家，临阵约束则忘其亲，援枹鼓之急则忘其身。今敌国深侵，邦内骚动，士卒暴露于境，君寝不安席，食不甘味，百姓之命皆悬于君，何谓相送乎？"无故迟到，依军法当斩。庄贾一看穰苴当真了，十分害怕，立刻派人飞报齐景公。然而齐景公的使者还没赶到，庄贾已经人头落地了。齐景公的使者持节来救庄贾，驾车驰入军营。穰苴说："将在军，君令有所不受。"随后问军正官："随便驰入军中犯什么罪？"军正官回答说："当斩！"使者一听大骇，但司马穰苴处事有度，他说，国君的使者不可以杀，但军威不可亵渎。于是斩了车夫，砍去车左边的立木，杀了最左边的那匹马，向三军宣示，并派人向景公报告处罚结果。三军震怖。

在立威的同时，穰苴又深入军中，亲自过问士卒的生活，照顾生病者，与士卒同甘共苦，深受士卒欢迎。因此，军队风纪严明，士气高昂，面貌焕然一新。

晋、燕两国军队见穰苴治军有方，闻风而退。穰苴指挥部队追击敌军，顺利地收复了失地，可以说是未战而屈人之兵。回国后，司马穰苴受到齐景公的重用，任命为大司马，所以后人称他为"司马穰苴"。

因为穰苴的出现，齐国免除了外患，得到了安宁，但穰苴秉性耿直，缺乏政治手腕，给自己招了麻烦。齐景公是个享乐无度之人。一天，齐景公在宫中饮酒取乐，一直喝到深夜意犹未尽，便带着随从来到相国晏婴的宅第，要与晏婴夜饮一番。晏婴忙迎出来问明究竟，婉言拒绝了齐景公。在晏婴家吃了闭门羹，齐景公又想起了穰苴。于是，君臣一行又来到穰苴家中。穰苴听说齐景公深夜造访，明知其故，却故意穿上戎装，持戟迎接出门，还假意问："是外面诸侯来犯，还是内部有臣子造反？"齐景公讨了没趣，只好去了喜欢逢迎他的梁丘大夫家。

这晏婴拒绝齐景公可以，他出身贵族，三世为相。穰苴这样做就危险了，不仅自己出身卑微，根基不深，而且他姓田。这时，田氏家族的势力在齐国正日益发展，引起了老贵族鲍氏、国氏、高氏的强烈不满，也引起了齐景公的警觉。出于多方面考虑，齐景公很快免了穰苴的官职。穰苴被罢黜后，心情忧郁，不久就病故了。

穰苴死后葬于临淄城郊，其墓在今淄博市临淄区齐都镇尹家村南。

继司马穰苴之后，春秋时期的又一位大军事家也是齐国人，他就是被尊为"兵圣"、"孙子"的孙武。

孙武是中国历史上最著名的军事家，约生于公元前535年，本是齐国乐安（今山东惠民，一说博兴，或说广饶）人，年轻时即离开齐地南至吴国。在春秋末期的吴楚争战和吴王夫差的争霸战争中，叱咤风云，战功卓著，后来悄然隐退，不知所终。他所著的《孙子兵法》十三篇被誉为"兵学圣典"，被译成多种文字，成为国际上最著名的兵学典籍之一。

是伍子胥发现了孙武，并将他推荐给了吴王阖闾。阖闾看了孙子的著作《孙子兵法》十三篇，很欣赏。大概为了考察《孙子兵法》的实效和孙武的实际将兵能力，阖闾提出试之以妇人，孙武答应了。于是，吴王阖闾集合了他宫中的美女180人，都让她们持戟，交给孙武操练。孙武把这些女子分作两队，让吴王最宠爱的两个妃子担任队长，进行队列训练。孙武把口令和要求讲完之后，开始击鼓传令，美女们当作儿戏，大笑起来。孙武停下鼓声，说："军纪没讲清楚，口令不熟悉，这是为将的过错。"于是三令五申军纪和口令，接着再击鼓传令，美女们又大笑。孙武再度停止击鼓，严厉地说："规矩没讲清楚，大家口令不熟，那是为将的罪过。现在规矩和口令都讲清楚了，还不能按命令执行，那就是吏和士的罪过了。"于是要斩两个队长。吴王从高台上看见要斩杀他的爱姬，大惊，赶紧派人传下旨意说："寡人已经知道将军能用兵了。寡人没有这两个爱姬，饭都吃不香，请不要斩了。"孙子却对吴王派来的人说："我既然已经受命为将，将在军，君命有所不受。"于是坚决斩杀了两个队长以严明军纪，并用仅次于她们的两个美人为队长，重新击鼓传令。这些美人们的军姿队列都中规中矩，再没人敢发出笑声了。这时，孙武派人报告吴王："这支军队练好了，王可以来视察一下，它将唯王命是从，赴汤蹈火也可以了。"吴王这才真的相信孙武能用兵，任命他做了将军。

此后，孙武和伍子胥一道，帮助吴王阖闾西破强楚，攻入郢都。后来又帮助吴王夫差打败越国，报了杀父之仇，并助夫差北征中原，威逼齐国和晋国，成为霸主，显名于诸侯。

打败强大的楚国，充分显示了孙子军事艺术的高超。最初，吴国将军队分作几队，分别反复骚扰楚国。而楚国没有随机应变，或兴大兵应对，消耗大而收获小；或不予理睬而遭受损失。经过一段时间的袭扰和准备，公元前506年，吴国攻楚的条件已经成熟，孙武等人协助阖闾制定了一条出乎楚国意料的进军路线：从淮河逆流西上，然后在淮油（今河南潢川西北）舍舟登陆，再乘楚军北部边境守备薄弱的空隙，从著名的义阳三关，即武阳关、九里关、平靖关，直插汉水。吴军按照这一进军路线，顺利地到达汉水，进抵楚国腹地。楚军沿汉水组织防御，同吴军隔水对阵。由于楚军主帅令尹子常擅自改变预定的夹击吴军的作战计划，为了争功，单独率军渡过汉水进攻吴军，结果在柏举（今湖北汉川北）战败。吴军乘胜追击，五战五胜，最终直捣楚的国都郢城，几乎灭了楚国。

后来吴越争霸，吴王阖闾被越国太子勾践设计打败，并受伤病死。吴王夫差登基后，在孙武和伍子胥辅佐下大败越王勾践，又向北进军中原。随着吴国霸业的蒸蒸日上，夫差渐渐自以为是，不再像以前那样谦逊待人，孙武、伍子胥也不再受到重视。越王勾践为了迷惑夫差，消沉其斗志，达到灭吴兴越的目的，先是亲侍吴王，后来卧薪尝胆，又选美女西施、郑旦入吴。西施入吴后，夫差大兴土木，建筑姑苏台，日日饮酒，夜夜笙歌，沉醉于酒色之中。伍子胥认为，勾践被迫求和，一定还会反攻复仇，所以必须彻底灭掉越国，免除后患。但夫差胸怀称霸壮志，以不杀降向天下沽取名声，不理睬伍子胥的苦谏。而伍子胥一再进谏，使夫差大怒，遂制造借口，逼其自尽，甚至命人将伍子胥的尸体装在一只皮口袋里，扔到江中。

伍子胥的死，给了孙武一个沉重的打击。他意识到吴国已经不可救药，于是悄然归隐，息影山林，后人不知所终。

兵家鼻祖孙子归隐了，而在司马迁看来，还有一位战国时期卓越的军事家可与孙子齐名，所以他在《史记》中写了《孙子吴起列传》，把他们并称为"孙吴"。

吴起，战国初期著名的政治改革家和卓越的军事家。他约生于公元前440年，死于公元前381年。卫国左氏（今山东省定陶，一说曹县东北）人。

吴起自幼胸怀大志，曾在儒家大师曾子门下求学。公元前412年，齐国进攻鲁国，鲁国国君想用吴起为将，又因为吴起的妻子是齐国人而对他有所怀疑。吴起渴望当将领成就功名，就毅然杀了自己的妻子，史称"杀妻求将"。鲁君于是任命他为将军，率领军队与齐国作战。吴起治军，严于律己，宽以待人，与士卒同甘共苦，因而军士皆能效死从命。吴起率鲁军到达前线，并未立即同齐军开战，反而表示愿与齐军谈判，先向对方"示之以弱"，谈判时又故意以老弱之卒驻守中军，给对方造成一种

"弱"、"怯"的假象，用以麻痹齐军将士，骄其志，懈其备，然后出其不意地以精壮之军突然向齐军发起猛攻。齐军仓促应战，一触即溃，伤亡过半，鲁军大获全胜。

吴起在鲁国得势，引起鲁国群臣的非议，一时流言四起。有人在鲁公面前中伤他，说："吴起是个残暴无情的人。他小时候，家资丰厚，他想当官，四处游说没有成功，以致家庭破产。乡邻都耻笑他，吴起就杀了三十多个诽谤他的人，逃出卫国而东去。他和母亲告别时，咬着臂膀发誓说：'不为卿相，不复入卫。'此后他就在曾参门下学习，母亲去世都没有回家。曾参为此很鄙视其为人，和他断绝了师生关系。吴起这才跑到各国，学习兵法奉事鲁君。鲁君对他有怀疑，他就杀了自己的妻子以争取做将军。鲁国是个小国，一旦有了战胜的名声，会引起各国都来图谋鲁国了。况且鲁和卫是兄弟国家，鲁君用吴起，就是抛弃了卫国。"鲁君听信谗言，辞退了吴起。

吴起离开鲁国后，听说魏文侯很贤明，就去了魏国。魏文侯问大臣李悝："吴起为人如何？"李悝说："吴起贪荣名而好色，但是，用兵可能司马穰苴也不能超过他。"魏文侯经过进一步考察，认为吴起善于用兵，廉洁而公平，能得到士卒的拥护，就没有惑于流言，而任命他为西河（今陕西合阳一带）的守将，专事抗拒秦国和韩国。

公元前409年，吴起攻取了秦国河西地区的临晋（今陕西大荔东）、元里（今陕西澄城南），并增修此二城。次年，再攻取秦至郑（今陕西华县），筑洛阴（今陕西大荔南）、合阳（今陕西合阳东南），尽占秦之河西地（今黄河与北洛河南段之间），置西河郡，任西河郡守。

吴起在魏国的军队建设中，有两项十分得力的举措。

一是选"武卒"，类似于选拔训练特种兵。吴起强调兵不在多而在"治"。他首创了考选武卒的办法：凡是能身着全副甲胄，佩带十二石拉力的弩（一石约今三十公斤），背负五十支箭矢，荷戈带剑，携带三天的口粮，在半天内跑完百里的，就可以入选为"武卒"。一旦入选武卒，免除其全家的徭赋和田宅租税，这在当时是个不小的诱惑。吴起对"武卒"进行严格的训练，建成了一支锐不可当的精锐之师。

二是尚军功。他请国君亲自出席军队的庆功宴会，安排立上功的人坐在前排，使用金、银、铜等贵重餐具，猪、牛、羊三牲皆全；立次功的坐在中排，贵重餐具适当减少；无功者坐后排，不得用贵重餐具。同时，在军营的大门外论功赏赐有功者的父母妻子，也按照军营中的论功排座的方式进行。对死难将士家属，每年都派人慰问，赏赐他们的父母，以示不忘。这样施行了三年之后，秦军一进攻河西，魏军立即有数万士兵不待命令自行穿戴甲胄，要求作战。所以，魏国军队士气十分高昂。

此外，吴起与最下层的士卒同衣同食。睡觉时不铺席子，行军时不骑马坐车，亲自背干粮，和士卒共担劳苦。有个士卒脚上生疮，吴起就用嘴为他吸脓。这个士卒的母亲知道后大哭。别人说："你儿子是个士卒，而将军亲自为他吸取疮上的脓，你为什么还要哭呢？"母亲说："往年吴公（吴起）为孩子的父亲吸过疮上的脓，他父亲作战时就拼命，最后战死了。现在吴公又为我儿子吸疮上的脓，我不知他又将死到哪里，所以我哭啊。"

这一时期，在吴起的努力之下，魏国军队的战斗力剧增。作为西河郡守的吴起，曾与诸侯各国大战 76 场，完胜 64 次。"辟土四面，拓地千里。"特别是公元前 389 年的阴晋之战，吴起以 5 万魏军，击败了 10 倍于己的秦军，成为中国战争史上以少胜多的著名战例，也使得魏国成为战国初期强大的诸侯国。

吴起在任西河郡守期间，根据多年的作战经验，写了《吴子兵法》。这是一部在我国军事史上与《孙子兵法》并列的古代军事著作。据《汉书·艺文志》记载，《吴子兵法》有四十八篇。现存仅六篇，散失了不少。而现有这六篇，个别地方还掺杂了汉、魏晋南北朝或唐代人的话。但基本上可把它看成吴起的著作，这是研究吴起军事思想的重要文献。

但是才能卓著、功劳极大的吴起在魏国并没得到应有的重用。特别是魏文侯死后，魏武侯当政时，吴起曾想争取相国之位未成，反而被小人忌惮。

有个叫公叔座的做了相国，他担心吴起取代自己，便想加害和排挤他。公叔座想不出什么办法来，一个仆人猜到他的心事，就对他说："吴起很容易除掉。"公叔座问："怎么办？"仆人说："吴起为人有节操，廉洁而重视声誉，您可以先向武侯说：'吴起是个贤明的人，我们魏国属于侯一级的小国，又和强秦接壤，据我看，恐怕吴起不想长期留在魏国。'武侯必然要问：'何以知之？'您就乘机向武侯说：'君侯可以把一位公主许配给吴起，他如果愿意留在魏国就必定欣然接受，如果不愿意留在魏国就必然辞谢。以此就可以探测他的想法了。'然后您再亲自把吴起邀到您的府上，使您的夫人（公主）故意发怒而轻慢您。吴起看见这种情形，他想到自己也会被轻贱，就会辞而不娶公主。这样必然引起魏王的猜忌。"公叔座照计行事，吴起果然看见公主轻慢魏相就辞谢了魏武侯。武侯因而对吴起有所怀疑而不信任他了。魏武侯的猜疑使吴起很难在魏国待下去，他害怕武侯降罪，于是离开魏国到楚国去了。

楚悼王早就听说吴起很能干，吴起一到楚国就被委以重任。吴起严明法令，撤去不急需的官吏，废除了较疏远的公族，把节省下的钱粮用以供养战士。主要目的是加强军队，破除纵横捭阖的游说（热衷于国家之间阴谋而疏于国内改革）。于是，楚国南面平定了百越，北面兼并了陈国和蔡国，击退了韩、赵、魏的扩张，并向西征伐了秦国。诸侯都开始害怕楚国的强大。

然而，变法触及了楚国贵族们的利益，贵族们都想谋害吴起。正当变法有了起色，楚国蒸蒸日上之际，楚悼王死了，吴起失去了政治"靠山"，贵族们乘机群起攻击吴起。吴起无处藏身，便跑到楚悼王的尸体旁伏在尸体上，意在以此或可使作乱者有所顾忌，若作乱者伤了王的尸体，根据楚国法律就等于谋反，但追杀吴起的楚贵族还是射杀了吴起，箭也射到了悼王的身上。悼王葬礼之后，太子（楚肃王）即位，派令尹杀了所有因射刺吴起而同时射中了悼王尸体的人。楚国这次由于射刺吴起被诛灭宗族的有 70 多家。

吴起死去的这一年，是公元前 381 年。

《史记·孙子吴起列传》写了孙武，写了吴起，还写了一位后起之秀孙膑。

孙膑是孙武的后代，《史记·孙子吴起列传》说："孙武既死，后百余岁有孙膑。膑生阿鄄之间，膑亦孙武之后世子孙也。"孙膑生年不可考，死于公元前 316 年，山东鄄城人。曾与魏国大将庞涓为同窗，师从著名学者鬼谷子学习兵法，后为庞涓所伤害，彼此为敌，两次计胜庞涓，终于在马陵之战中，杀死庞涓，大败魏军，留下了田忌赛马、围魏救赵、退兵减灶等千古智谋佳话。

孙膑少时孤苦，但很幸运地投到鬼谷子门下求学，深得鬼谷子的青睐。他的师兄庞涓也是个天资聪慧之人，二人情如兄弟。后来庞涓应魏惠王之召下山入仕，意欲大展宏图，临别时，庞涓向孙膑保证，此行一旦顺利，马上引荐师弟下山，同做一番事业。孙膑深受感动，两人洒泪相别。

庞涓下山之后，鬼谷子见孙膑聪慧仁义，便把孙武的《兵法十三篇》传授给孙膑，据说孙膑只用三天时间就把《兵法十三篇》熟记于心了。孙膑的名声不胫而走，很快传到了魏惠王那里。此时，师兄庞涓已经是魏国的上将军。入仕为官的庞涓思想情感已经发生了变化，他担心自己不如孙膑，所以迟迟未向魏王推荐。因魏惠王相问，庞涓只得写信请孙膑出山，同来辅佐魏王。但心胸狭隘的庞涓却在背地里盘算着残害孙膑。

庞涓知道孙膑已离家多年，对家乡充满感情，就找了一个齐国口音的人，假扮孙膑的堂兄来见孙膑。孙膑毫不设防。此后假堂兄给孙膑写信，孙膑也有回信。这些信件都被庞涓掌握，向魏王告状说孙膑身在魏国，心系齐国。对于这种才高而不肯忠心于自己的人，历来帝王都会诛杀之，以免被他国所用。但庞涓还想从孙膑那里获得孙武《兵法十三篇》，于是建议魏王对孙膑实施"膑刑"，即剜去膝盖骨，使之残废，再也站不起来。庞涓以为，受刑后的孙膑成了一个残疾人，纵有天大的本事也难以和自己较量了。而孙膑此时才认清庞涓的面目，恨得咬牙切齿。但为了保命和脱身，孙膑"疯了"，一会儿哭，一会儿笑，闹个不停。送饭给他吃，他竟连碗带饭扔出好远。庞涓并不相信孙膑会疯，便叫人把他扔进猪圈，又偷偷派人观察。孙膑披头散发地倒在猪圈里，弄得满身是猪粪，甚至把粪塞到嘴里大嚼起来。庞涓认为孙膑是真疯了，看管逐渐松懈下来。孙膑便开始寻机逃离虎口。一天，他听说齐国有个使臣来到大梁，便找了个间隙，偷偷前去拜访。齐国的使臣从孙膑的谈吐中认定他是个奇才，十分钦佩，遂答应帮他逃走。这样，孙膑便藏身于齐国使臣的车子里，秘密地回到了齐国。孙膑回国后，见到齐国的大将田忌。田忌十分赏识孙膑的才干，将他留在府中，待为上宾。

这位大将军田忌喜欢赛马，常常输给齐王。孙膑便给田忌出主意说："待到下一轮比赛时，你用上马对威王的中马，用中马对威王的下马，用下马对威王的上马，必赢无疑。"田忌依计行事，以一负二胜赢了齐王。齐威王大感惊讶，忙问田忌是何原因？田忌借机把孙膑推荐给齐威王。齐威王见是一个双腿受刑的残疾人，开始并未介意，当孙膑陈述自己对战争问题的看法时，齐威王便有意问道："依你的见解，不用武力能不能使天下归服呢？"孙膑果断地回答说："这不可能，只有打胜了，天下才会归服。"然后，他列举黄帝打蚩尤、尧帝伐共工、舜帝征三苗以及武王伐纣等事实，说明哪一个朝代都是靠武力解决问题，用战争实现国家的统一。威王再询问兵法，孙膑更是滔滔不绝，对答如流。齐威王感到孙膑确实不简单，从此以"先生"相称，把他作为老师看待了。

公元前 354 年，魏将军庞涓发兵八万，突袭赵国都城邯郸。赵国抵挡不住，派使者向齐国求救。齐威王欲派孙膑为大将，率兵援赵。孙膑辞谢说："我是受过刑的残疾人，带兵为将多有不便，还是请田大夫为将，我从旁出出主意吧！"齐威王就拜田忌为大将、孙膑为军师，发兵八万，前往救赵。大军既出，田忌欲直奔邯郸，速解赵国之围。孙膑不赞成这种硬碰硬的战法，提出应趁魏国国内兵力空虚之机，发兵直取魏都大梁，迫使魏军回救。这一战术，将避免齐军长途奔袭的疲劳，而致魏军于奔波被动之中，田忌采纳此计，率领齐军杀往大梁。魏军好不容易将邯郸攻陷，却传来齐军压境、魏都城大梁告急的消息。庞涓顾不得休整部队，只留少数兵力防守邯郸，忙率大军驰援大梁。没料到，行至桂陵陷入齐军包围。魏军长途劳顿奔波，士卒疲惫不堪，哪还顶得住以逸待劳的齐军？结果被打得落花流水，大败而逃，连主将庞涓也被活捉。到头来，魏国只好同齐国议和，乖乖地放弃了邯郸。这就是历史上有名的"围魏救赵"之战，也是孙膑对庞涓的重重一击，但孙膑并没有杀庞涓，只是训导他一番，又将他放了。

孙庞之间的斗争并没有就此结束。公元前 342 年，庞涓又带领十万大军、一千辆兵车，分三路进攻韩国。韩国抵挡不住庞涓的进攻，一时形势危急，遂接连派出使臣，向齐国求救。齐威王召集群臣商讨对策，有主张坐山观虎斗的，有主张发兵救援的，相互争执不下。孙膑一直没有说话，齐威王见状便说："先生是不是认为这两种意见都不对啊？"孙膑点头说："是的。我以为，魏国以强凌弱，如果韩被攻陷，肯定对齐国不利，因此我不赞成见死不救的主张。但是，魏国现在锐气正盛。如果我们匆忙出兵，岂不是要代替韩军承受最初的打击？"齐威王说："那么，依先生的意见怎么办好？"孙膑说："我看可以先答应韩国的请求。他们知道我们能出兵救它，必然全力抗击入侵的魏军；而魏军经过激烈拼杀，人力物力也会大大消耗。到那时我们再发兵前去，攻击疲惫不堪的魏军，拯救危难之中的韩国，就可以用力少而见功多，取胜易而受益大，不知陛下以为如何？"齐威王十分赞赏孙膑的建议，当即采纳。一年后，当魏韩两军交战更为激烈，双方实力已大大削弱的时候，齐威王才决定派兵出战，仍以田忌为主将，孙膑为军师。于是，孙膑与庞涓又一次相逢在战场，开始了一场大规模的生死较量。

战役之初，按照孙膑的计策，齐军长驱直入把攻击的矛头指向魏国的都城大梁。时过不久，孙膑得知庞涓回师都城的禀报，便对田忌说："魏军一向自恃骁勇，现急于同我军决战。我们要抓住这个心理，诱使他们上当……我们可以装出胆小怯战的样子，用退兵减灶的办法诱敌深入。"当庞涓日夜兼程赶回魏国本土，传令抓住齐军主力，与其决一雌雄时，齐军却不肯交战，稍一接触即向东退去。庞涓挥师追赶，但又担心中计，所以不敢全力追击。头一天，见齐军营地有十万人的饭灶；第二天，还剩五万人的灶；到第三天，只剩三万人的灶了。庞涓见状高兴，得意地说道："我早知道齐国的士兵都是胆小鬼，如今不到三天就逃跑了大半！"于是，传下将令：留下步兵和笨重物资，集中骑兵轻装前进，追歼齐军。

孙膑得知庞涓轻骑追击的探报，知道庞涓的末日到了。这时，齐军正好来到一个叫马陵道的地方。马陵道处于两座高山之间，树多林密，山势险要，中间只有一条狭窄的小路可走，是一个伏击歼敌的好战场。孙膑传令：就地伐树，将小路堵塞；另挑选路旁的一棵大树，刮去一段树皮，在树干上面写下几个大字："庞涓死于此树之下！"随后，命令一万弓箭手埋伏在两边密林中，吩咐他们夜里只要看见树下出现火光就一齐放箭。当天傍晚，庞涓率领的魏军骑兵果真来到马陵道。听说前面的道路被树木堵塞，庞涓忙上前察看。朦胧间他见路旁有一大树，白茬上隐约有字，遂命人点起火把。当庞涓看清树上的那一行字时，大吃一惊，知道中了孙膑的计谋。他急令魏军后退，但已晚了。埋伏在山林中的齐军，万箭齐发，猝不及防的魏军死伤无数，乱成一团。庞涓身负重伤，知道败局已定，便拔出佩剑自杀了。齐军乘胜追杀，将魏军的后续部队一并打垮，连魏国太子都给俘虏了。

在孙膑的帮助之下，田忌威望大增。但时任齐国国相，曾多次讽谏齐威王的邹忌，却担心自己的相位不保，因此欲除掉田忌、孙膑。马陵之战结束不久，邹忌便找来亲信谋划如何除掉田忌。其亲信公孙阅出了个主意："您何不派个人拿着钱到闹市找个卦师占卜，让他自称是田忌的人，就说田忌自觉战功高，声威达于天下，要办件大事，想先占卜一下是吉是凶。之后，您再派人把那卦师抓来，让他亲口向齐王说明求卜之人的说辞。"邹忌闻计大喜，便派人到市中找卦师算卦，扬言是田忌派他去算的，要算算田忌如果要谋反，是吉还是凶。邹忌则随后派人将卦师抓获，送到齐威王那里。齐威王这时年纪大了，有点老糊涂了。他本来就对田忌手握重兵心有疑惧，听了邹忌的话，就相信田忌有谋反的意图。而这时田忌正率兵在外，齐威王就遣使召田忌回临淄，准备等田忌回到临淄后再审问此事。

此时，孙膑也在田忌军中，他对齐国的政局及邹忌、田忌之间的矛盾洞若观火。现在齐威王无缘无故忽然派人来召田忌回临淄，感觉齐威王一定是听信了邹忌的谗言，田忌此次回到临淄恐怕将凶多吉少。于是，孙膑建议田忌率军回临淄驱逐邹忌，要田忌举兵"清君侧"。

田忌对孙膑早已佩服得五体投地，对他言听计从。他依孙膑之言，率兵回到临淄。但邹忌也不是等闲之辈，早已做好了守城准备，田忌攻城不胜，眼见各地勤王之兵集结，只好弃军逃亡到楚国。这时，人们发现孙膑已不知去向。传说他找了一处清静的地方，招收几个学生，总结、研究早年所学兵法知识和自己的作战经验，撰成了《孙膑兵法》89 篇。

1972 年，山东省临沂银雀山汉墓中挖掘出土了《孙膑兵法》残简，现藏于临沂金雀山汉墓竹简博物馆，其书有一万一千余字。

比孙膑晚半个世纪，秦国名将白起登上了历史舞台。他倒没有写书，而直接用刀剑书写了一部战神传奇。

白起是楚国白公胜的后人，生年不可考，死于公元前 257 年，号称"人屠"，是"战国四大名将"之一（其他三人分别是王翦、廉颇、李牧）。

白起素以深通韬略著称，自统兵征战开始，就攻无不克，累建功勋，其地位因战功而一路飙升。秦昭王十三年（前 294

年），白起任左庶长，领兵攻打韩国新城（在今河南伊川县西）。次年，由左庶长迁左更，出兵攻韩、魏，用避实击虚，各个击破的战法全歼韩魏联军于伊阙（今河南洛阳龙门），斩获首级24万，俘大将公孙喜，攻陷五座城池。白起因功晋升为国尉，又渡黄河攻取韩安邑以东到乾河的土地。秦昭王十五年（前292年），再升大良造，领兵攻陷魏国，占据大小城池61个。次年，白起与客卿司马靳联合攻下垣城。秦昭王二十一年，白起攻赵，占取光狼城（今山西高平市西）。秦昭王二十八年，攻楚，拔鄢、邓等五座城池。次年攻陷楚国的都城郢（今湖北江陵西北），焚毁夷陵（今湖北宜昌），向东进兵至竟陵（今湖北天门市），楚王逃离都城，避难于陈。秦国以郢都为南郡。白起受封为武安君（言能抚养军士，战必克，得百姓安集，故号武安）。

公元前260年，秦赵长平之战爆发。白起面对只会纸上谈兵缺乏实战经验的赵括，采取诱敌出战、分割围歼的战法。他命前沿部队担任诱敌任务，在赵军进攻时，佯败后撤；将主力配置在纵深之处，构筑袋形阵地；另以精兵五千人，楔入敌先头部队与主力之间，伺机割裂赵军。赵括在不明虚实的情况下，贸然采取进攻行动，乘胜追至秦军壁垒，秦早有准备，壁垒坚固不得入。白起令两翼奇兵迅速出击，将赵军截为三段。赵军首尾分离，粮道被断。秦军又派轻骑兵不断骚扰赵军。赵军的战势危急，只得筑壁垒坚守，以待救兵。

两国都认识到了这场战争的严峻性。秦昭王亲临河内督战，征发15岁以上男丁从军，赏赐民爵一级，以阻绝赵国的援军和粮草，倾全国之力与赵作战。白起断绝赵军后路，分割猛攻，迫使赵军陷入死地。到这年九月，赵兵已断粮46天，饥饿不堪，甚至自相杀食。赵括走投无路，重新集结部队，分兵四队轮番突围，终不能出，赵括亲率精兵出战，被秦军射杀。赵军大败，40

万赵兵投降。白起与手下计议："赵国士兵反复无常，不全部杀掉，恐怕日后会成为麻烦。"于是使诈，把赵降卒全部坑杀，只放走 240 个年纪小的士兵回赵国报信。

长平之战，秦军先后斩杀和俘获赵军共 45 万人，赵国上下为之震惊。从此赵国元气大伤，一蹶不振。

长平之战后，白起本拟乘胜灭赵。韩国和赵国惊恐万分，派苏代用重金贿赂秦相应侯范雎说："白起擒杀赵括，围攻邯郸，赵国一亡，秦就可以称帝，白起也将封为三公，他为秦攻拔七十多城，南定鄢、郢、汉中，北擒赵括之军，虽周公、召公、吕望之功也不能超过他。现在如果赵国灭亡，秦王称帝，那白起必为三公，您能在白起之下吗？即使您不愿处在他的下位，那也办不到。秦曾经攻韩，围邢丘，困上党，上党百姓皆奔赵国，天下人不乐为秦民已很久。今灭掉赵国，秦的疆土北到燕国，东到齐国，南到韩魏，但秦所得的百姓，却没多少。还不如让韩、赵割地求和，不让白起再得灭赵之功。"

秦相范雎的心事被说中了。他何尝不知道白起灭赵之后，按照秦国的法律，其地位必然要超越自己。于是，范雎以秦兵疲惫、急需休整为由，建议秦昭王允许韩、赵割地求和。昭王应允。韩割垣雍（今河南原阳县西北）、赵割六城求和，正月皆休兵。白起闻知此事，从此与范雎结下了仇怨。

不久，秦昭王又产生了继续攻击赵国的想法。正逢白起生病，秦又发兵，派大夫王陵攻赵国邯郸。王陵攻邯郸不顺，秦王又增发重兵支援，结果王陵损失五名校尉而不能取胜。白起病愈，秦王想再派白起为将攻邯郸，而白起却认为，攻击邯郸的时机已经错过，现在邯郸确实不好攻打，而且其他诸侯如果发兵援救，一日即可到达。秦军远隔河山争别人的国都，若赵国从内应战，其他诸侯在外策应，必定能破秦军。因此，现在不可发兵攻赵。昭王亲自下命令，白起也不受命。又派相国范雎去请，白起始终拒绝，称病不出。

昭王改派王龁替王陵为大将，围攻邯郸，久攻不下。楚国派春申君同魏公子信陵君率兵数十万攻秦军，秦军伤亡惨重。白起听到后说："当初秦王不听我的计谋，现在如何？"昭王听后大怒，强令白起出兵，白起自称病重，经范雎请求，仍称病不起。于是昭王免去白起官职，降为士兵，迁居阴密（今甘肃灵台县西）。由于白起生病，未能成行，在咸阳住了三个月。这期间诸侯不断向秦军发起进攻，秦军节节退却，告急者接踵而至。恼羞成怒的秦昭王派人遣送白起，令他不得留在咸阳。白起离开咸阳，走到杜邮（今陕西咸阳市东），秦昭王与范雎等群臣谋议，白起被贬迁出咸阳，怏怏不服，心有怨言，不如处死。于是派使者拿了宝剑追到杜邮，令白起自裁。白起伏剑自刎时说："我何罪于天而至此哉？"沉思了很久说："我固然当死。长平之战，赵国投降的数十万人，我蒙骗他们一并坑杀了，就这一条也该死。"（《史记·白起王翦列传》）于是自杀。白起死时，是秦昭王五十年（前257年）十一月。白起死非其罪，秦人很怜惜他，很多地方都祭祀他。

《后汉书》记载，白起死后，东方六国闻讯，诸侯皆酌酒相贺，庆幸白起之死。

白起一生指挥过许多重要战役。大破楚军，攻入郢都，迫使楚国迁都，楚国从此一蹶不振；伊阙之战又歼灭韩魏24万联军，扫平秦军东进之路；长平一战一举歼灭赵军45万人，开创了我国历史上最早、规模最大的包围歼敌战。大小70余战，没有败绩，从最低级的武官一直升到武安君，六国闻白起胆寒。白起作战不以攻城夺地为唯一目标，而是以歼敌有生力量作为主要目的。他是战争史上实施歼灭战和运动战的无与伦比的名将。

据梁启超先生考证，整个战国期间，所有战争共战死两百万人，而白起所指挥的战争歼敌数量超过百万，占二分之一还多。

与白起战功卓著却含冤而死不同，同为秦国名将的王翦却走完了圆满人生。

王翦，是继白起之后秦国的又一位名将。他和儿子王贲在辅助秦始皇兼并六国的战争中功勋卓著，除韩国之外，其余五国均为王翦父子所灭。

王翦生卒年不详，关中频阳东乡（今陕西省富平县美原镇古城村）人，出生于一个行伍世家。王翦自幼习读兵书，演练兵器，儿时最爱舞弄一把木质的开山大刀。那刀虽为木制，但也有二十多斤，王翦舞起来虎虎生风，气势令人胆寒。他很早就开始学习骑射，据说九岁就能拉开五十石的弓，并且射箭很准，在同龄人中出类拔萃。

但是王翦成名并不早，可见的最早记载王翦的战役是在秦王政十一年（前236年），王翦率军攻打赵国的阏与，他按照"兵不在多而在精"的思想，从原军队中挑选出十分之二的精锐力量，用这支士气高昂的精锐部队攻下了阏与，同时一并攻取了赵的九座城邑。秦王政十八年（前229年），王翦从郡上发兵，下井陉，与另一路秦军呼应，准备一举消灭赵国。结果遇上了赵国的名将李牧，相持一年多的时间，一直无法得胜。于是秦军用反间计，使赵王杀了李牧。李牧死后，王翦势如破竹，大败赵军，杀了赵军主将赵葱，攻下赵国的东阳，俘虏赵王迁，赵国的土地并入秦地，成为秦的一个郡。王翦自此威名大震，也算是大器晚成。

后来，秦开始谋灭楚国。讨论中，王翦认为楚国非用60万大军不可能打败。而年轻的秦国将领李信表示20万人即可。此时的秦王嬴政欣赏李信贤能果敢，却怀疑王翦老而怯懦了。也或许嬴政出于政治考虑，不想让王翦功劳过多？于是派李信和副将蒙武率兵 20 万去攻打楚国。王翦看秦王不听其言，就托病归家了。

李信率领的军队攻下平与（今河南平与北），蒙恬攻下寝丘（今河南临泉），大破楚军。接着又乘胜攻取鄢、郢。然后，引兵向西与蒙恬军会师城父（今河南平顶山市北）。楚国名将项燕率领的楚军积蓄力量，悄悄尾随秦军三天三夜，出其不意大破李信军队，攻下两个营垒，杀死七名都尉，秦军大败。

秦王得知秦军失败的消息，震怒。这时他才认识到王翦的远见，于是亲自到频阳向王翦谢罪，说："我没有听从将军的话，李信终使秦军受辱，如今楚军逐日西进，将军虽有病在身，怎能忍心背弃寡人？"王翦辞谢说："老臣疲弱多病，狂暴悖乱，希望大王另择良将。"秦王坚持要王翦领兵，王翦说："若非要用老臣，必给我 60 万大军。"秦王允诺。于是王翦率 60 万秦军伐楚，秦王亲自送王翦到灞上。王翦行前要求秦王，如果他得胜，多多赏赐良田美宅。秦王说："将军出兵得胜，何患贫穷？"王翦说："作为大王的部将，即使立了战功最终也可能不得封侯，所以趁大王亲近臣下之时，多求良田屋宅园地，为子孙置业。"秦王大笑。王翦的军队行至函谷关口后，又五度派使者回朝求赐良田。有人认为将军求赏太过分，王翦却说："秦王粗暴又不信任人，如今倾尽全国兵力，交付给我，我只有以多请田宅作为子孙基业的方法来稳固自家，打消秦王对我的怀疑。"王翦的意思是，他要告诉秦王，除了良田美宅，他并没有更大的野心。

秦始皇二十三年（前 224 年），王翦领兵伐楚，楚军听说王翦集 60 万大军前来，也尽发国中兵力抗秦。王翦大军抵达楚国国境之后整整一年坚壁不出，60 万士兵都囤积起来休养生息，坚壁而守，不肯出战。楚军屡次挑战，秦军始终不出。王翦每天要求士兵休息洗沐，安排好饭食抚慰他们，同时与士卒同饭同食，养精蓄锐，消耗敌军，以待最后殊死一战。

经过整整一年的对峙，秦国军队完全适应了南方的水土，而楚国军队内部的矛盾暴露出来。楚军士气消沉，纷纷撤军东去。这时，王翦发令追击，大破楚军，追至蕲南（今安徽宿州东南），斩杀将军项燕（一说项燕自杀）。秦借胜势，一年就平定了楚国，俘虏楚王负刍，楚地最终成为秦的一个郡县。

"王翦请田"、"以逸待劳"等典故和成语就出自这里。灭楚之后，王翦又率 50 万大军南征百越，取得胜利。因战功卓著而被封为武成侯。

比王翦早半个世纪，还有一位善打大规模战争的名将乐毅。

乐毅，字永霸，中山灵寿（今河北灵寿西北）人，魏国名将乐羊的后裔，战国后期杰出的军事家，被燕昭王拜为上将军，助其兴燕伐齐，几乎灭掉齐国，受封为昌国君。公元前 284 年，他统率燕国等五国联军攻打齐国，连下齐国七十余城，创造了中国古代战争史上的奇迹。

乐毅少年聪颖，喜好兵法，深得赵人推崇。可惜赵武灵王时，卷入沙丘政变，为避灾祸逃到魏国当了大夫。

这时，燕国因内乱而招致齐国欺辱，燕昭王时刻不忘为燕国雪耻。但燕国弱小又地处僻远，燕昭王自忖力量不足以克敌制胜，便屈己礼贤，延聘贤能之士。乐毅恰于此时以魏国使臣的身份出使燕国，燕昭王知道他的才能，厚礼相待。乐毅谦辞退让，最后终于被燕昭王的诚意所感动。燕昭王封乐毅为亚卿。

此时齐国非常强大，齐闵王率齐军南败楚相唐昧于重丘，西摧三晋势力于观津，接着与三晋攻秦，助赵国灭中山，打败宋国，扩地千余里，诸侯各国在强大的齐国面前都俯首臣服，齐闵王因此而骄横狂妄。由于齐闵王的骄横，加上对内欺民而失信，对外结怨于诸侯，造成齐国政治局势不稳。燕昭王认为机不可失，欲兴兵伐齐，问计于乐毅。乐毅回答说："齐国系霸主之余业，地广人多，根基较深，且熟习兵法，善于攻战。对于这样一个大国，虽有内患，仅由我们一国单独去攻打它，恐怕很难取胜。如果大王一定要去攻伐齐国，必须联合楚、魏、赵、韩诸国，使齐国陷于孤立被动的地位，方可制胜。"这就是所谓"举天下而攻之"的伐齐方略。燕昭王接受了乐毅的建议，派乐毅出使赵国，与赵惠王联盟攻齐，并请赵国以伐齐之利诱说秦国，予以援助。又派剧辛为使，分别到楚国和魏国进行联络。由于各国都因厌恶齐闵王骄横残暴，听说联兵伐齐，一呼百应。

乐毅返燕后，燕昭王于公元前284年派乐毅为上将军，同时赵惠王也把相印交予乐毅，乐毅率全国之兵会同赵、楚、韩、魏四国之军兴师伐齐。齐闵王闻报，亲率齐军主力迎于济水（在今山东省济南西北）之西。两军相遇，乐毅亲临前敌，率五国联军向齐军发起猛攻。齐闵王大败，率残军逃回齐国都城临淄。

其他诸侯各国见好就收，不打算再对齐国用兵。乐毅遣还其他诸侯军队，拟亲率燕军直捣临淄，一举灭亡齐国。燕国谋士剧辛认为燕军不可能独立灭齐，反对乐毅长驱直入。乐毅则认为齐军精锐已失，国内纷乱，如惊弓之鸟。燕弱齐强的态势已经发生了逆转，坚持率燕军乘胜追击直追至齐都临淄。齐闵王见势，遂率少数臣僚逃往莒城（今山东省莒县）固守。乐毅用连续进攻、分路出击的战法，陷城夺地，攻入齐都临淄后，尽收齐国珍宝、财物、祭器运往燕国。燕昭王大喜，亲自到济水犒赏、宴飨士卒，为表彰乐毅的功劳，将昌国（在今山东省淄川县东南）城封给乐毅，号昌国君。

接下来，乐毅率燕军半年内连下齐国 70 余城，仅剩莒城和即墨（今山东省平度市东南）两个城池仍顽强抵抗，其余全部并入燕的版图。燕国前所未有地强盛起来。

乐毅认为单靠武力，虽破其城而不能服其心，民心不服，就算全部占领了齐国，也无法巩固，所以他对莒城、即墨采取了围而不攻的策略；对已攻占的地区实行减赋税、废苛政、尊重当地风俗习惯、保护齐国的固有文化、优待地方名流等收服人心的政策，欲从根本上瓦解齐国。

然而，公元前 279 年，燕昭王死了。乐毅失去了政治支柱。太子乐资即位，是为燕惠王。燕惠王做太子的时候就与乐毅有隔阂，所以他即位以后，对乐毅很不信任。

齐国大将田单探知情况，乘机施行反间计，派人到燕国散布谣言说：“除莒城和即墨两处之外，齐国大片土地全在燕国军队手里。乐毅能在短时攻下齐国七十余城，难道用几年工夫还打不下莒城与即墨吗？其实他是想用恩德收服齐人之心，为他叛燕自立做准备。”燕惠王本来就猜疑乐毅，听了这些话信以为真，于是派骑劫为大将，去齐接替乐毅。

乐毅明白，燕惠王收回他的兵权，意味着听信了谣言，将要加罪于自己，所以当即离开去了赵国。赵惠王隆重地接待了乐毅，并封他为望诸君，借以警示燕、齐，使他们不敢对赵国轻举妄动。

接替乐毅的将军骑劫寡思少谋，却骄狂自大。乐毅奔赵后，他来到齐国，一反乐毅原来的战略部署和争取齐人的政策，而施之以残暴，激起了齐国军民的强烈反抗。田单设谋诳骗燕军，又在即墨城用“火牛阵”大破燕军，杀死骑劫，将燕军逐出齐境，收复齐国所失之城邑，从莒城迎齐襄王（齐闵王死，襄王立于莒城）回归临淄。

　　燕惠王这时才后悔派骑劫取代乐毅，但又怨恨乐毅奔赵，恐怕赵国用乐毅乘燕国败军之机进攻燕国。于是派人责难乐毅，又假惺惺向他道歉说："先王曾以举国之兵托付将军，将军为燕大败齐军，报先王之仇，天下人为之震动，我也时刻记着你的功劳。可是刚逢先王去世，我又初立，听信于左右而误国。我之所以派骑劫代替将军，为的是将军经年累月地征战于荒郊野外，怕您太辛苦，所以请您回来调息，并想同您共议国事。将军却误听传言，和我产生怨隙，弃燕奔赵。将军为自己打算，这样做是合宜的，可您如何报先王的知遇之恩呢？"

　　乐毅本来一直保持着沉默，这时看到燕惠王虚与委蛇，要把脏水泼到自己身上，便慷慨写下了著名的《报燕惠王书》，驳斥燕惠王对自己的种种责难，表达功败垂成的愤慨。

　　《报燕惠王书》是一篇表达直率、义正词严、语言铿锵优美的书信，其历史和文学价值都非常大。正是这篇书信以及乐毅言行一致的表现，使得燕惠王不得不从内心佩服乐毅，同时又对他感到敬畏，便封乐毅之子乐间为昌国君，意在示好，此后一直善待乐毅家人。从这封信我们也能看到乐毅处理君臣关系的高明之处。这大概是历史上相似情况最佳的处理方式和结果，其智慧值得后人品味。

《报燕惠王书》

　　臣不佞，不能奉承王命，以顺左右之心，恐抵斧质之罪，伤先王之明，有害足下之义，故遁逃走赵。自负以不肖之罪，故不敢为辞说。今王使人数之以罪，臣恐侍御者不察先王之所以畜幸臣之理，又不白臣之所以事先王之心，故敢以书对。

　　臣闻贤圣之君不以禄私其亲，其功多者赏之；不以官随其爱，其能当者处之。故察能而授官者，成功之君也；论行而结交者，立名之士也。臣窃观先王之举也，见有高世之心，故假节于魏，以身得察于燕。先王过举，擢之宾客之中，立之群臣之上，不谋父兄，以为亚卿。臣窃不自知，自以为奉令承教，可幸无罪，故受令而不辞，先王命之曰："我有积怨深怒于齐，不量轻弱，而欲以齐为事。"臣曰："夫齐，霸国之余业而最胜之遗事也。练于兵甲，习于战攻。王若欲伐之，必与天下图之。与天下图之，莫若结于赵。且又淮北、宋地，楚、魏之所欲也，赵若许而约四国攻之，齐可大破也。"先王以为然，具符节，南使臣于赵。顾反命，起兵击齐。以天之道，光王之灵，河北之地随先王而举之济上。济上之军受命击齐，大败齐人。轻卒锐兵，长驱至国。齐王遁而走莒，仅以自免；珠玉财宝车甲珍器尽收入于燕。齐器设于宁台，大吕陈于元英，故鼎反乎历室，蓟丘之植植于汶篁，自五伯以来，功未有及先王者也。先王以为谦于志，故裂地而封之，使得比小国诸侯。臣窃不自知，自以为奉命承教，可幸无罪，是以受命不辞。

　　臣闻贤圣之君，功立而不废，故著于春秋；蚤知之士，名成而不毁，故称于后世。若先王之报怨雪耻，夷万乘之强国，收八百岁之蓄积，及至弃群臣之日，余教未衰，执政任事之臣，修法令，慎庶孽，施及乎萌隶，皆可以教后世。

　　臣闻之，善作者不必善成，善始者不必善终。昔伍子胥说听于阖闾，而吴王远迹至郢；夫差弗是也，赐之鸱夷而浮之江。吴王夫差不寐先论之可以立功，故沉子胥而不悔，子胥不蚤见主之不同量，是以至于入江而不化。

　　夫免身立功，以明先王之迹，臣之上计也。离毁辱之诽谤，堕先王之名，臣之所大恐也。临不测之罪，以幸为利，义之所不敢出也。

臣闻古之君子，交绝不出恶声；忠臣之去也，不洁其名。臣虽不佞，数奉教于君子矣。恐侍御者之亲左右之说，而不察疏远之行，故敢以书报，唯君王之留意焉。

乐毅虽然厉害，但他也遇到了一位克星，那就是挽救田氏齐国的田单。

田单是战国时田齐宗室的远房亲属，年轻时曾担任齐都临淄的市掾（秘书），乐毅连破齐国70余城，齐国奄奄一息之际，智慧和忠勇的田单被推举为即墨守军首领。他坚持与燕军斗争，最终获胜，助田氏齐国复国，因功高被封为安平君，留下了"火牛阵"、"田单解裘"等历史佳话。其生卒年不详。

公元前284年，乐毅连克齐70余城后，集中兵力围攻仅存的莒城（今山东莒县）和即墨，齐国危在旦夕。此时，乐毅改变策略，命燕军撤至两城外9里处设营筑垒，欲攻心取胜，形成相持局面。

即墨地处富庶的胶东，是齐国较大城邑，物资充裕，人口较多，具有一定防御条件。即墨被围不久，守将战死，军民共推田单为将。田单利用两军相持的时机，集结7000余士卒，加以整顿、扩充，并增修城垒，加强防务。他和军民同甘共苦，"坐则织蒉（编织草器），立则仗锸（执锹劳作）"，亲自巡视城防；编妻妾、族人入行伍，尽散饮食给士卒，深得军民信任。

在稳定内部的同时，为除掉最难对付的敌手乐毅，田单又派人入燕行离间计，诈称乐毅名为攻齐，实欲称王齐国，故意缓攻即墨，若燕国另派主将，即墨指日可下。燕惠王本来就埋怨乐毅久攻即墨不克，果然中了计，派骑劫取代乐毅。乐毅投奔赵国。

骑劫一反乐毅战法，改用强攻仍不能下，企图用恐怖手段慑服齐军。田单将计就计，诱使燕军实施暴行。他派人散布谣言，说害怕燕军把齐军俘虏的鼻子割掉，又担心燕军刨了齐人在城外的祖坟。骑劫听到谣言后还真的照着做了。即墨城里的人听说燕国的军队这样虐待俘虏，还刨他们的祖坟，恨得咬牙切齿，纷纷向田单请求，誓与燕军决一死战。本来被乐毅日渐收复的齐国人心，顷刻间回归了。

田单进而麻痹燕军，命精壮甲士隐伏城内，专用老弱、妇女登城守望。又派城内富户诈降，让即墨富豪持重金贿赂燕将，假称即墨将要投降，唯望保全妻小。围城已逾三年的燕军，急欲停战回乡，见大功将成，只等受降，更加懈怠。田单见反攻时机成熟，便集中千余头牛，角缚利刃，尾扎浸油芦苇，披五彩龙纹外衣。一天夜里，下令点燃牛尾芦苇，牛负痛从城脚预挖的数十个信道狂奔燕军营寨，五千精壮勇士紧随于后，城内军民擂鼓呐喊助威。燕军见火光中无数角上有刀、身后冒火的怪物直冲而来，惊惶失措。齐军勇士乘势冲杀，城内军民紧跟助战，燕军夺路逃命，互相践踏，骑劫在混乱中被杀。田单率军乘胜追击，很快将燕军逐出国境，尽复失地七十余城。随后，从莒城迎齐襄王回临淄，正式即位。田单因功受封为安平君。

做了高官的田单十分爱惜百姓，有"田单解裘"的故事流传后世。说是一个严冬的傍晚，田单在朝中理完政事，乘车回安平城。这时天下鹅毛大雪。田单的车子出了临淄城东门，看到不远处路旁的雪地里躺着一个人。田单连忙叫车夫停住车子，下车走到近前一看，见是一个老者，佝偻着身子，蜷缩在雪地上，四肢发凉，奄奄一息。田单立即把老人抱上车子，并解下自己的裘袍给老人穿上。回到田单家时，老人才缓过气来。田单解裘的故事很快传开，人们纷纷称赞相国爱民如子，对他更加尊敬了。

田单在民众中的威望很高，这让齐襄王很不自在。他对田单产生了猜忌，甚至起了剪除之心。幸好齐襄王身边有个太监是个好人，他极力劝谏，告诉齐襄王如果田单有异心又何必在战胜燕国之后还迎回襄王呢？

虽然襄王听了太监的话没有杀田单，但并没有完全消除对他的猜忌。后来田单离开齐国，到赵国做了将军和相国。最终死在了赵国。

与乐毅、田单同时代，赵国有位名将叫廉颇。

廉颇是战国末期赵国的一位名将，与白起、王翦、李牧并称"战国四大名将"。他生于公元前327年，死于公元前243年，山西太原人，毕生战功卓著，没有败绩。

赵惠文王登基之初，齐国和秦国分别为东西方强国。秦国一直想东进中原，赵国是其主要障碍。为了扫除障碍，秦王曾多次派兵进攻赵国。廉颇统领赵军屡败秦军，迫使秦改变策略，于赵惠文王十四年（前285年）在中阳（今山西中阳县西）与赵相会讲和，联合韩、燕、魏、赵五国之师共同讨伐齐国，大败齐军。其中，廉颇于赵惠文王十六年（前283年）带赵军伐齐，深入齐境，攻取阳晋，威震诸侯，赵国威势一时居东方六国之首。廉颇班师回朝，被拜为上卿。自此，慑于廉颇的威力，秦国再不敢贸然进攻赵国。此后，廉颇率军征战，几乎百战百胜。

然而，到公元前260年，秦赵长平之战，赵孝成王用赵括替代廉颇，被秦将白起大败。赵国被杀军士45万，元气大伤。

"墙倒众人推。"此后，诸侯各国都想乘机侵赵获利。燕国丞相栗腹以给赵王祝寿为名，出使赵国，侦探赵国虚实。回国后向燕王建议说：赵国青壮年在长平之战中被秦将白起坑杀殆尽，国内尽是孤儿寡妇，无力再战，乘此良机攻赵必胜。燕王便派栗腹为将，领兵 60 万，战车 2000 乘，兵分两路大举进攻赵国。栗腹令部将庆秦率军 20 万攻代（今山西代县），自率主力 40 万攻鄗（在今河北柏乡县北）。燕军到达宋子（今河北晋州市南）后，赵孝成王令上卿廉颇、乐乘统兵 13 万前往抗击。廉颇分析燕军的来势后认为，燕军虽然人多势众，但骄傲轻敌，加之长途跋涉，人困马乏，遂决定采用各个击破的战略。令乐乘率军 5 万坚守代，吸引攻代燕军不能南下援救，自率军 8 万迎击燕军主力于鄗。赵军同仇敌忾，决心保卫国土，个个奋勇冲杀，大败燕军，斩杀其主将栗腹。攻代燕军闻听攻鄗军大败，主帅被杀，军心动摇。乐乘率赵军趁机发起攻击，迅速取胜，俘庆秦。两路燕军败退。廉颇率军追击 500 里，直入燕境，进围燕都蓟（今北京城西南）。燕王只好割让 5 座城邑求和，赵军才解围退还。

战后，赵王封廉颇为信平君，任相国。廉颇任相国前后约六七年，多次击退入侵敌军，并伺机出击。公元前 245 年，带兵攻取了魏地繁阳（今河南内黄县西北），使赵国国势有所恢复。

在此期间，蔺相如因为完璧归赵和渑池之会两次外交活动的功劳，被拜为上卿，地位升至廉颇之上。廉颇对此心怀不满，认为自己作为赵国的大将，身经百战，立有大功，而地位低下的蔺相如仅凭两次外交活动就位高于自己，实在无法接受。于是扬言要当众羞辱蔺相如。结果，因为蔺相如的一番大度的表现而感到惭愧。耿直的廉颇身背长长的荆条，赤膊来向蔺相如请罪。从此二人结为刎颈之交，生死与共。关于此事，笔者有些与历来史学者不同的感觉，前文《能臣治世》中已述及，这里不再赘述。

公元前 245 年，赵孝成王死了，其子继位，就是赵悼襄王。襄王听信了奸臣郭开的谗言，解除了廉颇的军职，派将领乐乘代替廉颇。廉颇因受排挤而发怒，攻打乐乘，乐乘逃走。廉颇于是离开赵国，投奔魏国大梁（今河南省开封市）去了。廉颇在大梁住了很久，魏王虽然收留了他，却并不信任和重用他。

赵国因为多次被秦军围困，赵王想再任用廉颇，廉颇也想再被赵国任用。赵王派宦官唐玖带着一副名贵的盔甲和四匹快马，到大梁去问候廉颇，看看廉颇是否还可用。郭开却唯恐廉颇再得势，暗中收买唐玖，让他说廉颇的坏话。廉颇见到唐玖，当着他的面一顿饭吃了一斗米、十斤肉，还披甲上马，表示自己身强体壮，还可有用。但唐玖回来向赵王报告说："廉将军虽然老了，但饭量还很好，可是和我坐在一起，不多时就拉了三次屎。"赵王因此认为廉颇真的老了。廉颇自此再也就没有得到为国效命的机会。

楚国听说廉颇在魏国，就暗中派人迎接他入楚。廉颇担任楚将后，没有建立什么功劳。他说："我思用赵人。"流露出对赵国的眷恋之情。一代名将，抑郁不乐，最终死在楚国的最后一个都城寿春（今安徽省寿县），年约85岁。十几年后，赵国被秦国灭亡。

如果说廉颇只是不为赵人所用而郁闷，那秦国名将蒙恬则莫名其妙地冤死在小人之手了。

蒙恬是秦始皇手下的著名将领，在抵御匈奴的斗争中建立奇功，被誉为"中华第一勇士"。他生年不可考，死于公元前210年，祖上为齐国人。蒙恬是古代开发宁夏第一人。传说他曾改良毛笔，使之成为成熟的书写工具。

蒙恬出身于一个世代名将之家。祖父蒙骜也是秦国名将，事秦昭王，官至上卿。其父蒙武曾为秦裨将军，与王翦一起灭楚，亦屡立战功。蒙恬深受家庭环境的熏陶，自幼胸怀大志，立志报效国家。他天资聪颖，熟读兵书，逐渐培养了较高的军事素养。

公元前221年，蒙恬由于家世的关系，被封为秦国将领，跟随大将王贲征战。由于蒙恬表现突出，战功卓著，于众多武将中脱颖而出，被封为内史，成为秦始皇的心腹大将。

几乎在灭六国的同时，秦王嬴政命蒙恬率 30 万大军北击匈奴，收复河南地（今内蒙古河套南鄂尔多斯市一带），自榆中（今内蒙古伊金霍洛旗以北）至阴山，设 34 县。又渡过黄河，占据阳山，迁徙百姓充实边县。其后，修筑西起陇西的临洮（今甘肃岷县），东至辽东的万里长城，把原燕、赵、秦长城连为一体。长城利用地势，凭借天险，设置要塞，有力地遏制了匈奴的南进。后来，蒙恬又为秦始皇巡游天下开筑直道，从九原郡（今内蒙古包头市西南）直达甘泉宫，截断山脉，填塞深谷，全长 1800 里。

蒙恬征战北疆十多年，威震匈奴。

可惜这样的英雄，最后却死于小人赵高之手。

蒙恬的弟弟名叫蒙毅，也是个极具才华、深受秦始皇宠信的大臣，官至上卿。蒙毅执法严明，从不偏护权贵。内侍赵高犯了大罪，蒙毅依法判其死罪，却被秦始皇给赦免了。从此，蒙氏兄弟便成了赵高的眼中钉。

公元前 210 年冬，秦始皇最后一次东巡途中病死于沙丘。赵高说服丞相李斯和公子胡亥，篡改诏书，立胡亥为太子，并赐始皇的长子公子扶苏死。同时，也将黑手伸向了与赵高有仇、并为公子扶苏臂膀的蒙氏兄弟。

他们先加害蒙毅，说他在立太子的问题上，曾在始皇面前毁谤胡亥。借胡亥之手，治蒙毅死罪。再根据秦律株连其兄蒙恬，派使者前往阳周（今山西介休市东南旌介村一带），命蒙恬自杀。

蒙恬明知遭人诬陷，但他说："自我先人直到子孙，为秦国出生入死已有三代。我统领着三十万大军，虽然身遭囚禁，可我的势力足以背叛。但我知道，我应守义而死。我之所以这样做是不敢辱没先人的教诲，不敢忘记先主的恩情。"使者说："我只是受诏来处死你，不敢把将军的话传报皇上。"蒙恬长叹道："我怎么得罪了上天？竟无罪而被处死？"沉默良久，又说："我的罪过本该受死，起临洮到辽东筑长城，挖沟渠一万余里，这期间不可能没挖断地脉，这便是我的罪过呀！"于是吞药自杀了。

蒙恬蒙冤，赵将李牧又何尝不冤？

李牧是战国时期的赵国将领，战国四大名将之一。他生年不可考，死于公元前229年。《史记》没有为他列传，但他早年抵御匈奴，后来又多次以少胜多，击退秦军，得到武安君的封号。其战功和智慧绝不在以上十位名将之下。可惜后来也冤死于小人之手。

赵国北边与匈奴接壤。公元前309年，赵武灵王下令国中推行"胡服骑射"，进行了一系列改革，军事力量逐渐强大，屡败匈奴等北方胡人部落。但是，到了惠文王、孝成王时期，匈奴各部落军事力量逐步强大起来，不断骚扰赵国北部边境，赵惠文王便派李牧带兵戍边。帅府驻在代雁门郡（今山西省西北部宁武县以北一带）。

李牧在抗击匈奴的斗争中展现了杰出的军事才能。

为了有利于战备，李牧首先争取到赵王同意，自己有权根据需要设置官吏，本地的田赋税收也全部归帅府用作军事开支。针对赵军和匈奴军的特点，他深思熟虑后采取了一系列的军事措施，他将边防线的烽火台加以完善，派精兵严加守卫，同时增加情报侦察人员，完善情报网，及早预警。

为了提高部队的战斗力，李牧密切官兵关系，厚遇士卒，精练骑射，全军士气高昂，人人愿意为国效力。

针对匈奴骑兵灵活机动、以掠夺为主要作战目的的特点，为使窜扰的敌骑兵徒劳无功，他命令坚壁清野，并示弱于敌，使敌人麻痹，以便伺机歼灭。为此，李牧严令："匈奴入盗，急入收保，有敢捕虏者斩。"所以每当匈奴入侵边境，烽火台一报警，士兵立即收拾物资退入城堡固守，使匈奴无从掳掠。

过了几年，边关没有人员伤亡也没有大的物资损失。匈奴以为李牧胆小怯战，根本不把他放在心上了。连赵国军士也私下议论，以为李牧胆小怯战。李牧一意坚守、不主动出击的消息传到赵孝成王那里，孝成王派使者责备李牧，要李牧出击。李牧老谋深算，意欲放长线钓大鱼，也不作解释，依然我行我素。匈奴一来，即深沟高垒，坚守不出。

听说李牧仍然一味防守，赵王认为他确实胆小无能，灭了自家的威风，很是生气，立即将李牧召回，派另外一员将领前往替代。

新将领一到任，每逢匈奴入侵，即下令军队出战，几次都失利，人员伤亡很大，而且边境不安，百姓没有办法耕种和放牧。赵王只得又派人去请李牧复职，李牧坚称有病，不肯复出。赵王不得已，只得强令李牧出山。李牧对赵王说："大王一定要用我的话，我还是要坚持从前的方法，您不要见怪。"赵王只好答应了。

李牧又来到雁门，坚持坚守不动。几年内匈奴多次入侵，都一无所获，但总以为李牧胆小避战。其实李牧早已经定下诱敌深入、设伏围歼的计谋，对种种屈辱骂名置之不理。而边庭将士因为天天得到犒赏，却没有出力的机会，都希望能在战场上效力。

又过了一段时间，李牧觉得条件成熟了，就严格挑选了战车1300辆，精壮的战马13000匹，勇士5万人，优秀射手10万人，然后把挑选出来的车、马、战士严格编队，进行多兵种联合作战演习。

公元前 244 年的春天，一切准备就绪之后，李牧让百姓漫山遍野去放牧，引诱匈奴入侵。不久，有小股匈奴到了离边境不远的地方。李牧派了一支小部队出战，佯败于匈奴兵，丢弃下几千名百姓和牛羊让匈奴俘虏去。匈奴单于听到战报，十分高兴。于是亲率大军侵入赵境，准备大肆掳掠。李牧早在匈奴军队的来路上埋伏下奇兵，待匈奴大部队到来。为消耗敌军，李牧先用战车阵从正面迎战，限制、阻碍敌骑的冲击，步兵集团居中阻击，弓弩兵轮番远程射杀，而将骑兵及精锐步兵置于军阵侧后。当匈奴军冲击受挫、消耗严重时，李牧乘势将机动精锐部队从两翼投入战斗，发动钳形攻势，包围匈奴军。经过几年养精蓄锐，训练有素的赵国将士们，个个生龙活虎，向敌军扑过去，仿佛是一架运转严整的机器，转瞬间围住十万匈奴骑兵。一整天的会战，很快演变成一场对匈奴军的追歼屠杀。十万匈奴骑兵全军覆没，匈奴单于仅带了少量亲随，仓皇逃窜。

李牧大败匈奴之后，又趁势收拾了赵国北部的匈奴属国，灭了襜褴，打败东胡，收降林胡，迫使匈奴单于向遥远的北方逃去，完全清除了赵国在北方的忧患。此战之后，慑于赵军之威，匈奴兵十几年不敢南下侵赵。

由于李牧确保了赵国边境的安全，使赵国君臣能无后顾之忧地对付强秦。

公元前 235 年，赵悼襄王去世，赵王迁即位。赵王迁二年（前 234 年），秦国大将樊於期攻取赵的平阳（今河北省邯郸市磁县东南）、武城（今山东省武城县西），杀了赵将扈辄，斩赵军十万。公元前 233 年，樊於期又乘胜进击，率军东出上党，越太行山自北路深入赵国后方，攻占了赤丽、宜安（今河北藁城县西南二十里），进攻赵的后方，直逼赵国都城邯郸，形势十分危急。赵王迁紧急从雁门关调回李牧，任命他为大将军，率所部南下，指挥全部赵军反击秦军。

李牧率边防军主力与邯郸派出的赵军会合后，在宜安附近与秦军对峙。他认为秦军连续获胜，士气高昂，如仓促迎战，势难取胜。遂采取筑垒固守，避免决战，俟敌疲惫再伺机反攻的方针，拒不出战。

秦将樊於期认为，秦军远出，不利于持久。于是，他率主力进攻肥下，企图诱使赵军援救，等赵军脱离营垒后将其歼灭。

赵将赵葱建议李牧救援肥下，李牧不为所动。他说："敌攻而我救，是致于人，乃兵家所忌。"

秦军主力去攻肥下后，营中留守兵力薄弱。又由于多日来赵军采取守势，拒不出战，秦军习以为常，疏于戒备。李牧遂乘机一举袭占了秦军大营，俘获全部留守秦军及辎重。同时，李牧判断樊於期必将回救，遂部署一部兵力于正面阻击敌人，将主力配置于两翼。当赵军与撤回的秦军迎头相遇时，立即指挥两翼赵军实施钳形攻击。经过激烈的战斗，李牧大破秦军。樊於期仅率少量亲随冲出了重围，畏罪逃奔燕国，投靠燕太子丹去了。

这就是赵王迁二年（前234年）李牧一却秦军。由于秦国著名将领白起的封号是武安君，李牧击退秦军以后，赵王迁说"李牧是寡人的白起"，因而也封李牧为武安君。由此也可以看出赵王迁当时对李牧的倚重。此战，李牧所用计谋与樊於期如出一辙，都是攻其必救，伺机打援。但胜利的天平却在处于劣势的李牧一边，我们不能不佩服这位名将的神算！

赵王迁四年（前232年），秦王嬴政再次派兵入侵赵国，秦军兵分两路进攻，一部兵力由邺（今河北临漳西南）北上，准备渡漳水向邯郸进迫，袭扰赵都邯郸；另一路为主力，由上党出井陉（今河北井陉西北），企图扑邯郸之背，将赵拦腰截断。队伍行进到番吾（现在河北省平山县南），因李牧率军抗击，邯郸之南有漳水及赵长城为依托，秦军难以迅速突破。李牧遂决心采取南守北攻、集中兵力各个击破的方针。他部署副将司马尚在邯郸南据守长城一线，自率主力北进，反击远程来犯的秦军。两国军队在番吾附近相遇。李牧督军猛攻，秦军大败。李牧即回师邯郸，与司马尚合军攻击南路秦军。秦南路军知北路军已被击退后，料难获胜，稍一接触，即撤军退走。这就是李牧再却秦军。这也是秦、赵两国交战中，赵国最后一次取得重大胜利。

肥下之战及此战虽获胜利，赵国却也损失惨重，军力消耗殆尽。但胜利毕竟为赵国再次赢得了休整的时间。

赵王迁七年（前229年），赵国由于连年战争，再加上北部代地地震，大面积饥荒，国力已相当衰弱。秦王政乘机派大将王翦率主力直下井陉（今河北井陉县），同时派兵几十万进围赵都邯郸。赵王任命李牧为大将军，司马尚为副将，倾全军抵抗入侵秦军。

秦将王翦知道，李牧不除，秦军在战场上不能速胜，遂禀告秦王，再行反间计，派奸细入赵国都城邯郸，用重金收买了那个诬陷过廉颇的赵王迁的近臣郭开，让郭开再次散布谣言，说李牧、司马尚勾结秦军，准备背叛赵国。昏聩的赵王迁再度中计，立即委派宗室将领赵葱和齐国投奔过来的将领颜聚去取代李牧和司马尚。

接到这道命令，李牧为社稷和军民计而未从命，赵王居然设圈套，捕获并暗杀了李牧，将司马尚也废弃不用。赵国临战而亲佞臣诛杀忠臣良将，结果只过了三个月，赵军就大败，赵葱战死，颜聚逃亡。秦军攻下邯郸，俘赵王迁及颜聚。赵国公子嘉逃到代地（今河北蔚县东北）称王。秦王政二十五年（前222年），秦灭代，俘虏公子嘉，赵国最终灭亡。

李牧这位纵横沙场的名将最终死在了他所誓死保卫的自己国家的君臣手中，其无辜被害，使后人无不扼腕叹恨。赵国是战国后期的第二军事强国，它被秦灭亡的原因中，很重要的一条是"用人不信，自毁长城"。前有赵孝成王在长平之役中以赵括代廉颇，造成长平惨败，赵军死45万人，元气大伤；继之悼襄王以乐乘代廉颇，迫使廉颇奔魏投楚，失去良将；最后又有赵王迁冤杀李牧，赵国彻底走向灭亡。

二、名将的共性与宿命

《孙子兵法》曰："将者，智、信、仁、勇、严也。"

所谓智，是因为兵无常势，兵不厌诈。作为将领，必须足智多谋，方能在瞬息万变的战争中把握主动。所谓信，就是忠诚守信，上下信用。只有信，才能让一位将军成为军队的主心骨，才能让全军上下充满了必胜的信念。所谓仁，就是爱兵如子，心念苍生。不仅要爱惜自己的士卒，让他们有归属感，从内心激发他们战斗意志。而且要爱护受到战争影响的天下苍生，甚至于敌方的军人。只要度把握得好，不像宋襄公似的假仁假义、迂腐无能，仁爱之心不仅可以得道多助，而且可以瓦解敌军的意志。所谓勇，就是坚毅果敢，勇冠三军。为将者就是军队的胆，要想整个军队勇往直前，其将领必须身先士卒，以其大无畏的勇气感染全军。所谓严，就是军纪严明，令行禁止。一支没有严明军纪，没有一致步调的军队，就像一盘散沙，遭遇强敌，必然一触即溃。

纵观春秋战国名将，基本都具备这五个共同的特点。常人看来，具备了这五个特点，也几近于圣人了。是否这样的人就会"仁者无敌"，命运无忧了呢？

事实远非如此。我们考察一下这些战将的命运，可以看到大部分人战场上叱咤风云，政坛上却难逃厄运，难得善终。司马穰苴、吴起、白起、蒙恬、李牧，都死于自己所捍卫的国家朝廷之手。乐毅、廉颇和田单被迫流落他邦。孙武、孙膑看透世事，悄然隐退。只有王翦似乎有个相对圆满的结局。

这是为什么呢？

兵者主凶。一位优秀的军事将领，犹如一把锋利的双刃剑。遇敌可以杀敌，但同时其刀锋的寒光也时时灼痛君王的眼睛，令君王们不安，时时担心他们回手一剑，要了政权和自己的命。名将们的命运何往，就可想而知了。

名将们自己命运多舛，实际上由于他们的神勇，天下苍生又有多少无辜惨遭荼毒？

唐朝人曹松有两句诗说得好："凭君莫话封侯事，一将功成万骨枯！"

说 客 纵 横

　　战国乱世，还孕育了这样一类英雄：他们凭着三寸不烂之舌，游走于诸侯之间，以各诸侯国为本位，分析利害得失，主张从自身利益出发，进行有效的政治和外交博弈，或结盟讨敌，或平息争端，受到各国的重视，发挥了特殊的作用。这些人被称作"说客"。

一、一言九鼎

　　"三寸之舌，强于百万雄兵；一人之辩，重于九鼎之宝"，此话来源于《战国策》开篇《秦兴师临周而求九鼎》。

　　大约在公元前360年左右，秦国兴师威胁东周，向东周君索要九鼎（国家政权的象征）。周王为此忧心忡忡，与朝中重臣颜率商讨对策。颜率说："君王不必忧虑，可派臣往东去齐国借兵求救。"

　　颜率到了齐国，对齐王说："如今秦王暴虐无道，兴强暴之师，兵临城下威胁周君，索要九鼎。我东周君臣寻思对策，最终一致认为：与其把九鼎送给暴秦，还不如送给贵国。大王您如果挽救面临危亡的国家，必定美名传扬，赢得天下人的赞誉；如果能得到九鼎这样的国之宝器，也确实是贵国的大幸。但愿大王争取！"

齐王一听非常高兴，立刻派遣大军救助东周，秦兵果然退去。

事后，当齐王准备向周君索要九鼎，以兑现颜率的诺言时，周王又一次忧心忡忡。颜率却说："大王不必担心，请允许臣去齐国解决此事。"

颜率来到齐国，对齐王说："此次东周仰赖贵国义举，才使君臣父子得以平安，因此心甘情愿把九鼎献给大王，但是却不知贵国要借哪条道路把九鼎从东周运回齐国？"齐王说："寡人准备借道梁国（魏国）。"颜率说："不可以借道梁国，因为梁国君臣很早就想得到九鼎，他们谋划这件事已很长时间了。九鼎一旦进入梁国，必然很难再出来。"齐王又说："那么寡人准备借道楚国。"颜率回答说："这也行不通，因为楚国君臣为了得到九鼎，很早就进行谋划。假如九鼎进入楚国，也绝对不会再运出来。"齐王说："那么寡人究竟从哪里把九鼎运到齐国呢？"

颜率说："我东周君臣也在为大王这件事忧虑。因为所谓九鼎，并不是像醋瓶子或酱罐子一类的东西，可以提在手上或揣在怀中就能拿到齐国，也不能像群鸟聚集、乌鸦飞散、兔子奔跳、骏马疾驰那样飞快地进入齐国。当初周武王伐殷纣王获得九鼎之后，为了拉运一鼎就动用了九万人，九鼎就是九九共八十一万人。需要的士兵、工匠难以计数，此外还要准备相应的搬运工具和一路供给被服粮饷等物资，如今大王即使有这种人力和物力，也不知道从哪条路把九鼎运来齐国。所以臣一直在私下为大王担忧。"

齐王说："贤卿屡次来我齐国，说来说去还是不想把九鼎给寡人了！"颜率赶紧解释说："臣怎敢欺骗贵国呢，只要大王能赶快决定从哪条路搬运，我东周君臣可迁移九鼎听候命令。"齐王终于打消了获得九鼎的念头。

所以，后人说颜率以自己的口舌完成了百万雄兵也难以完成的事。可以肯定，他一开始就已谋划好怎样收场，才敢以九鼎允诺齐国，利诱齐国出兵抗秦。但最终他又以道路问题和搬运之难，使齐王放弃了非分之想。他的口才令人信服，经过他的一番描述，道路和搬运问题确实是无法克服的客观原因，看起来颜率并没有对齐国失信，齐王也因此得到了道义上的勤王之名。所以齐王虽未得到九鼎，也无言以对了。

《战国策》中记载了很多"一言九鼎"的故事，展示了那时说客们的风采。他们巧舌如簧，翻云覆雨，在那个矛盾重重的时代，充分显示出语言的力量。

有个非常典型的说客小故事，说是本来就形同虚设的东周朝廷后来还内讧，又分成两个小朝廷。一个小东周，一个小西周。小东周想种水稻，处在上游的小西周不放水，小东周为此而忧虑，苏秦（一说是苏秦的弟弟）就对东周君说："请让我去西周说服放水。"小东周朝廷很高兴，于是苏秦就去拜见西周君，说："您的主意打错了！如果不放水，反而使东周有了致富的机会。现在东周的百姓由于没有水，都改种麦子，而不种其他东西了。您如果真想坑害他们，不如给他们放水。放水后东周一定又改种水稻，等他们种上水稻就再给他们停水。这样，就可以使东周的百姓完全依赖于西周，听命于您了。"西周君说："好。"于是就放水。苏秦得到了两国的赏金。

过人的外交辞令，使得战国说客们"一怒而诸侯惧，安居而天下熄"，"立谈而至于卿相"。

苏秦、张仪、范雎、蔡泽、李斯、韩非、陈轸、公孙衍、苏代、苏厉等皆是此中高手。而其中又以苏秦、张仪为最。

他们的游说活动，大部分可归结为"合纵"与"连横"两类。所谓合纵，就是沿着南北经线的国家纵向联合起来，共同对付西方的秦国（一个时期也曾合纵对付东方的齐国）。所谓连横，就是沿着纬线缔结盟约，以离散合纵之盟。连横以秦国为轴心。苏秦、张仪分别是合纵与连横的代表。他们都是鬼谷子的学生。

二、苏秦的多米诺骨牌

苏秦是东周洛阳人，曾在鬼谷子先生门下学习，他自以为学成，外出游历多年却不得志，穷困潦倒、狼狈不堪地回到故乡。他的兄嫂、弟妹、妻妾都私下讥笑他，说："周人的习俗，人们都治理产业，努力从事工商，追求那十分之二的盈利为事业。如今你丢掉根本，去干耍嘴皮子的事，穷困潦倒，不是活该吗？"苏秦听了这些话，暗自惭愧、伤感，就闭门不出，把自己的藏书全部翻检了一遍。心想："一个读书人从师受教，埋头读书，却不能凭借它获得荣华富贵，即使读书再多，又有什么用呢？"于是找到一本古代讲述兵法和辩证法的《周书阴符》，开始伏案钻研。他花了一整年的工夫，精心研读，悉求真谛，终于找到了敲开国君们心扉的门道。他激动地说："凭这些，我就足以游说当代的国君了。"

于是，苏秦再一次开始了他游说天下的行程。

因为是东周洛阳人，苏秦就近求见周显王，游说他如何重振王室。可是显王周围的臣子们都了解苏秦的过去和为人，依然用老眼光看人，都瞧不起他，因而他没有得到周显王的信任。奄奄一息的周王室也就此与这位奇才擦肩而过了。

得不到当时名义上的天下主公——周王的赏识，苏秦判断西方的秦国经过商鞅变法，已经成为天下强国，最具备一统天下的能力，于是他向西去了秦国。

这时，秦孝公已经死了，秦惠王（此时尚未称王）登基不久。苏秦对惠王说："秦是个四面山关险固的国家，为群山所环抱，渭水如带横流，东有关河，西有汉中，南有巴蜀，北有代马，这真是个险要、肥沃、丰饶的天然府库啊。凭着秦国众多的百姓、训练有素的士兵，足以用来吞并天下，建立帝业而统治四方了。"

苏秦的口才一流，所分析的秦国优势也非常准确，遗憾的是秦国刚刚处死了商鞅，人们，特别是王室贵族们由此及彼，讨厌东方的游说之士。秦惠王也就无心任用苏秦，他对苏秦说："鸟儿的羽毛还没长丰满，不可能凌空飞翔；国家的政教还没入正轨，不可能兼并天下。"或许他当时确实没有吞并天下的雄心，或许是对这位游说者的推诿之词。就这样，秦国将苏秦推给了东方六国，给自己带来了极大的麻烦，同时也为后来张仪入秦埋下了伏笔。

离开秦国，苏秦直奔与秦相邻的东方强国赵国。这一次他的运气依然不佳。赵国时任国君是赵肃侯。赵肃侯的弟弟，奉阳君赵成任国相，他十分忌惮游说之士威胁自己的地位，所以苏秦此来，连赵肃侯的面也没见上，便不得不离开了。

在周、秦、赵三处碰壁之后，苏秦总结了经验，再度分析了天下形势，打算剑走偏锋，舍弃中原强国，前往北方远离博弈中心、与中原政治文化若即若离、有些陌生与隔离，但又很有兴趣的燕国寻找的契机。

来到燕国，苏秦等了一年多才有机会拜见燕文侯。他劝燕文侯说："燕国东边有朝鲜、辽东，北边有林胡、楼烦，西有云中、九原，南有滹沱、易水，地域纵横两千多里，军队数十万

人，战车六百辆，战马六千匹，储存的粮食足够用好几年。南有
碣石、雁门的肥沃土地，北有红枣和板栗的收益，百姓即使不耕
作，光是这红枣、板栗的收获也足够富裕的了。这就是所说的天
然府库啊！人民安居乐业，没有战事和杀戮。在这一点上，没有
谁比得上燕国。大王知道其中的原因吗？燕国不被敌人侵犯的原
因，是因为有赵国在燕国的南面遮蔽着。秦国和赵国发动五次战
争，秦国胜了两次而赵国胜了三次。两国相互伤害，彼此削弱，
而大王可以凭借整个燕国的势力，在后边牵制着他们，这就是燕
国不受敌人侵犯的原因。况且秦国要攻打燕国，就要穿越云中和
九原，穿过代郡和上谷，远行几千里，即使攻克了燕国的城池，
秦国也考虑到没法守住它。由此看，秦国不能侵害燕的道理就很
明显了。然而，如果赵国要攻打燕国，只要发出号令，不到十
天，几十万大军就会挺进到东桓驻扎了，再渡过滹沱，涉过易
水，用不了四五天的时间，就到燕国的都城了。所以说秦国要攻
打燕国，是在千里以外打仗；而赵国要攻打燕国，只是在百里以
内作战。不忧虑百里以内的祸患而重视千里以外的敌人，再没有
比这更错误的策略了。因此，希望大王与赵国合纵相亲，把各国
联成一体，那么燕国一定不会有忧虑了。"

　　从《史记》和传说中，我们隐约可以看出苏秦得到了燕文
侯夫人的特别赏识和青睐。大概也得力于这位夫人的帮助，对中
原政治似懂非懂的燕文侯相信了苏秦。他说："您说的当然不
错，可是我的国家弱小，西边又紧靠着强大的赵国，南边接壤齐
国，齐、赵都是强国啊。您要能用合纵相亲的办法使燕国安全无
事，我当然愿倾国相从。"

　　苏秦终于从这里打开了游说天下的缺口，开始摆起了他合纵
六国的多米诺骨牌。

　　燕文侯说干就干，他赞助苏秦车马钱财，让他以燕国使臣的

身份出使赵国。这时的苏秦就再也不是寒酸的流浪汉了，他成了一个国家的使臣。他坐着豪车来到赵国。真是天遂人愿，这时赵国奉阳君已死，苏秦没有受到什么阻拦就见到了赵肃侯。他对赵肃侯说："天下从卿相臣子到布衣之士，仰慕您这位贤明的国君，希望能在您面前听从教诲、陈述忠言，已经为时很久了。然而，奉阳君妒忌人才而您又不理政事，因此宾客和游说之士没有谁敢在您面前畅所欲言。如今奉阳君已经撒手人寰，您又可以和士民百姓亲近了，所以我才敢于来向您陈述愚见。"苏秦不仅甜言蜜语先拍晕赵侯，还不失时机地报复了已经死去的奉阳君。然后，他接着说："我私下为您考虑，没有比百姓生活的安宁，国家太平，不让人民卷入战争更重要的了。使人民安定的根本，在于选择邦交，邦交选择得当，人民就安定；邦交选择不得当，人民就终身不安定。请允许我分析赵国的外患：假如赵国与齐、秦两国为敌，那么人民就得不到安宁，如果依靠秦国攻打齐国，人民也不会得到安宁，假如依靠齐国攻打秦国，人民还是得不到安宁。所以想要计算别国的国君，攻打别人的国家，常常苦于公开声明断绝跟别国的外交关系，希望您小心谨慎，不要轻易把这话说出来。请让我为您分析这种黑白、阴阳极其分明的利害得失吧。您果真能听我的忠告，燕国一定会献出盛产毡裘狗马的土地，齐国一定会献出盛产鱼盐的海湾，楚国一定会献出盛产橘柚的园林，韩、卫、中山都可以相应地献出供您汤沐的费用，而您的亲戚和父兄都可以裂土封侯了。获得割地、享受权利，正是春秋五霸不惜全军覆没、将领被俘的代价去追求的；使贵戚封侯，正是商汤、武王所以要起兵并采用流放甚至冒着弑君的罪名去争取的原因。如今我让您安然就座，就可以轻易地获得这两种好处，这就是我希望于您的……

"当前，东方各国没有比赵国更强大的。赵国区域纵横两千多里，军队几十万人，战车千辆，战马万匹，粮食可支用好几年。西有常山，南有漳水，东有清河，北有燕国。燕，本来就是个弱小的国家，不值得害怕。满天下，秦国最忌恨的莫过于赵国。然而秦国为什么不敢发兵攻打赵国呢？是害怕韩国和魏国在后边暗算它。既然如此，那么韩、魏可算是赵国南边的屏障了。秦国要是攻打韩、魏，就没有什么名山大川的阻挡，像蚕吃桑叶似的逐渐侵占，直到逼近两国的国都为止。韩、魏不能抵挡秦国，必然会向秦国臣服。秦国解除了韩、魏暗算的顾虑，那么战祸必然会临到赵国了。这也是我替您忧虑的原因啊。

"我听说当初唐尧没有分到过三百亩的赏赐，虞舜也没有得到过一尺的封地，却能拥有整个天下；禹夏聚集的民众不够百人，却能在诸侯中称王；商汤、周武的卿士不足三千，战车不足三百辆，士兵不足三万，却能成为天子：他们确实掌握了夺取天下的策略。所以，一个贤明的君主，对外要能预料敌国的强弱，对内要能估计士兵们素质的优劣，这样用不着等到双方军队接触，胜败存亡的关键所在早就了然于胸了。怎么会被众人的议论所蒙蔽，而昏昧不清地决断国家大事呢？

"我私下考察过天下的地图，东方各国的土地五倍于秦国，估计东方各国的军队总数十倍于秦国，假如东方六国结成一个整体，同心协力，向西攻打秦国，秦国一定会被打败。如今，各国却反而向西侍奉秦国，纷纷向秦国称臣。打败别人和被别人打败，让别人向自己称臣和自己向别人称臣，难道是可以同日而语的么？

"凡主张连横政策的人，都想把各诸侯国的土地割让给秦国。秦国的霸业成功，他们就可把楼台亭榭建得高大，把宫室建得华美，欣赏着竽瑟演奏的音乐，前有楼台、宫阙，高敞华美的车子，后有窈窕艳丽的美女。至于各国遭受秦国的祸害，他们就不去分担忧愁了。所以那些主张连横的人凭借秦国的权势日夜不停地威胁诸侯各国，谋求割让土地，因此，希望大王能仔细地考虑啊。

"我听说您决断疑虑，排斥谗言，摒弃流言蜚语，堵塞结党营私的门路，所以我才有机会在您面前陈述使国君尊崇、使土地扩展、使军队强大的计策。我私下为大王考虑，不如使韩、魏、齐、楚、燕、赵结成一个相亲的整体，对抗秦国。让天下的将相在洹水之上聚会，相互沟通，捐弃前嫌，杀白马歃血盟誓，彼此约定：'假如秦国攻打楚国，那么齐、魏就分别派出精锐部队帮助楚国，韩国就切断秦国的运粮要道，赵军就南渡河漳支援，燕军就固守常山以北。假如秦国攻打韩国、魏国，那么楚军就切断秦国的后援，齐国就派出精锐部队去帮助韩、魏。赵军就渡过河漳支援，燕国就固守云中地带。假如秦国攻打齐国，那么楚国就切断秦国的后援，韩国固守城皋，魏国堵塞秦国的要道，赵国的军队就渡河漳挺进博关支援，燕国派出精锐部队去协同作战。假如秦国攻打燕国，那么，赵国固守常山，楚国的部队驻扎武关，齐军渡过渤海，韩、魏同时派出精锐部队协同作战。假如秦国攻打赵国，那么韩国的部队驻扎宜阳，楚国的部队驻扎武关，魏国的部队驻扎河外，齐国的部队渡过清河，燕国派出精锐部队协同作战。假如有的诸侯不照盟约办事，便用其他五国的军队共同讨伐他。假如六国相亲结成一体共同抵抗秦国，那么秦国一定不敢从函谷关出兵侵犯山东六国了。这样，您霸主的事业就成功了。"

这一大段说辞，充分展示了苏秦的才华，展示了他对当时天下形势的认识之透彻，展示了他雄辩的口才，也表达了纵横家的一个核心的思想："择交"。用苏秦的话讲就是："安民之本，在于择交，择交而得则民安，择交而不得则民终身不安。"

　　赵王一定被说得心花怒放。他说："我还年轻，即位时间又短，不曾听到过使国家长治久安的策略。如今您有意使天下得以生存，使各诸侯国得以安定，我愿诚恳地倾国相从。"

　　赵国同意帮助苏秦，非同小可。赵国的国力与地位比之燕国就如泰山之比丘陵了。于是，赵国给苏秦装饰了一百辆车子，载上黄金千镒，白璧百双，绸缎千匹，用以资助他游说东方各国合纵抗秦。

　　苏秦从赵国出发，去了韩国。这时他已是东方强国赵国的使臣，其派势远非昨日可比。他对韩宣王采取了激将法。他说："韩国北部有坚固的巩邑、成皋，西部有宜阳、商阪的要塞，东有宛、穰、洧水，南有陉山，区域纵横九百多里，军队有几十万，天下的强弓硬弩都是从韩国制造出来的。像谿子弩，以及少府制造的时力、距来，射程都在六百步以外。韩国士兵脚踏连弩而射，能连续发射一百箭，中间不停止。远处的敌人，可以射穿他们胸前的铠甲，穿透胸膛，近处的敌人，可以射透他们的心脏。韩国士兵使用的剑，都是从冥山、棠谿、墨阳、合赙、邓师、宛冯、龙渊、太阿锻冶的，这些锋利的武器在陆上能截断牛马，水上能劈天鹅、大雁，临阵对敌能斩断坚固的铠甲、铁衣，从臂套、盾牌到系在盾牌上的丝带，韩国士卒无不具备。凭着韩国士兵的勇敢，披着坚固的铠甲，拉着强劲的硬弩，佩戴着锋利的宝剑，即使以一当百也不在话下。凭着韩国兵力的强劲和大王的贤明，却向西侍奉秦国，拱手而臣服，使国家蒙受耻辱而被天下人耻笑，没有比这更严重的了。因此希望大王仔细地考虑啊。

　　"如果大王去侍奉秦国，秦国必定会向您索取宜阳、成皋。今年把土地献给他，明年又要索取新的割地。如果给，已没有多少土地可给；如果不给，那么以前割地求好的功效又会丧失。况且大王的土地是有限的，而秦国贪婪的索取是没有止境的，拿有限的土地，去换取无止境的索取，这就叫作拿钱购买怨恨，纠结灾祸。不用打仗，而土地就被割去了。我听说过一句俗话：'宁为鸡口毋为牛后。'现在，如果向西拱手臣服，和做牛的尾巴有什么不同呢？凭着大王的贤明，又拥有韩国强大的军队，却蒙受做牛后的丑名，我私下为大王感到羞耻啊。"

韩王被苏秦一顿激将，脸色都变了。他手按宝剑，仰望天空，长长地叹息说："我虽然没有出息，也决不能去侍奉秦国。现在您既然转告了赵王的指教，我愿意把整个国家托付给您，听从您的安排。"

说服了韩王，苏秦又前往魏国。他照单抓药，激将魏襄王说："大王的国土，南边有鸿沟、陈地、汝南、许地、郾地、昆阳、召陵、舞阳、新都、新郪，东边有淮河、颍河、煮枣、无胥，西边有长城为界，北边有河外、卷地、衍地、酸枣，国土纵横千里。地方名义上虽然狭小，但是田间到处盖满房屋，连放牧牲畜的地方都没有了。人口稠密，车马众多，日夜行驰，络绎不绝，轰轰隆隆，好像有三军人马的声势。我私下估量大王的国势和楚国不相上下。可是那些主张连横的人诱惑您侍奉秦国，伙同像虎狼一样凶恶的秦国侵扰整个天下，一旦魏国遭受秦国的危害，谁都不会顾及您的灾祸。依仗着秦国强大的势力，劫持别国的君主，一切罪恶没有比这更严重的了。魏，是天下强大的国家；王，是天下贤明的国君。现在您竟然有意向西面奉事秦国，自称是秦国东方的属国，为秦国建筑离宫，接受秦国的分封，采用秦国的冠服式样，春秋季节给秦国纳贡助祭，我私下为大王感到羞耻。

"我听说越王勾践仅用三千疲惫的士兵作战，就在干遂活捉了吴王夫差；周武王只用了三千士兵、三百辆蒙着皮革的战车，就在牧野制服了商纣。难道他们是靠着兵多将广吗？实在是因为充分发挥出他们的威力。现在，我私下听说大王的军事力量，精锐部队二十万，裹着青色头巾的部队二十万，能冲锋陷阵的部队二十万，勤杂兵十万，战车六百辆，战马五千匹。这些实力超过越王勾践和周武王很远了，可是，如今您却听信群臣的建议，想以臣子的身份奉事秦国。如果奉事秦国，必然要割让土地来表示自己的忠诚，因此，还没动用军队，国家却已亏损了。凡是群臣中妄言服事秦国的，都是奸佞之人，而不是忠臣。他们作为君主的臣子，却想割让自己国君的土地，以求得与秦国的友谊，偷取一时的功效而不顾后果，破坏国家的利益而成就私人的好处，对外凭借着强秦的势力，从内部劫持自己的国君，以达到割让土地的目的，希望大王仔细地审察这种情况。

"《周书》上说：'草木滋长出微弱的嫩枝时，要不及时去掉它，等它到处滋长蔓延了怎么办呢？细微嫩枝不及时砍掉它，等到长得粗壮了，就得用斧头了。'事前不考虑成熟，事后将有灾祸临头，那时对它将怎么办呢？大王果真能听从我的建议，六国联合，专心合力，统一意志，就一定没有强秦侵害的祸患了。所以赵王派我来献上不成熟的策略，奉上详明的公约，全赖大王的指示号召大家了。"

被激将的魏王说："我没有出息，从没听说过如此贤明的指教，如今您奉赵王的使命来指教我，我将诚心率领全国民众听从您的安排。"

这样，苏秦成功联合了三晋（韩、赵、魏三国）。在这三国的支持下，他又去了东方大国齐国。

齐国因为远离秦国，历来对中原各国与秦国的斗争作壁上观。苏秦来到齐国对齐宣王说："齐国南面有泰山，东面有琅琊山，西面有清河，北面有渤海，可以说是四面都有天险的国家了。齐国的土地纵横两千余里，军队数十万人，粮食堆积得像山丘一样高大。三军精良，连五家之兵，进如利锋劲矢之捷速，战如雷霆之震怒，退如风雨之悄然。自有战役以来，从未征调过泰山以南的军队，也不曾渡过清河，涉过渤海去征调这二部的士兵。光是临淄就有居民七万户，我私下估计，每户不少于三个男子，三七二十一万，用不着征集远处县邑的兵源，光是临淄的士兵本来就够二十一万了。临淄富有而殷实，这里的居民吹竽鼓瑟、弹琴击筑、斗鸡走狗、下棋踢球。临淄的街道上车子拥挤得车轴互相撞击，人多得肩膀相互摩擦，把衣襟连接起来，可以形成围幔，举起衣袖，可以成为遮幕，大家挥洒的汗水，就像下雨一样，家家殷实，人人富足，志向高远，意气飞扬。凭借着大王的贤明和齐国的强盛，天下没有哪个国家能够比得上。如今您却要向西去奉事秦国，我私下替大王感到羞耻。

"况且韩、魏之所以非常畏惧秦国，是因为他们和秦国的边界相接壤，假如双方派出军队交战，不出十天，胜败存亡的局势就决定了。如果韩、魏战胜了秦国，那么自己的兵力要损失一半，四面的国境无法保卫；如果作战不能取胜，那么国家接着就陷入危亡的境地。这就是韩、魏把和秦国作战看得那么重要，而很轻易地想要向秦国臣服的原因。现在，秦国攻打齐国的情况就不同了，秦国背靠着韩、魏的土地，要经过卫国阳晋的要道，穿过齐国亢父的险塞，战车不能并驶，战马不能并行，只要有一百人守在险要之处，就是有一千人也不敢通过，即使秦国军队想要深入，就像狼一样疑虑重重，时常回顾，生怕韩、魏在后面暗算它。所以它虚张声势，恐吓威胁。它虽然骄横矜夸却不敢冒险进攻，那么秦国不能危害齐国的形势也就明了啦。

"不能深刻地估计到秦国根本对齐国无可奈何的实情，却想要奉事秦国，这是齐国群臣们策略上的错误。现在，齐国还没有向秦国臣服的丑名，又还保有强大的国家实力，所以我希望大王稍微留心考虑一下，以便决定对策。"

苏秦这段话语言华彩，尤其对齐国临淄的描绘："临淄甚富而实，其民无不吹竽鼓瑟，弹琴击筑，斗鸡走狗，六博蹹鞠者。临淄之涂，车毂击，人肩摩，连衽成帷，举袂成幕，挥汗成雨，家殷人足，志高气扬。"一派盛世强国景象。其中孕育了两个成语：联袂成荫，挥汗如雨。

苏秦的话深深打动了齐王。和其他被苏秦的雄辩所征服的诸侯一样，齐王也说："我不是一个聪明的人，居住在偏僻遥远、紧靠大海、道路绝尽、地处东境的国家，从未听到过您这样高明的教诲。如今您奉赵王的使命来指教我，我将率领全国民众听从您的安排。"

最后，苏秦往西南方向去了楚国，见到了犹豫彷徨的楚威王。他对楚威王说："楚国，是天下强大的国家；大王，是天下贤明的国王。楚国西边有黔中、巫郡，东边有夏州、海阳，南边有洞庭、苍梧，北边有径塞、郇阳，土地纵横五千多里，军队有百万之众，战车千辆，战马万匹，存粮足够支用十年。这是建立霸业的资本啊。凭借着楚国的强大和大王的贤明，天下没有哪个国家能比得上。如今您却想向西侍奉秦国，那么，天下就再没有哪个诸侯不向西面拜服在秦国的章台宫下了。

"秦国最大的忧患没有比得上楚国的，楚国强大，那么秦国就会弱小；秦国强大，那么楚国就会弱小。从这种情势判断，两国不能同时并存。所以，我替大王策划，不如合纵相亲，来孤立秦国。如果大王不采纳合纵政策，秦国一定会出动两支军队，一支从武关出击，一支直下黔中，那么鄢郢的局势就动摇了。

"我听说在未发生动乱之前，就应该治理它，在祸患没有降临之前，就要采取行动。要等到祸患临头，再去忧虑它，那就来不及了，所以希望大王能早作打算。大王果真能听从我的建议，我能使东方各国向您奉献四时的礼物，接受你英明的指教，把国家委托给您，奉献宗庙请您保护，训练士兵，磨砺兵器，听任大王的指挥。大王果真能采纳我这不成熟的计策，那么，韩、魏、齐、燕、赵、卫等国动听的音乐和美丽的女子，一定会充满您的后宫。燕国、代地所产的骆驼、良马一定会充满您的畜圈。所以，合纵成功了，楚国就能称王。连横成功了，秦国就能称帝。如今您要放弃称王称霸的功业，蒙受侍奉别人的丑名，我私下认为大王这种做法不可取。

"秦，是虎狼一样凶恶的国家，还有吞并天下的野心。秦国也是天下各诸侯的共同仇敌。凡主张连横的人都想分割各诸侯的土地奉献给秦国，这就叫作供养仇人和敬奉仇敌啊。作为人家的臣子，却要分割自己国君的土地，用来和如狼似虎的强秦相交往，侵扰天下，而自己的国家突然遭受秦国的侵害，他们却不顾及这些灾祸。对外依仗着强秦的威势，用来在内部劫持自己的君主，索取割地，是最大的叛逆，最大的不忠，没有比这更严重的罪过了。所以，合纵相亲，各诸侯就会割让土地奉事楚国。而连横成功，楚国就要割让土地奉事秦国，这两种策略相差太远了，这二者，大王要处于哪一方的立场呢？所以赵王派我来奉献这不成熟的策略，奉上详明的公约，全靠大王晓谕众人了。"

苏秦以其他五国愿意联合的决心为基础，呈明利害，也激发起强国楚国的抗秦意志。

楚王说："我国西边和秦国接壤，秦国有夺取巴、蜀并吞汉中的野心。秦，是虎狼一样凶恶的国家，是不可以亲近的。韩、魏经常遭受秦国侵害的威胁，不可以和他们作深入的策划。假如和他们深入地策划，恐怕有叛逆的人泄露给秦国，以致计划还没施行，而国家就面临危险了。我自己估计，楚国对抗秦国，不一定取得胜利；在朝廷内和群臣谋划，他们又不可信赖。我夜不成寐，食不甘味，心神恍惚，好像挂在空中的旗子，始终没有个着落。现在您打算使天下统一，团结诸侯，使处于危境的国家保存下来，我愿意恭恭敬敬地把整个国家托付给您，听从您的安排。"

就这样，六国合纵成功。苏秦做了合纵联盟的纵约长，并且担任了六国的国相。

功成事遂的苏秦北上向赵王复命，途中经过洛阳，顺道回了趟家，也算衣锦还乡，荣归故里。随行的车辆马匹满载着行装，各诸侯派来随行的使者之多，气派可比于君王。周显王听到这个消息感到震惊，赶快安排人为他清扫道路，并派使臣到郊外迎接慰劳。

回到家，苏秦的妻子、兄弟、嫂子不敢抬头看他，都俯伏在地上，非常恭敬地服侍他用饭。苏秦笑着对嫂子说："以前为什么对我那么傲慢，现在却对我这么恭顺呢?"他的嫂子倒是实在，赶紧俯伏在地上，弯曲着身子，匍匐到他面前，脸贴着地面请罪说："因为我看到小叔您地位显贵，钱财多啊。"

苏秦感慨万端："同样是我这个人，富贵了，亲戚就敬畏我；贫贱时，就轻视我。何况其他人呢！假使我当初在洛阳近郊有二顷良田，如今，我难道还佩带得上六个国家的相印吗?"随即散发了千金，赏赐给亲戚朋友。当初，苏秦到燕国去，向人家借过一百钱做路费，现在富贵了，就拿出一百金（一百万钱）偿还那个人，并且报答了以前所有对他有恩德的人。他的随从人员中，唯独有一个人没得到报偿，就上前去自己申说。苏秦说："我不是忘了您，当初您跟我到燕国去，在易水边上，您再三要离开我，那时我正困窘不堪，心里深深地责怪您，所以把您放在最后，您现在也可以得到赏赐了。"

约定六国联盟之后，苏秦回到赵国，赵肃侯封他为武安君。

苏秦把合纵盟约一式作了七份，专门送了一份给秦国。合约的核心意思是：六国联合抗秦，如秦国攻击其中一国，其他五国都出兵援救。如有一国不出兵，其他五国合并攻击之。

看到这份合约，秦惠王大惊。从此秦国长达十五年之久不敢窥伺函谷关以外的国家。

但是合纵并不是铁板一块。当与秦国的矛盾暂时搁置之后，东方各国之间的矛盾又凸显出来。为了破坏合纵，秦国也派使臣犀首引诱齐国和魏国，建议与它们联合起来攻打赵国。利诱之下，齐和魏攻打了赵国。赵王气愤之极，就责备纵约长苏秦。苏秦害怕了，主动请求出使燕国，联合燕国一道报复齐国。

秦惠王又暗地拉拢燕国，把他的女儿嫁给燕国太子做妻子。这一年，燕文侯去世，太子即位，这就是燕王易。燕王易刚刚登位，齐宣王趁着燕国发丧之机，又攻打燕国，一连攻克了十座城池。燕王也气愤地对苏秦说："从前先生到燕国来，先王资助您去见赵王，约定六国合纵。如今齐国首先进攻赵国，接着又打到燕国。因为先生的缘故，我们被天下人耻笑，先生能替燕国收复侵占的国土吗？"苏秦感到非常惭愧，说："请让我替大王把失地收回来。"

于是苏秦前往齐国见到了齐宣王。他拜了两拜，弯下腰去，向齐王表示庆贺；而后又仰起头来，向齐王表示哀悼。齐王说："为什么庆贺和哀悼相继这么快呢？"苏秦说："我听说饥饿的人，宁愿饥饿而不吃乌头这种有毒植物，因为它虽能填满肚子却也能毒死人，吃了它与饿死没有区别啊。现在，燕国虽然弱小，但燕王却是秦王的小女婿。大王占了他十座城池的便宜，等于与强秦结仇。如今，使弱小的燕国像大雁一样在前面飞，强大的秦国跟在它的后面做掩护，天下最精锐的部队来攻击您，这和吃乌头是相类似的啊。"

　　齐王被苏秦说得脸色顿时凝重起来。他说："既然如此，那怎么办呢？"苏秦说："我听说古代善于处理事情的人，能够把灾祸转化为吉祥，变失败为成功。大王果真能听从我的计策，立即归还燕国的十座城池。燕国白白地收回十城，一定很高兴。秦王知道因为他的关系而归还燕国的十城，也一定很高兴。这就叫作放弃仇恨而得到牢不可破的友谊。燕国、秦国都来奉事齐国，那么大王对天下发出的号令，没有敢不听的。这就等于用虚夸不实地依附秦国，实际上却以十城的代价取得天下，这是称霸天下的功业啊。"齐王说："好。"于是就归还了燕国的十座城池。

　　有毁谤苏秦的人说："苏秦是个左右摇摆、出卖国家、反复无常的臣子，将要引起乱子。"苏秦生怕获罪，回到燕国，而燕王却不给他官职。苏秦求见燕王说："我是东周一个鄙陋的人，没有一点功劳，而先王却在宗庙里授予我官职，在朝廷上以礼相待。如今，我为大王说退了齐国的军队，又收回了十座城池，应该对我越发亲近才是。怎么大王反而不授予我官职呢？一定有人以不忠实的罪名在您面前中伤我。其实我的'不忠实'，正是大王的福气啊。我听说忠诚信实的人，一切都为着自己的目的；奋发进取的人，一切都为着别人去努力。况且我游说齐王，也没有欺骗他啊。我把老母抛在东周，本来就不打算为自己树立忠信的名声，而决心帮助别人求得进取。现在，假如有像曾参一样孝顺，像伯夷一样廉洁，像尾生一样信实的人，让这样三种人去奉事大王，您认为怎样？"燕王回答说："足够了。"苏秦说："像曾参一样孝顺，为尽孝道，绝不离开父母在外面过上一夜。像这样您又怎么能让他步行千里，来到弱小的燕国，侍奉处在危困中的国君呢？像伯夷一样的廉洁，坚守正义，不愿做孤竹君的继承人，不肯做周武王的臣子，不接受赐爵封侯而最终饿死在首阳山下。像他这样廉洁，大王又怎么能让他步行千里到齐国干一番事业取回十座城池呢？像尾生那样诚信，和女子相约在桥下幽会，女子如期没来，洪水来了也不离去，紧抱桥柱被水淹死。像这样的诚信，大王又怎么能让他巧言退去齐国强大的军队呢？我正是以所谓的忠诚信实在国君面前获罪的。"

燕王说："你自己不忠诚信实罢了，难道还有因为忠诚信实而获罪的吗？"苏秦说："不是这样的。我听说有一个人在很远的地方做官，妻子和别人私通。她的丈夫快要回来时，和她私通的人就忧虑，妻子说：'你不要担心，我已经做好了毒酒等着他呢。'过了三天，她丈夫果然到了，妻子让侍妾端着有毒的酒给他喝，侍妾想告诉他酒中有毒，又恐怕他把主母赶走；可是不告诉他吧，又恐怕毒酒害死了主人，于是她假装跌倒，把酒泼在地上。主人大发雷霆，将她打了五十竹板。侍妾的这一跌，在上保存了主人，在下保存了主母，可是自己却免不掉挨竹板子，怎么能说忠诚信实就不能获罪呢？不幸的是我的罪过跟那侍妾的遭遇相类似啊！"

面对苏秦这样辩理的高手，燕王无言以对，只好说："那先生恢复原来的官职吧。"

燕王易的母亲，也就是燕文侯的夫人此时与苏秦私通了。燕王易知道这件事，却对苏秦的待遇更加优厚。苏秦恐怕被杀，就劝说燕王："我留在燕国，不能使燕国的地位提高，假如我在齐国，就一定能提高燕国的地位。"燕王说："一切听任先生去做吧。"于是，苏秦假装得罪了燕王而逃到齐国。齐宣王便任用他为客卿。

齐宣王去世，湣王继位，苏秦就劝说湣王把葬礼办得铺张隆重，用来表明自己的孝道，高高地建筑宫室，大规模地开辟园林，以表明自己得志。其实苏秦打算使齐国破败，从而有利于燕国。燕王易去世后，燕王哙登基做了国君。此后，齐国大夫中有许多人和苏秦争夺国君的宠信，派人刺杀苏秦未遂，但致苏秦重伤。齐王派人捉拿凶手，没有抓到。奄奄一息的苏秦对齐王说："我马上就要死了，请您在人口集中的街市上把我五马分尸示众，就说'苏秦为了燕国在齐国谋乱'，这样做，刺杀我的凶手一定可以抓到。"齐王就按照他的话做了，那个刺杀苏秦的凶手果然主动出来请功，齐王把他杀了为苏秦报了仇。

一代外交巨匠就这样离开了人世。而早在他合纵事业如日中天之时，他就为自己培养了一个强劲的对手，为另一位外交巨擘的登场做好了铺垫。那个人就是主张连横的张仪。

三、张仪的离魂散

张仪是魏国人。年轻时曾和苏秦一起师事鬼谷子先生，学习游说之术，苏秦自认为才学比不上张仪。

与苏秦一样，完成学业的张仪去游说诸侯，同样不得志。他曾陪着楚相喝酒，席间，楚相丢失了一块玉璧，门客们怀疑张仪，说："张仪贫穷，品行鄙劣，一定是他偷去了宰相的玉璧。"于是，大家一起把张仪抓起来拷打，打得遍体鳞伤。张仪始终没有承认，只好释放了他。他的妻子又悲又恨地说："唉！您要是不读书游说，又怎么能受到这样的屈辱呢？"张仪却很乐观，对他的妻子说："你看看我的舌头还在不在？"他的妻子被逗乐了，说："舌头还在呀。"张仪说："这就够了。"对他而言，只要三寸不烂之舌还在，他行走世间的本钱就还在。

那时，苏秦已经说服了赵王而得以去各国结缔合纵相亲的联盟，可是他害怕秦国趁机攻打各诸侯国，特别是攻打主盟的赵国，从而破坏盟约。于是他想了个高明的办法，那就是派一个人到秦国去，只要劝阻了秦国不攻打赵国，纵约就可能保全，他的地位就能巩固。只是眼前没有合适的人可以派到秦国去。他想到了师弟张仪。于是派人前去楚国，暗中引导张仪说："您当初和苏秦感情很好，现在苏秦已经当权，您为什么不去结交他，借以成就功名呢？"

张仪觉得言之有理，就前往赵国，求见苏秦。老谋深算的苏秦告诉看门人不给张仪通报，又粘着他让他好几天不能离去。耗了几天之后，苏秦才接见了他。让他坐在堂下，赐给他奴仆侍妾吃的饭菜，还故意挖苦他说："就凭着您的才能，穷困潦倒不很正常吗？"说完就把张仪打发走了。张仪来投奔苏秦，满以为凭着同窗之谊，能够求得好处，不料反而被大大地羞辱了一番，怒火中烧。他想只有去秦国发展，才可能与苏秦为敌，一泄胸中愤懑。可是入秦之路谈何容易？自己此刻已是穷困潦倒。

就在这时，与他同住一家客栈的一个富商帮助了他。那人十分赏识张仪的才华，愿意陪他出仕秦国。张仪因此得以西去入秦，并很快见到了秦惠王。

这时的秦惠王正为苏秦合纵而烦恼，对东方游说之士的看法已发生转变。此刻，有个可与苏秦匹敌的人物到来，帮他离散合纵，建立连横之盟，真是求之不得。于是他任用张仪做了客卿。

看到张仪得到秦王重用，那个陪他前来的富商要告辞离去。张仪说："依靠您鼎力相助，我才得到显贵的地位，正要报答您的恩德，为什么要走呢？"那人说："我并不了解您，真正了解您的是苏秦先生。苏先生担心秦国攻打赵国，破坏合纵联盟，认为除了您没有谁能掌握秦国的大权，所以激怒先生，派我暗中供您钱财，这都是苏先生谋划的策略。如今先生已被重用，请让我回去复命吧！"张仪说："哎呀，这些权谋本来都是我研习过的而我却没有察觉到，我没有苏先生高明啊！况且我刚刚被任用，又怎么能图谋攻打赵国呢？请替我感谢苏先生，只要苏先生在赵国，秦国绝不会攻赵。"

张仪打算帮秦国离散合纵，建立连横的盟约。他本是魏国贵族，对魏国非常了解，而且在魏国有很好的人脉，加之魏国处于中原腹地，是合纵国地理位置上的枢纽，所以他打算从魏国入手。

秦惠王十年，秦国派遣张仪攻取了魏国的蒲阳。攻克蒲阳之后，张仪又劝说秦王把它归还魏国，而且派公子繇到魏国去作人质。张仪则趁机劝说魏王道："秦国对待魏国如此宽厚，魏国不可不以礼相报。"魏国因此就把上郡、少梁献给秦国，用以答谢秦惠王。惠王就任用张仪为国相，把少梁改名叫夏阳。

张仪出任秦国国相四年，秦国威势大增，正式拥戴惠王称王。过了几年，张仪被免去国相的职务，为了秦国的利益，他去魏国担任国相，打算使魏国首先臣侍秦国而让其他诸侯国效法它。魏王不肯接受张仪的建议，秦王大发雷霆，立刻出动军队攻克了魏国的曲沃、平周，暗中给张仪的待遇更加优厚。张仪觉得很惭愧，感到没有什么可以回敬报答秦王。他留任魏国四年，魏襄侯去世，哀王即位。张仪又劝说哀王，哀王也不听从。于是，张仪暗中让秦国攻打魏国。魏国和秦国交战，再度失败。

这之后第二年，齐国又在观津打败了魏军。秦国想要再次攻打魏国，先打败了韩国申差的部队，杀死了八万官兵，使得诸侯们震惊慌恐。张仪再次游说魏王说："魏国土地纵横不到一千里，士兵超不过三十万。四周地势平坦，像车轴的中心，可以畅通四方的诸侯国，又没有名山大川的隔绝。从新郑到大梁只有二百多里，战车飞驰，士兵奔跑，没等用多少力气就已经到了。魏国的南边和楚国接境，西边和韩国接境，北边和赵国接境，东边和齐国接境，士兵驻守四面边疆，光是防守边塞堡垒的人就不能少于十万。魏国的地势，本来就是个战场。假如魏国向南与楚国友善而不和齐国友善，那么齐国就会攻打你的东面；向东与齐国友善而不和赵国友善，那么赵国就会攻打你的北面；与韩国不合，那么韩国攻打你的西面；不亲附楚国，那么楚国就会攻打你的南面；这就叫作四分五裂的地理形势啊。

"况且，各国诸侯缔结合纵联盟的目的，是为了凭靠它使国家安宁，君主尊崇，军队强大，名声显赫。如今，那些主张合纵的人，想使天下联合为一体，相约为兄弟手足，在洹水边上杀白马，歃血为盟，彼此表示信守盟约的坚定信念。然而，即使是同一父母所生的亲兄弟，还有争夺钱财的，您还打算凭借着苏秦虚伪欺诈、反复无常的策略，那必将遭到失败是很明显的了。

"假如大王不奉事秦国，秦国出兵攻打河外、占领卷地、衍地、燕地、酸枣，劫持卫国夺取阳晋，那么赵国的军队就不能南下支援魏国，赵国的军队不能南下而魏国的军队不能北上，魏军不能北上，合纵联盟的通道就被断绝了。合纵联盟的道路断绝，那么，大王的国家想不遭受危难，就办不到了。秦国使韩国屈服，进而攻打魏国，韩国害怕秦国，秦、韩合为一体，那么魏国的灭亡，快得简直来不及坐下来等待啊。这是我替大王担忧的。

"我替大王着想，不如奉事秦国。如果您奉事秦国，那么楚国、韩国一定不敢轻举妄动；没有楚国、韩国的外患，那么大王就可以高枕无忧了。

"况且，秦国想要削弱的莫过于楚国，而能够削弱楚国的莫过于魏国。楚国虽有富足强大的名声，而实际很空虚。士兵虽然很多，却总是轻易地逃跑溃散，不能艰苦奋战。假如魏国发动所有军队向南面攻打楚国，胜利是肯定的。宰割楚国使魏国得到好处，使楚国亏损而归服秦国，转嫁灾祸，使自己的国家安宁，这是好事啊。假如大王不听从我的建议，秦国出动精锐部队向东进攻，那时即使您想要臣事秦国，恐怕也来不及了。

"况且，那些主张合纵的人，大多只会讲大话，唱高调，很少让人信任。他们只想游说一个国君达到封侯的目的，所以天下游说之士，没有不日夜激动地紧握手腕，瞪大眼睛，磨牙鼓舌，大谈合纵的好处，用以劝说各国的国君。国君赞赏他们的口才，被他们的游说迷惑，难道这不是糊涂吗？

"我听说，羽毛虽轻，集聚多了，可以使船沉没；货物虽轻，但装载多了也可以折断车轴；众口所毁，就是金石也可以销熔；谗言诽谤多了，即使是骨肉之情也会消灭。所以我希望大王审慎，尽早拟订正确的策略，并且请准许我乞身引退，离开魏国。"

与苏秦一样，张仪雄辩的说辞震慑了魏哀王。于是他背弃了合纵盟约，依靠张仪请求和秦国和解。张仪不辱使命，回到秦国，重新出任国相。三年后，魏国又背弃了秦国加入合纵盟约。秦国就出兵攻打魏国，夺取了曲沃。第二年，魏国再次臣事秦国。

秦国想要对付齐国和楚国，然而齐、楚两国缔结了合纵相亲的盟约，于是张仪前往楚国。楚怀王听说张仪来，十分尊重，空出上等的宾馆，亲自到宾馆安排他住宿。说："楚国是个偏僻鄙陋的国家，您用什么来指教我呢？"张仪游说楚王说："大王如果真要听从我的意见，就和齐国断绝往来，解除盟约，我请秦王献出商於一带六百里的土地，让秦国的女子作为服侍大王的侍妾，秦、楚之间娶妇嫁女，永远结为兄弟国家，这样向北可削弱齐国，而西方的秦国也就得到好处，没有比这更好的策略了。"楚王非常高兴地应允了他，并把相印授给了张仪，还馈赠了大量的财物。于是就和齐国断绝了关系，废除了盟约，派了一位将军跟着张仪到秦国去接收土地。

张仪回到秦国，假装没拉住车上的绳索，跌下车来受了伤，一连三个月没上朝，楚王听到这件事，竟然说："张仪是因为我与齐国断交还不彻底吧？"就派勇士到宋国，借了宋国的符节，到北方的齐国辱骂齐王，齐王愤怒，斩断符节而委屈地和秦国结交。秦、齐建立了邦交，张仪才上朝。他对楚国的使者说："我有秦王赐给的六里封地，愿把它献给楚王。"楚国使者说："我奉楚王的命令，来接收商於之地六百里，不曾听说过六里。"使者回报楚王，楚王怒火填胸，立刻要出动军队攻打秦国。结果秦、齐两国共同攻打楚国，杀死楚国官兵八万，并杀死楚将屈匄，夺取了丹阳、汉中的土地。楚国又派出更多的军队去袭击秦国，到蓝田，展开大规模的战斗，楚军大败，只得割让两座城池和秦国媾和。

楚王从此对张仪怀恨在心。秦国要挟楚国，想得到黔中一带的土地，要用武关以外的土地交换它。楚王说："我不愿意交换土地，只要得到张仪，愿献出黔中地区。"秦王想要遣送张仪，又不好开口。张仪却主动请求前往。惠王说："楚王恼恨先生背弃奉送商於土地的承诺，这是存心报复您。"张仪说："秦国强大，楚国弱小，我和楚国大夫靳尚关系亲善，靳尚能够去奉承楚国夫人郑袖，而郑袖的话楚王是全部听从的。况且我是奉大王的命令出使楚国的，楚王怎么敢杀我。假如杀死我而替秦国取得黔中的土地，这也是我的最高愿望。"

于是，张仪再次出使楚国。楚怀王等张仪一到就把他囚禁起来，要杀掉他。而早被张仪买通的靳尚对楚王夫人郑袖说："您知道您将被大王鄙弃吗？"郑袖说："为什么？"靳尚说："秦王特别钟爱张仪而打算把他从囚禁中救出来，如今将要用上庸六个县的土地贿赂楚国，把美女嫁给楚王，用宫中擅长歌唱的女人作陪嫁。楚王看重土地，就会敬重秦国。秦国的美女一定会受到宠爱而尊贵，这样，夫人也将被冷落了。不如替张仪讲情，使他从囚禁中释放出来。"

这些话在旁人听来恐怕只会当作笑谈。但对于那些以色事人的女子，则正中要害。于是郑袖日夜向怀王讲情，说："作为臣子，各为其主。现在土地还没有交给秦国，秦王就派张仪来了，对大王的尊重达到了极点。大王还没有回礼却杀张仪，秦王必定大怒出兵攻打楚国。我请求让我们母子都搬到江南去住，不要让秦国像鱼肉一样地欺凌屠戮。"

郑袖拿分居来威胁楚王。楚怀王赦免了张仪，像过去一样优待他。张仪从囚禁中放出来不久，还没离去，就听说苏秦死了。无论从情感上还是从对手关系上，张仪都释怀了。他可以放开手脚施行连横之术了。于是，他游说楚怀王说："秦国的土地占了天下的一半，军队的实力可以抵挡四方的国家，四境险要，黄河如带横流，四周都有设防重地可以坚守。勇武的战士一百多万，战车千辆，战马万匹，贮存的粮食堆积如山。法令严明，士兵们都不避艰苦危难，乐于为国牺牲，国君贤明而威严，将帅智谋而勇武，即使没有出动军队，它的声威就能够席卷险要的常山，折断天下的脊骨，天下后臣服的国家首先被灭亡。而且，那些合纵的国家要与秦国相较，无异于驱赶着羊群进攻凶猛的老虎，猛虎和绵羊不能成为敌手是非常明显的。如今，大王不亲附老虎而去亲附绵羊，我私下认为大王的打算错了。

"当今，天下强大的国家，不是秦国便是楚国，不是楚国便是秦国，两国相互争战，从它的形势看，不可能两个国家都存在下去。如果大王不去亲附秦国，秦国就会出动军队先占据宜阳，韩国的土地也就被切断不通。出兵河东，夺取城皋，韩国必然要到秦国称臣，魏国就会闻风而动。秦国进攻楚国的西边，韩国、魏国进攻楚国的北边，国家怎么会不危险呢？

"而且，那些主张合纵的人聚集了一群弱小的国家攻打最强大的国家，不权衡敌对国的力量而轻易地发动战争，国家穷困而又频繁地打仗，这就是导致危亡的策略。我听说，军事力量比不上别国强大，就不要挑起战争；粮食比不上人家多，就不要持久作战。那些主张合纵的人，粉饰言辞，空发议论，抬高他们国君的节行，只说对国君的好处，不说对国君的危害，突然招致秦国的祸患，就来不及应付了。所以希望大王仔细地考虑这个问题。

"秦国拥有西方的巴郡、蜀郡，用大船装满粮食，从汶山起程，顺着江水漂浮而下，到楚国三千多里。两船相并运送士兵，一条船可以载五十人和三个月的粮食，顺流而下，一天可走三百多里，即使路程较长，可是牛马不费力，不到十天也可以到达扞关。扞关形势一紧张，那么边境以东，所有的国家就都要据城守御了。黔中、巫郡将不再属于大王所有了。秦国发动军队出武关，向南边进攻，楚国的北部地区就被切断。秦军攻打楚国，三个月内可以造成楚国的危难，而楚国等待其他诸侯的救援，需要半年以上的时间，从这形势看来，根本来不及。依靠弱小国家的救援，忽略强秦带来的祸患，这是我替大王担忧的原因啊。

"大王曾经和吴国人作战，打了五次胜了三次，阵地上的士兵死光了。楚军在偏远的地方守卫着新占领的城池，可活着的百姓却太辛苦了。我听说功业过大的国君，容易遭到危险，而百姓疲惫困苦就怨恨国君。守候着容易遭到危险的功业而违背强秦的心意，我私下替大王感到担忧。

"秦国之所以十五年不出兵函谷关攻打齐国和赵国的原因，是因为秦国在暗中策划，有一举吞并天下的雄心。楚国曾经给秦国造成祸患，在汉中打了一仗，楚国没有取得胜利，却有七十多位列侯执珪的人战死，于是丢掉了汉中。楚王大怒，出兵袭击秦国，又在蓝田打了一仗。这就是所说的两虎相斗啊。秦国和楚国相互厮杀，疲惫困顿，韩国和魏国用完整的国力从后边进攻，再没有比这样的策略更危险的了。希望大王仔细地考虑。

"假如秦国出动军队攻占魏国的阳晋，必然像锁住天下的胸膛一样。大王出动全部军队进攻宋国，用不了几个月的时间，宋国就会被拿下来，攻占了宋国而挥师向东进发，那么泗水流域的许多小国便全归大王所有了。

"游说天下各国凭借信念合纵相亲、坚守盟约的人就是苏秦。他被封为武安君，出任燕国的宰相，却在暗中与燕王策划攻破齐国，并且分割它的土地；假装获罪于燕王，逃亡到齐国，齐王因此收留了他而且任用他做了宰相；过了两年被发觉，齐王大怒，在刑场上把苏秦五马分尸。靠一个奸诈虚伪的苏秦，想要经营整个天下，让诸侯们结为一体，他的策略不可能成功，那是很明显的。

"如今，秦国和楚国连壤接境，从地理形势上也应该是亲近的国家。大王果真能听取我的建议，我请秦王派太子来楚国做人质，楚国派太子到秦国做人质，把秦王的女儿作为侍候大王的姬妾，进献有一万户居民的都邑，作为大王征收赋税供给汤沐之具的地方，永结兄弟邻邦，终生不相互打仗。我认为没有比这更合适的策略了。"

楚王最终答应了张仪的建议，和秦国相亲善。张仪离开楚国，又顺道前往韩国，游说韩王说："韩国地势险恶，人都住在山区，生产的粮食不是麦而是豆，人们吃的大都是豆子饭、豆叶汤。一年没收成，人们连糟糠这样粗劣的食物都吃不饱。土地不足九百里，没有储存两年的粮食。估计大王的士兵，全数也超不过三十万人，而那些勤杂兵、后勤人员也都包括在内。除掉防守驿亭、边防要塞的士兵，现有的军队不过二十万罢了。而秦国武装部队就一百多万，战车千辆，战马万匹，那勇武的战士飞奔跳跃，勇往直前，愤怒扑向敌阵的，多到没法计算。秦国战马精良，骏马奔驰，前蹄扬起，后蹄腾空，一跃就是两丈多远的马，多到没法数清。山东六国的士兵，戴着头盔，穿着铠甲会合作战，秦国的军队却甩掉战袍，赤足露身扑向敌人，左手提着人头，右手挟着俘虏。秦兵与山东六国的兵相比，如同勇猛的大力士孟贲和软弱的胆小鬼；用巨大的威力压下去，好像勇猛的大力士乌获与婴儿对抗。用孟贲、乌获这样的军队去攻打不服从的弱小国家，无异于把千钧的重量压在鸟卵上，一定不存在侥幸的结果了。

"那些诸侯、大臣们不估量自己的土地狭小，却听信主张合纵的人甜言蜜语，他们结伙营私，互相掩饰，都振奋地说：'听从我的策略，可以在天下称霸。'不顾国家的长远利益而听从片刻的游说，贻误国君，没有比这更为严重的了。

"假如大王不奉事秦国，秦国出动部队占据宜阳，切断了韩国的土地，向东夺取成皋、荥阳，那么鸿台的宫殿、桑林的林苑，就不再为大王拥有了。再说，堵塞了成皋，切断了上地，大王的国土就被分割了。首先臣事秦国就安全，不臣事秦国就危险。制造了祸端却想求得吉祥的回报，计谋短浅鄙陋而结下的仇怨深重，违背秦国而服从楚国，即使想不灭亡，那是不可能的。

"所以我替大王策划，不如帮助秦国，秦国所希望的，没有比削弱楚国更重要的了，能够削弱楚国的，没有谁比得上韩国。不是因为韩国比楚国强大，而是因为韩国地理形势的关系。如今，假如大王向西臣事秦国进攻楚国，秦王一定很高兴。进攻楚国在它土地上取得利益，转移了自己的祸患而使秦国高兴，没有比这计策更适宜的了。"

张仪的话底气十足，逻辑谨严，不容韩王不信。韩王接受了张仪的策略。

张仪此番冒险入楚，又顺访韩国，大获成功。回到秦国，秦惠王便封赏了他五个都邑，封号叫武信君。又派张仪前往游说齐湣王。

来到齐国。张仪直截了当地对齐湣王说："东方强大的国家没有超过齐国的，大臣及其父兄兴旺发达、富足安乐。然而，替大王出谋划策的人，都为了暂时的欢乐，不顾国家长远的利益。主张合纵的人游说大王，必定会说：'齐国西面有强大的赵国，南面有韩国和魏国，齐国是背靠大海的国家，土地广阔，人口众多，军队强大，士兵勇敢，即使有一百个秦国，对齐国也将无可奈何。'大王认为他们的说法很高明，却没能考虑到实际的情况。主张合纵的人，结党营私，排斥异己，没有不认为合纵是可行的。我听说，齐国和鲁国打了三次仗，而鲁国战胜了三次，国家却因此随后就灭亡了，即使有战胜的名声，却遭到国家灭亡的现实。这是为什么呢？因为齐国强大而鲁国弱小啊。现在，秦国与齐国比较，就如同齐国和鲁国一样。秦国和赵国在漳河边上交战，两次交战两次打败了秦国；在番吾城下交战，两次交战又两次打败了秦国。四次战役之后，赵国的士兵阵亡了几十万，才仅仅保住了邯郸。即使赵国有战胜的名声，国家却残破不堪了。这是为什么呢？秦国强大而赵国弱小啊。

"如今秦、楚两国嫁女娶妇，结成兄弟盟国。韩国献出宜阳，魏国献出河外，赵国在渑池朝拜秦王，割让河间来奉事秦国。假如大王不臣事秦国，秦国就会驱使韩国、魏国进攻齐国的南方，赵国的军队全部出动，渡过清河，直指博关、临菑，即墨就不再为大王所拥有了。国家一旦被进攻，即使是想要臣事秦国，也不可能了，因此希望大王仔细地考虑。"

张仪对齐国的劝说，也同苏秦的话一样如雷贯耳，令齐王惊恐。齐王说："齐国偏僻落后，僻处东海边上，不曾听到过国家长远利益的道理。"于是答应了张仪的建议。

离开齐国，张仪又向西去了赵国。

面对当年主导合纵的国君之子，张仪说："秦王派我这个使臣给大王献上不成熟的意见。大王率领天下诸侯来抵制秦国，秦国的军民十五年不敢出函谷关。大王的声威遍布山东各国，敝邑担惊受怕，屈服不敢妄动，整治军备，磨砺武器，整顿战车战马，练习跑马射箭，努力耕作，储存粮食，守护在四方边境之内，忧愁畏惧地生活着，不敢轻举妄动，只恐怕大王有意深责我们的过失。

"如今，凭借着大王的督促之力，秦国已经攻克了巴、蜀，吞并了汉中，夺取了东周、西周，迁走了九鼎宝器，据守着白马渡口。秦国虽说地处偏僻辽远，然而内心的压抑愤懑的日子太长了。现在，秦国有一支残兵败将，驻扎在渑池，正打算渡过黄河，跨过漳水，占据番吾，同贵军在邯郸城下相会，希望在甲子这一天与贵军交战，用以效法武王伐纣的旧事，所以秦王郑重地派出使臣先来敬告大王及其左右亲信。

"大王信赖倡导合纵联盟的原因，是凭靠着苏秦。苏秦迷惑诸侯，把对的说成错的，把错的说成对的，他想要反对齐国，而自己让人家在刑场上五马分尸。天下诸侯不可能统一是很明显的了。如今，楚国和秦国已结成了兄弟盟国，而韩国和魏国已向秦国臣服，成为东方的属国，齐国奉献出盛产鱼盐的地方，这就等于斩断了赵国的右臂。斩断了右臂而和人家争斗，失去他的同伙而孤立无援，想要国家不危险，怎么可能办到呢？

"现在，秦国派出三支军队：其中一支军队堵塞午道，约定齐国调动军队渡过清河，驻扎在邯郸的东面；一支军队驻扎在成皋，驱使韩国和魏国的军队驻扎在河外；一支军队驻扎在渑池。相约四国军队结为一体进攻赵国，攻破赵国，必然由四国瓜分它的土地。所以我不敢隐瞒真实的情况，先把它告诉大王左右亲信。我私下替大王考虑，不如与秦王在渑池会晤，面对面，口头作个约定，请求按兵不动，不要进攻。希望大王拿定主意。"

年轻的赵王被张仪教导得心胆俱裂。他说："先王在世的时候，奉阳君独揽权势，蒙蔽欺骗先王，独自控制政事，我还深居宫内，从师学习，不参与国家大事的谋划。先王抛弃群臣谢世时，我还年轻，继承君位的时间也不长，我心中确实暗自怀疑这种做法，认为各国联合一体，不奉事秦国，不是我国长远的利益。所以，我打算改变心志，去掉疑虑，割让土地弥补已往的过失，来奉事秦国。我正要整备车马前去请罪，正好赶上听到您明智的教诲。"赵王答应了张仪的建议，张仪最后北向去了合纵的发源地燕国。

此时的燕国燕昭王当政。张仪对燕昭王说："大王最亲近的国家，莫过于赵国。昔日赵襄子曾经把自己的姐姐嫁给代王为妻，想吞并代国，约定在句注要塞和代王会晤，就命令工匠做了一个金斗，加长了斗柄，使它能用来击杀人命。赵王与代王喝酒，暗中告诉厨工说：'趁酒喝到酣畅欢乐时，你送上热羹，趁机把斗柄反转过来击杀他。'于是当喝酒喝到酣畅欢乐时，送上热腾腾的羹汁，厨工趁送上金斗的机会，反转斗柄击中代王，杀死了他，代王的脑浆流了一地。赵王的姐姐听到这件事，将簪子磨尖自杀了，所以至今还有一个名叫摩笄的山名。代王的死，天下人没有不知道的。

"赵王凶暴乖张，六亲不认，大王是有明确见识的，那还能认为赵王可以亲近吗？赵国出动军队攻打燕国，两次围困燕国首都来劫持大王，大王还要割让十座城池向他道歉。如今，赵王已经到渑池朝拜秦王，献出河间一带土地奉事秦国。如今，假如大王不奉事秦国，秦国将出动武装部队直下云中、九原，驱使赵国进攻燕国，那么易水、长城，就不再为大王所拥有了。

"而且，现在的赵国对秦国来说，如同郡和县的关系，不敢胡乱出动军队攻打别的国家。如今，假如大王奉事秦国，秦王一定高兴，赵国也不敢轻举妄动，这就等于西边有强大秦国的支援，而南边解除了齐国、赵国的忧虑，所以希望大王仔细地考虑它。"

其实燕国早在燕王易做太子时就娶了秦国的宗室女子，成了秦国的女婿。此刻燕昭王听了张仪的说辞，更如五雷轰顶。赶紧说："我就像蛮夷之徒一样处在落后荒远的地方，这里的人即使是男子汉，都还像个婴儿，其言论不能够产生正确的决策。如今，承蒙贵客教诲，我愿意向西面奉事秦国，献出恒山脚下五座城池。"

说服了齐国、赵国和燕国，张仪就彻底离散了苏秦的合纵。这时，他回报秦王，还没走到咸阳，就听说秦惠王去世了，秦武王继承了王位。武王从做太子的时候就不喜欢张仪，等到继承王位，很多看不惯张仪的大臣都来说张仪的坏话。说张仪不讲信用，反复无定，出卖国家，以谋图国君的恩宠。秦国如再任用他，恐怕被天下人耻笑。

大臣们不断地诋毁张仪。张仪害怕被杀死，就趁机对武王说："我有个不成熟的计策，希望献给大王。为秦国国家着想，必须使东方各国发生大的变故，大王才能多割得土地。如今，听说由于我的游说，齐国受到巨大损失，齐王特别憎恨我，只要我在哪个国家，他一定会出动军队讨伐它。所以，我希望让我这个不成才的人到魏国去，齐国必然要出动军队攻打魏国。魏国和齐国的军队在城下混战而谁都没法回师离开的时候，大王利用这个间隙攻打韩国，打进三川，军队开出函谷关而不要攻打别的国家，直接挺进，兵临周都，周天子一定会献出祭器。大王就可以挟持天子，掌握天下的地图户籍，这是成就帝王的功业啊。"

　　秦王认为他说得对，就准备了三十辆兵车，送张仪到魏国，齐王果然出动军队攻打魏国，梁哀王（即魏王）很害怕。张仪说："大王不要担忧，我能让齐国罢兵。"就派遣他的门客冯喜到楚国，再借用楚国的使臣到齐国，对齐王说："大王特别憎恨张仪；虽然如此，可是大王让张仪在秦国有所依托，也做得够周到了啊！"齐王说："我憎恨张仪，张仪在什么地方，我一定出兵攻打什么地方，我怎么让张仪有所依托呢？"楚使回答说："这就是大王让张仪有所依托呀。张仪离开秦国时，本来与秦王约定说：'替大王着想，必须使东方各国发生大的变故，大王才能多割得土地。如今齐国特别憎恨我，我在哪个国家，他一定会派出军队攻打哪个国家。所以我希望让我这个不成才的人到魏国，齐国必然要出动军队攻打魏国，魏国和齐国的军队在城下混战而谁都没法回师离开的时候，大王利用这个间隙攻打韩国，打进三川，军队开出函谷关而不要攻打别的国家，直接挺进，兵临周都，周天子一定会献出祭器。大王就可以挟持天子，掌握天下的地图户籍，这是成就帝王的功业啊。'秦王认为他说得对，所以准备了兵车三十辆，送张仪去了魏国。如今，张仪去了魏国，大王果然攻打它，这是大王使国内疲惫困乏而向外攻打与自己建立邦交的国家，广泛地树立敌人，祸患殃及自身，却让张仪得到秦国的信任。这就是我所说的'让张仪有所依托'呀。"

　　张仪用完全一样的一套说辞，得到两个敌对国家的共同认同，从而保全了自己。其中的智慧真是令神鬼莫测！这是一个怎样绝顶聪明的人！但是人算不如天算，他竭尽忠诚的秦国最终还是抛弃了他，这让张仪的内心无论如何也难以接受。再次出任魏国宰相一年后，一代外交巨匠张仪死在了宗国魏国。

侠 肝 义 胆

刺客，是人类历史上一类特殊的人物。他们为了维护某个个人或群体的政治经济利益、文化价值观念，或者为了回报恩怨情仇，对某个目标实施谋杀。轻生死，重承诺，言必信，行必果。这类人古今有之，乱世为盛。

春秋战国乱世也出现了许多这样的人物。与雄主、能臣、名将和说客们相比，他们似乎没有什么雄才大略，没有什么文治武功，也没有什么惊世之语，但他们常常在历史发展的关键时刻，敢于奋身一击，以命相搏，谋刺那些左右历史发展的关键人物，也因此在历史上留下了永恒的一瞬。

为此，司马迁专门在《史记》中写了《刺客列传》一章。

整个春秋战国乱世，刺客恐怕难以计数。《史记·刺客列传》只专门记载了曹沫、专诸、豫让、聂政、荆轲五人，还涉及高渐离。这些人或因为谋刺的对象特别而令人瞩目，或因为谋刺的方式特别悲壮而青史留名。除这几人之外，刺客钮翳和要离的故事也令人回味。

这里，就让我们来一一回顾一下这些著名刺客的故事，品味一下何谓侠肝义胆。

第一位：曹沫

　　这是一个鲁国人，大概是中国历史上第一个敢于公然劫持天下霸主的人。他所劫持的居然是彪炳史册的春秋首霸齐桓公。司马迁把他写在第一位，不知道只因为时序在先，还是别有意味。

　　曹沫的生卒年代不详。他是个勇猛有力之人。当时的鲁国国君鲁庄公喜爱力士。他任命曹沫为鲁将，与齐国交战。可是曹沫只有个人之勇，而缺乏为将之能，连战连败。鲁庄公惧怕了，便主动割地，跟齐国讲和。齐桓公当时志在称霸，需要笼络诸侯人心，便答应和鲁庄公和解，双方约定在柯地（今山东阳谷县阿城镇）会盟。这一年是公元前681年，即齐桓公主持著名的北杏（今山东东阿）之盟同一年。

　　齐桓公与鲁庄公在柯地会盟。当结盟仪式在坛上进行完毕时，随从鲁庄公前来参加仪式的曹沫突然手执匕首，冲上坛去，劫持了盟主齐桓公。曹沫此举大出会盟双方意料，大家一时都不知所措，齐国也没有人敢于上前解救。天生机警的齐桓公赶紧问道：“你有什么要求？”曹沫说：“齐强鲁弱，您这个大国侵略我鲁国也太过分了。请您好好想想吧！”桓公于是答应，把侵鲁所得的土地尽数归还鲁国。齐桓公话音刚落，曹沫扔掉匕首，迅速走下坛去，面向北，回到群臣之列他原来的位置上站立，面不改色，辞令如常，仿佛刚才没有发生任何事情一样。桓公恼羞成怒，当场就想背弃被迫答应的约言。机智的齐相管仲赶紧上前，小声提醒齐桓公说：“如果不顾刚才之约，但求一时之快，会盟可能不欢而散，恐怕会失信于诸侯，丧失天下人的支持，不如就此将所侵占的土地还给他们。”志在称霸天下的齐桓公才忍住了一时之气，割还了侵鲁所占的土地。曹沫几次战败所丢失的土地，这时全部回到了鲁国，也算是他给了鲁国国君一个交代。

　　曹沫劫持齐桓公，的确勇气可嘉，事情发展的结果也让他如愿以偿，还成就了他的千古美名。但是，在这样的强弱会盟的时

刻，劫持盟主，其行为是相当冒险和侥幸的。那种被劫持情形下
所获得的承诺也是根本不可靠的。齐桓公作为霸主，一怒而天下
惊，以这样的方式去胁迫他，其后果不堪设想。不知道当劫持的
一幕发生的时候，站在一旁的鲁庄公是何状态。若劫持一事出自
他的指使，那他也够勇敢，够莽撞的。若非他所指使，此刻一定
惊得魂飞魄散。因为此举极有可能给他带来灭顶之灾。

应该说曹沫和鲁庄公都是幸运的，他们碰上了志在称霸、胸
怀宽广的桓公和管仲。但也可能曹沫早就看透了桓公和管仲的心
思，料到了劫持的结果？若是那样，这曹沫的政治卓见就高深莫
测，真堪当千古第一刺客了！

曹沫劫持齐桓公事件之后，过了 167 年，也就是公元前 514
年，吴国发生了专诸刺杀吴王僚的事件。这大概是中国历史上第
一个出于政治目的，凭一己之力成功谋刺国君的案例。

第二位：专诸

专诸是吴国堂邑（今江苏南京市六合区西北）人。

伍子胥从楚国逃到吴国，在民间知道了专诸的才干。

当时吴国的国君是吴王僚。伍子胥劝说吴王僚伐楚。吴公子
光（后来的吴王阖闾）从中阻挠。他对吴王僚说："那个伍员
（伍子胥）的父兄都死在楚国而他大谈伐楚，是想为自己报私
仇，并不真能为吴国着想。"吴王僚于是打消了伐楚的念头。伍
子胥看出了公子光篡夺王位的企图，于是把专诸推荐给了公
子光。

公子光得到专诸之后，待若上宾。专诸也明白自己的使命。
为了得到接近吴王僚的机会，专诸根据吴王僚喜欢吃鱼的嗜好，
专门学习了一手烤鱼的手艺。

吴王僚九年（前 518 年），楚平王死了。这年春天，吴王僚

想利用楚国国殇之机攻打楚国，派他的两个弟弟公子盖余、属庸领兵围攻楚国的灊（今安徽霍山县）；又派他的幼弟，著名的贤人延陵季子出访晋国，借机观察其他诸侯国的动静。想不到楚国发兵截断了吴将盖余、属庸的退路，吴兵一时无法撤回。这时公子光感到篡位时机到了。就在四月丙子日那天，在自家地下室里埋伏好武士，备了酒席请吴王僚赴宴。吴王僚也十分谨慎，派兵警卫。从宫廷一直列队到公子光家，在公子光家门口的台阶两旁，都站着吴王僚的亲信之人。他们在吴王僚左右夹立侍卫，手里都拿着长铍。酒喝到兴头上时，公子光假称脚有毛病，离席进入地下室，让专诸把匕首暗藏在烧好的鱼的肚子里送上去。送到吴王僚面前后，专诸撕开鱼肚，拿出匕首，直刺吴王僚，吴王僚当即丧命。吴王僚身边的人也杀死了专诸。吴王僚一死，侍从们大乱。公子光便放出埋伏好的甲士攻击吴王僚的侍从，把他们全部消灭了，接着自立为王，这就是吴王阖闾。为了报答专诸，阖闾封专诸的儿子为上卿。

专诸刺吴王僚，可以肯定是有去无回的自杀式袭击。但专诸做到了士为知己者死，而且胆大心细，不辱使命，仅凭一己之力成功谋杀了戒备森严的国君，为吴王阖闾成功夺权并终成一代霸主扫除了政治障碍。

当南方日趋强大的吴国发生专诸刺吴王僚事件之后，又过了70多年，北方没落的老牌春秋大国晋国发生了刺客豫让为故主智伯报仇，舍生刺杀赵襄子的故事。

第三位：豫让

豫让是晋国人。生活在春秋晚期，晋国行将瓦解的时候。

曾经不可一世的中原第一强国晋国，为了保持国家政权的长治久安，吸取历史的经验，一代代不断放逐除继位者之外的群公子，有效防止了王室内部的争斗。却培育了臣属公室的强大。最终，权力被权臣们所把持，国家被他们所瓜分。起先有范氏、中行氏、智氏、韩氏、赵氏、魏氏六个家族把持着国家。他们相互争斗，后来范氏和中行氏被灭了，剩下最具实力的智氏和相对弱小的韩赵魏三家。本来智伯要联合韩魏，先灭掉赵氏。就在赵氏岌岌可危的时候，其领袖人物赵襄子派人说服了韩魏两家，相对弱小的韩赵魏三家联合打败了智氏，韩赵魏三分晋国天下。

　　豫让是晋国的一个士人，原先曾在范氏和中行氏那里做事，但毫不知名。离开他们后到智伯门下，智伯很看重和信赖他。后来赵襄子和韩氏、魏氏合谋灭了智伯，分了智伯的土地。其中，赵襄子最恨智伯。他把智伯的头颅漆了，当作酒器。作为智伯门人的豫让逃到了山中。他暗想："士为知己者死，女为悦己者容。智伯如此赏识我，我要不惜一死替他报仇，以报答智伯。"于是，他更改了自己的名姓，冒充被判刑服役的人，混进赵襄子的宫里涂饰厕所，身上带着匕首，想寻机会刺杀赵襄子。赵襄子去厕所时，有所警觉，便抓住涂厕所的刑人审问，发现他便是豫让，身上还带着凶器，口称要为智伯报仇。赵襄子身边的侍从要杀豫让，襄子说："他是个义士，我小心避开他就是了。再说智伯死了，没有后代，而他的臣下却想替他报仇，这个人是天下的贤德之人啊。"他把豫让放了。

　　被释放的豫让并不死心。他又在身上涂抹油漆，让皮肤长满恶疮，还吞烧红的炭使嗓子喑哑。把自己的形象变得人们无法辨认之后，到市上行乞，连他的妻子见了都认不出是他了。有个朋友碰巧认出他来，问他说："你不就是豫让吗？"豫让答道："我是豫让。"他的朋友哭了，说："以你的才干，如果投奔到襄子门下，襄子一定会亲近你宠信你的。他亲近你宠信你，你再做你想做的事，这岂不更容易吗？为什么竟要伤残身体，受许多痛苦，想以此达到向襄子报仇的目的呢？"豫让说："投到他门下去效命办事，却又想杀他，这是怀着异心来侍奉君主啊。"

后来，豫让又埋伏在赵襄子必经的桥下，再次被赵襄子发现并捉住。襄子便责备豫让说："你不是曾经在范氏、中行氏门下做过事吗？智伯把他们全灭了，而你不为他们报仇，反而投奔到智伯门下。现在智伯也已经死了，你为什么独独这样执着地为他报仇呢？"豫让说："我在范氏、中行氏门下做事，范氏、中行氏都把我当一般人相待，所以我就像一般人那样报答他们。至于智伯，他把我当国士相待，我因此要像国士那样报答他。"赵襄子被豫让的话感动了。他长叹一声，呜咽着说："唉，豫子啊豫子！你为智伯尽忠，名声已经成就了；而我赦免你，也已经够了。我不会再放过你了！"豫让说："我听说贤明的君主不掩盖别人的美德，而忠臣理应为名节献身。上一次您已经宽赦过我，天下人无不称赞您的贤明。今日之事，我自然难免一死，可我还是希望能得到您的衣服，击打它一下，以表达我报仇的心意，这样我虽死而无憾。这不是我所敢奢望的，我只是斗胆向您陈述我内心的想法。"襄子感慨于豫让的义烈，便把自己的衣服给了豫让。豫让拔出剑来，跳跃数次，一剑直劈下去，说道："我可以在九泉之下报答智伯了！"说罢，便横剑自刎了。豫让死的那天，赵国的志士们听到这个消息，无不为之流泪呜咽。

人生天地之间，都是血肉之躯。豫让为什么愿意残害自己的身体去为故主人报仇呢？"士为知己者死，女为悦己者容"，这是豫让的信条。其实，更准确地说，是司马迁借豫让之口，表达了自己。在《报任安书》中，司马迁也有过相似的表达。像司马迁这样深通历史的智者，深知在强权政治下，为人臣者的命运和无奈。但他也有着自己深沉的刚毅，那就是"士为知己者死，女为悦己者容"。不知己、不悦己者，虽有强权与淫威（如汉武帝），也得不到士人的真心拥戴。真正的下对上的"忠"一定与上对下的"诚"相对应，此乃为天地间的大义！所以，一个未遂刺客的故事，也被司马迁写入了《史记》，而且写得那样悲壮感人，深值得后人品味！

豫让之事过后40多年，韩国又发生了一个聂政刺杀韩相的故事，其场面之惨烈，令人动容。

第四位：聂政

聂政是韩国轵（今河南济源东南）人。因为杀了人要躲避仇敌，和母亲、姐姐一起逃到了齐国，在市井中以屠宰为业。

那时的韩国是韩哀侯当政。有个叫严仲子的贵族与相国侠累结下了怨仇，严仲子怕侠累杀他，就逃离韩国，到处访求能对侠累报仇的人。来到齐国，听人谈到聂政，说他是个有勇气有胆量的人，因为避仇而隐身在屠户中间。严仲子就登门拜访，来往几次后，备下酒席，亲自向聂政的母亲敬酒。酒喝到兴头上，严仲子捧出黄金百镒，上前孝敬聂政母亲，向她祝福。聂政对这样的厚礼颇感惊怪，坚决推辞。严仲子坚持要送，聂政辞谢说："我很幸运，老母尚在。家虽贫穷，客居他乡做个狗屠，仍可以早晚买些甘美的食品来奉养老母。对老母的供养已经够了，我不敢领受仲子的赐予。"此时，严仲子只好避开他人，对聂政说了实话。他说："我有仇，我找了好多地方，直到齐国才听说您义气甚高，我所以送上百金，只是想用作为令堂买些粗糙食物的费用，并能够和您相交，使您高兴，哪敢因此而有什么别的企求呢？"话说得客气委婉，但聂政一听就明白了他的意图。他回答说："我所以贬抑志气，辱没身份，在市井当个屠夫，只是为了能够有幸奉养老母；老母在世，我是不敢把自己许给他人的。"严仲子坚持要赠金，聂政坚决不肯接受，严仲子只好离去。

　　过了很久，聂政的母亲去世了。埋葬完毕，除去丧服之后，聂政自思："我不过是个市井小民，鼓刀屠宰；而严仲子是诸侯的卿相，却不远千里，屈尊来和我结交。我待他极为淡薄，没有什么大功可以和他待我的尊重相称，而严仲子又奉上百金为我母亲祝寿，我纵然没有接受，但他这样做，只是说明他对我是知遇很深的。一位贤者来亲近信赖一个穷困鄙陋的小民，我哪能对此独独不吭一声、毫无反应就算了呢！再说前些时候他来邀请我，我只是因为老母尚在，没有答应他。现在老母享尽天年，我将要为知己的人效力了。"于是西行来到卫国的濮阳，见到严仲子说："前些时候我所以没有答应您，只是因为母亲尚在；现在不幸母亲已经享尽天年去世了。您想要报仇的对象是谁？请让我来办理此事吧！"严仲子便详细地告诉他说："我的仇人是韩相侠累，侠累又是韩国国君的叔父，他们宗族的人很多，居处警卫十分严密，我想派人刺他，但始终没有人能办成。现在幸蒙您不弃，我可以派一些帮手与您同去。"聂政说："韩国和卫国，中间相距不远，如今要去刺杀其国相，这位国相又是国君的亲属，在这种情况下势必不能多派人去，人一多，机密就会泄露，机密一泄露，则韩国全国便会和仲子您结仇，这岂不危险吗？"聂政谢绝了车骑随从，辞别严仲子，独自一人启程前往。

　　聂政自带利剑到了韩国。这天，韩相侠累正坐在府上，手持兵器侍卫他的人很多。聂政径直闯了进去，上阶刺杀了侠累，这明目张胆、突如其来的行刺，完全出乎韩相侠累及卫士的意料，周围的人顿时大乱。聂政大声呼喝，击杀了数十人，眼看难以脱身，就削烂了自己的脸皮，挖出了自己的眼珠，又剖腹流出自己的肠子，才死去。

　　韩相被人谋杀了，韩国人却不知道这是谁干的。韩国把聂政的尸体放在市集上，悬赏打听，却没人知道他是谁。于是韩国又悬重赏查询，宣称有能说出这个刺杀国相侠累的人的名姓的，赏赐千金。但时过很久，仍然无人知晓。聂政的姐姐聂荣听说有人刺杀了韩相，凶手没有查清，韩国全国都不知道他的名姓，尸体因此暴露在外，悬赏千金查询，便担忧怕是自己的弟弟，因为她知道严仲子曾有求于聂政。于是赶往韩国，来到市集上，一看死者果真是聂政。她伏尸痛哭，向围观者告知了聂政的名字和受雇于严仲子的事情。最后大呼数声苍天，悲绝于聂政的尸体旁。

聂政的故事，最为惊人与感人的，是行刺成功之后、死之前的一系列举动：毁容，挖眼，切腹，进行得那样的从容。仿佛一位演员结束演出后，谢幕离场前的潇洒挥手。而那分明是一个勇士在完成惊天之举后，与生命与人世的诀别礼！他在用刀最后雕琢一下英雄的自己！

这个故事还向我们透露了两个信息。一是上古时代，"孝"居于"忠"之前。聂政有老母在堂，他要尽孝，所以不接受严仲子的请求。直到老母去世之后，他才前往行刺。这与后世将忠提到孝之前不一样。二是与豫让的故事一样，在有志之士那里，一个"知"字的力量足以让他们以生命相报还！这岂是凡夫所能理解的？

聂政死了。两百二十多年后，一个更加惊天动地的刺客故事发生在燕与秦之间。那就是荆轲刺秦王。

第五位：荆轲

荆轲的祖上本是齐国人，后迁居到卫国。他喜好读书和击剑，到处游走。曾凭着剑术向卫元君游说，卫元君没有理会他。在榆次与人论剑术，被对手用眼怒瞪了他，他便逃走了。在邯郸与人下棋，被对手呵斥，他也逃走了。所经之地，人们都以为他胆小怕事。

　　后来，荆轲游走到燕国，跟那里以屠狗为业的人和一位善于击筑的高渐离相投。荆轲喜欢喝酒，每天都跟狗屠和高渐离在燕国街市上喝酒，喝到兴头上，高渐离击筑，荆轲随着筑曲在街市上唱起歌来，以此相乐，过后又相对哭泣，旁若无人。荆轲虽然表面上和酒徒交往，但他骨子里为人深沉，在所游历过的诸侯国里，跟当地的贤人、豪杰和品德高尚的人结交。他到燕国，燕国的名仕田光先生待他也很好。知道他不是个平庸之辈。

　　荆轲来到燕国不久，恰逢在秦国当人质的燕太子丹逃回燕国。太子丹年少时曾与秦王嬴政一起在赵国当过人质，那时两人同病相怜，交情很好。等到嬴政当了秦王后，弱小的燕国又将太子丹送到秦国当人质。这时，已经成长为国君的秦王嬴政待他不好，太子丹心怀怨恨逃回了燕国。此事让秦王嬴政不快。回国后，太子丹就开始寻求报复秦王的办法，一直不得要领。而随着秦国一步步吞食诸侯，进逼燕国，燕国君臣日益恐惧不安。

　　过了不久，秦国将领樊於期在攻打赵国的过程中兵败于名将李牧，畏罪逃到燕国，投奔昔日好友太子丹。太子丹接纳了他。这更加深了秦王对燕国的仇视。

　　太子丹不得不加紧研究对秦策略。他的师父鞠武帮他分析了秦的不可抵挡之势，劝他从战略上考虑，联合多国和北方的匈奴，共同对付秦国。但太子丹认为这样的行动效果太慢，他要找到一个简单快捷的办法。鞠武只好向他推荐了燕国名仕田光，建议太子丹与他商量。通过鞠武的引荐，太子丹与田光见面了。他对田光礼遇有加，十分谦恭。田光知道了太子丹的意思，直言相告说自己年轻时未得到重用，现在老了已难当大任。但他向太子推荐了好友荆轲。于是荆轲进入了太子丹的视野，正式登上了历史大舞台。

　　太子丹见到荆轲，和盘托出了自己的打算，他说："我们一旦能劫持秦王，像曹沫对待齐桓公那样，使他把侵占的土地尽数归还诸侯，那再好不过了；如果不行，就乘机刺杀他。那些秦国大将拥兵在外，而国内发生祸乱，君臣间就会相互猜疑，利用这一时机诸侯们可以联合起来破秦。"听了太子丹的计划，荆轲沉吟了很久才推诿说："这是国家大事，我才能低下，恐怕不足以受太子的委任驱使。"太子丹立刻上前叩头下拜，坚决恳请荆轲不要谦让推辞，荆轲这才答应下来。太子丹于是把荆轲尊为上卿，请他住上等的宾馆。每天亲自上门问候，供应最丰盛的酒席，隔不多久就献上珍异物品、车骑美女，荆轲要什么就给什么，以使他称心满意。

但这样过了很久，荆轲还没有动身的意思。而这段时间，秦将王翦已攻破了赵国，俘虏了赵王，全部吞并了赵国的领土。并继续向北进兵，攻城略地，直逼燕国。太子丹很恐惧，便催促荆轲成行。荆轲说他也正打算出发，但苦于没有使秦王相信而能接近秦王的信物。他想要两样东西前去献给秦王，一个是秦王悬赏黄金千斤、封邑万家要得到的樊於期将军的首级，一个是秦国一直想得到的燕国督亢（今河北省涿州市东南一带）的地图。太子丹不忍心杀樊将军，荆轲就背着太子私下去见樊於期，对他说："秦国对待将军可以说是够刻毒的了，您的父母宗族都被杀害或没入官府为奴。现在听说悬赏黄金千斤、封邑万家来购将军的首级，将军准备怎么办呢？"樊於期仰天长叹，流着眼泪说道："我每想到这些事，常常心痛入骨，只是不知用什么办法来对付罢了！"荆轲说："现在有一个办法可以解除燕国的祸患，报将军的深仇，您要听吗？"樊於期挺身上前问道："怎么做？"荆轲说："我希望得到将军的首级去献给秦王……"樊於期明白了他的来意，便自刎而死，荆轲把樊於期的首级割下，装到盒子里封了起来。

为了准备刺杀秦王，太子丹已预先寻觅天下最锋利的匕首，用百金买来赵国人徐夫人的匕首，再让工匠用毒药炼染。炼染之后，用活人做试验，只要见血，无不立即丧命。于是收拾行装准备送荆轲启程。荆轲想等一个远方的朋友来一起去完成行刺，为此等了很久没有出发，以至于太子丹开始怀疑他改变主意了，催他启程。荆轲很生气，只好带了太子丹给他推荐的助手秦舞阳踏上了征程。据说这个秦舞阳是燕国的一位勇士，13 岁时就杀过人，旁人对他都不敢正视。

临行，太子丹和宾客中知道这件事的人都身穿白衣、头戴白帽前来送行。送到易水之滨，饯行之后，荆轲上路，高渐离击筑，荆轲随着筑曲唱歌，唱出变调而又慷慨悲壮的歌声："风萧萧兮易水寒，壮士一去兮不复还"，人们都感动得流泪哭泣。送行的人个个圆睁双目，怒发冲冠。荆轲登车而去，连头也没回一下。

到了秦国，荆轲向秦王的宠臣中庶子蒙嘉送上一笔厚礼。蒙嘉替他们先在秦王那里作了介绍，说道："燕王实在畏惧大王的威严，不敢出兵抵御大王的军队，情愿献出整个国家做大王的内臣，排在属国诸侯的行列里，像大王的郡县那样贡献方物、缴纳赋税，以求能奉守燕先王的宗庙，燕王恐惧，不敢自己向大王陈说，小心地斩下樊於期的首级，并献上燕国督亢地图，封装在盒子里，燕王亲自在宫廷前拜送，派遣使者前来禀报大王，听从大王发落。"秦王听了，大为高兴，于是穿上朝会的礼服，设置九位傧相，在咸阳宫接见燕国使者。荆轲捧着盛樊於期首级的盒子，秦舞阳捧着盛地图的盒子，依次上前，来到殿阶。秦舞阳脸色大变，非常恐惧，秦廷群臣都感到奇怪。荆轲回过头来朝秦舞阳笑笑，转身上前谢罪道："来自北方蛮夷的粗鄙之人。未曾见过天子，所以吓坏了。望大王宽容，使他在大王面前得以完成使命。"秦王对荆轲说："取舞阳所捧地图过来。"荆轲取地图献上，秦王展开地图，地图展到尽头，匕首出现。荆轲趁势左手抓住秦王衣袖，右手拿起匕首直刺过去。秦王大惊，退身猛地站起，袖子都扯断了。秦王想拔佩剑，佩剑太长一时拔不出来（笔者注，秦国的兵器比东方六国都长，据说这也增强了秦军的战斗力）。荆轲追逐秦王，秦王绕着殿柱奔逃。殿上群臣都惊呆了，由于事起突然，出于意外，全部失去了常态。原来按秦国的法律，群臣在殿上侍立不允许携带任何兵器；而那些担任侍卫的郎中都手持兵器排列在殿下，非有令宣召不能上殿。而殿上群臣由于事起突然，恐慌着急，手里没有任何东西可以去攻击荆轲，只能徒手上来与荆轲搏斗。这时侍医夏无且用所捧的药箱投击荆轲，才给秦王赢得了一个喘息之机。这时旁边的人提醒说："大王把剑背到背上拔！"剑背到背上，果然就拔出来了，秦王用剑击刺荆轲，斩断了他的左腿。荆轲用力举起匕首掷击秦王，没有击中秦王，击中了宫殿里的铜柱。秦王再击荆轲，荆轲身遭八处创伤，自知事情不能成功了，便倚在柱上大笑，盘着腿骂道："事情所以没有办成，是因为我要劫持你，让你退还侵占土地的文书来回报太子丹。"这时两旁的人一起上前杀了荆轲。

发生了这件事后，秦王大怒，增派兵马到赵国，命令王翦的军队立即攻伐燕国。当年十月攻下蓟城（今北京附近）。燕王喜、太子丹等率领全部精兵向东退守辽东。秦将李信对燕王穷追不舍，与燕国合兵自保的代王嘉送信给燕王喜说："秦所以追击您这样急，就是因为太子丹的缘故。如今王倘能杀了太子丹献给秦王，秦王必定和解，而您的社稷也就能幸运地延续下去了。"燕王就派人杀了太子丹，献给秦国。但秦并没有因此停止进攻，而是继续进兵。此后过了五年，秦彻底灭了燕国，俘虏了燕王喜。

荆轲刺秦王成了一个重大的历史事件。它留下了荆轲的美名，也改变了历史的进程。尽管荆轲的表现英勇悲壮，但整个谋刺计划显得幼稚而荒唐。首先，太子丹等人想照猫画虎，学曹沫劫持齐桓公，靠劫持秦王嬴政来夺回失地，挫败秦国。殊不知春秋初期比之战国之末，时代和天下大势已大相径庭；春秋时期的齐国比之战国末期的秦国，更是天壤之别。春秋时期，诸侯之间，至少表面上还在尊王讲"礼"，彼此争夺的也就是霸权，想称霸的诸侯或多或少还还需要讲一点信义，只要理在对方，被劫持了给出的承诺也要遵守。而战国末期，周王室已经覆灭，形式上的天下共主也没有了。各国之间你死我活地争夺天下，除了赤裸裸的利害，哪里还有什么道理和信义可言？到了这时还想靠劫持对方的国君，签一张"面匕之盟"，指望它会有什么约束力，只能是自欺欺人。更何况，此时的秦国已经非常强盛，它的积极旺盛的发展态势与腐朽的东方六国已成鲜明对比，秦已经具备了扫灭六国的实力，更重要的是它已经是一个法治国家，它征服天下的意志已不可能因为王的易人而改变。也就是说即使荆轲刺秦王成功，也很难改变秦国灭六国一统天下的大势。杀了秦王政，一定还有其他的秦王来完成这一历史使命。

从《史记》中秦王嬴政接见荆轲的场面看，嬴政是非常严肃认真地举行了一个"受降"仪式的。他当时心里或许真的闪现了一下"和平解决"燕国问题的念头。其实秦王嬴政并不是一个嗜杀之人，这一点从他剿灭六国过程中下令不得屠城，并确实未曾屠城可以得到证实。可以猜测，燕国突然派荆轲来献图投降，秦王政极有可能真的打算对燕国敞开"和平纳降"之门，为其他诸侯国树立主动投降的榜样。可惜图穷匕见，秦王震怒，反而加快了灭亡燕国的进程，也放弃了秦统天下的过程中"和平解决"问题这一方式，徒然增加了战争的残酷，又不可能改变秦统天下的大势。

荆轲刺秦故事动人，但它对历史的功过与价值值得我们深入思考。

公元前220年，秦彻底灭掉了燕国。第二年，秦国吞并天下建立了大秦帝国，秦王立号为皇帝。

称帝之后，秦始皇仍忘不了荆轲刺秦的仇恨，在全国搜捕太子丹和荆轲的门客朋友们。这些人全都四散逃亡了，其中，高渐离改名换姓给人做雇工。过了很长时间以后，他听到主人家堂上宾客击筑的声音，徘徊不肯离去，还忍不住给予评价。主人和宾客们看到一个下人对音乐评头论足感到不解，高渐离就回到住处，取出放在行装匣子里的筑和他体面的衣服，整装而出，满座惊为天人，请他击筑唱歌，客人们听了无不感动流涕。有认识他的人指认他就是高渐离。

秦始皇爱惜高渐离善于击筑，特赦了他的死罪，但弄瞎了他的双眼，让他为秦皇击筑。就这样，高渐离得以接近秦始皇。他开始偷偷地把铅塞进筑里面增加筑的重量，在一次接近秦始皇时举筑打去，但没有打中秦始皇。于是秦始皇杀了高渐离，自此终其身不再接近原来秦国以外各国的人。

高渐离也应该算一个了不起的刺客。他应该算第六位。

除了《史记》列传的这六位坚定的刺客之外，春秋时期，还有两位特别的刺客。一个是还未行刺就后悔了，以至于当场自杀而成名的钮鸶。一个是刺杀成功之后又后悔，以至于不愿接受封赏而自杀的要离。

第七位：钮鸶

　　钮鶚是春秋时期的晋国人，受昏君晋灵公之命前去暗杀贤相赵盾，于刺杀前的一刻悔悟，自杀于赵盾家门口。这件事情发生在公元前 607 年，《左传》记载了他的故事。

　　晋国国君晋灵公是个昏聩暴虐的人，他厚敛民财，大兴土木，而且变态虐民，民怨沸腾。宰相赵盾屡屡进谏，劝晋灵公改过，晋灵公全然不听，反有厌恶之感。晋灵公宠幸的一位大夫屠岸贾献计谋害赵盾。他说："我有个叫钮鶚的门客，他家很穷，我常接济他，他感激我的恩惠，愿效死力，可以派他前往暗杀宰相。"

　　当天晚上，晋灵公和屠岸贾密召钮鶚，赐以酒食，告诉他说："赵盾专权欺主，现在派你去刺杀他。千万不能误事。"钮鶚领命后潜伏到赵府附近。五更天时，见赵盾家的各道门都大开了，钮鶚趁机溜进中门，看到大堂上已经亮起灯，赵盾已经穿戴好朝衣朝冠，垂绅正笏，端坐在堂上待天明上朝。看到赵盾一派仁人君子之气，钮鶚大惊，退出门暗自叹息："赵大人这样恭敬正气，乃是忠义之臣啊！刺杀忠臣，则为不义；奉君命而放弃刺杀，则是不信。我无论不信还是不义，都无法立足于天地之间啊！"于是，他在赵府门口大声呼喊："我是钮鶚，宁愿违背君命，也不忍刺杀忠臣，我现在打算自杀！但我死后恐怕还会有别人来，相国要谨防啊！"说完，向着门前的一棵大槐树一头撞去，脑浆迸裂而死。赵盾得知后叹息不已，吩咐将钮鶚浅埋于这棵大槐树之侧了。

　　尽管钮鶚并没有完成暗杀任务，但他用生命诠释了何谓真正的侠义。他是个了不起的刺客！

　　与钮鶚相比，50 年后的吴国刺客要离就没有那么光辉了。
　　第八位：要离
　　要离是春秋后期的吴国人，家住无锡鸿山山北。身材瘦小，据说仅有五尺多高，形容丑陋，但却有万人之勇。他以捕鱼为业，以击剑闻名于民间。

前面说过吴王阖闾谋杀吴王僚登上了王位，而王僚的儿子庆忌逃往卫国。庆忌有万夫莫当之勇，在吴国号称第一勇士。逃到卫国的庆忌招兵买马，准备伺机为父报仇。阖闾获悉此事后茶饭不思，日夜寻思除去这个心头大患。最后找到了要离。

经过策谋，要离自献苦肉计。一天，要离与阖闾假意斗剑，故意先用竹剑刺伤阖闾的手腕，再取真剑斩断自己的右臂，对外称是被吴王阖闾所斩。断臂的要离投奔卫国找庆忌去了。要离走后，阖闾又依计杀掉了他的妻子。庆忌探得事实，便对要离深信不疑，视为心腹，派他负责训练士兵，同谋举事。三个月之后，庆忌出征吴国，与要离同坐一条战船。要离乘庆忌在船头畅饮之机，迎着月光独臂猛刺庆忌，矛头透入心窝，穿胸而出。被刺的庆忌诧异之极，他一把抓住要离，倒提着他的脚脖子沉溺水中三次，然后将要离放在自己的膝上，笑着说："天下竟有如此勇士，敢于来刺杀我！"这时左右卫兵举刀要杀要离，庆忌摇着手说："此乃天下勇士，怎么可以一日杀死两个天下勇士呢！还是放他回国，成全他吧！"

要离回国后，阖闾大喜，在金殿之上庆贺，要封赏要离。要离却辞谢不受，并自刎于金殿。

要离的行为令人不解。有人说他临死前说："我杀庆忌，不为做官，而是为了吴国的安宁，让百姓能安居乐业。"这说法若是真的，那要离的境界就太高了。而更为合理的猜测，应该是刺杀完庆忌，庆忌死前的一系列表现令要离震惊而反省。直到这时，他才认识到自己刺杀的是一位真的勇士，也是一位真的义士。而委命自己杀人的吴王阖闾却是个乘人之危，阴谋篡权，靠暗杀起家的人。两相比较，要离不可能没有对自己行为的反思。为了阖闾的王权，自己毁家断臂，却谋杀了一位真正的英雄。

倘若真的只是为了百姓安居乐业，要离已经完成任务，不受封赏也可隐退山林，却为何要自杀？即便要自杀又何必一定要选在金殿受赏时自杀？这自杀是一个莽撞的勇士惊醒后的最好的注脚。

实 业 兴 邦

春秋战国虽是乱世，而激烈的生存竞争和霸权斗争，却也孕育了一大批杰出的实业精英，促进了那个时代的社会生产和经济繁荣，从经济社会发展的角度做出了影响后世的特殊贡献。

一、水利农业

首先是高水平的大型水利灌溉工程建设，极大地促进了农业生产水平。

而最具代表性的水利工程，莫过于李冰父子修建的都江堰。

李冰本是蜀中一个隐士，精通水利。公元前316年，秦惠文王吞并蜀国，设置蜀郡。那时，成都平原深受岷江水患之苦，并非后来的天府之国。公元前256年，为了彻底消除岷江水患，秦昭王召精通治水的李冰取代政治家张若任蜀郡郡守，开始了名贯古今的都江堰的建设。

原来，成都平原的西边耸立着一座拔地而起的高山"岷山"，就是毛泽东的诗歌《长征》中写到的"更喜岷山千里雪，三军过后尽开颜"中的岷山。这座岷山的东南面有一条顺着山势自然形成的江流，也是长江的一个主要的支流，叫岷江。岷江之于成都平原，犹如一道天上的悬河，其出山口玉垒山，距成都市仅 50 公里，而两地高度落差竟达 273 米。每逢多水的季节，江水一泻千里，蜀地一片汪洋。

李冰父子带领民众，巧夺天工，将玉垒山凿开一条宽 20 米，高 40 米，长 80 米的山口，作为一条通往成都平原灌溉体系的引水通道。因其形状酷似瓶口，取名"宝瓶口"。在宝瓶口的上游，筑起有分水作用的"鱼嘴堰"，鱼嘴堰的左侧是岷江故道，让它宽而浅（深浅用沙控制），右侧流向宝瓶口的水道窄而深。这样，多水的时候，河面上涨，大量的水依然从故道而下，流往长江。而水少的季节，河面下落，也保证有足够的水从宝瓶口流入灌溉水渠。

为了解决宝瓶口淤沙的问题，李冰又在鱼嘴堰以下，宝瓶口的边上修筑了飞沙堰，利用水流漩涡的力量，将水中携带的泥沙甩上飞沙堰。

那时，没有开山劈石的大型设备和爆破技术，李冰他们就用火烧加水浸的办法，将石头变酥，使之自然炸裂，凿开了宝瓶口。

自此，原来水患连年赤地千里的蜀地，变成了沃野千里的天府之国。为秦一统天下准备了一个巨大的粮仓和经济后盾。

两千多年来，都江堰始终发挥着巨大的作用，造福于四川人民。它是全世界至今为止，年代最久、状况完好，还在发挥重要作用的唯一以无坝引水为特征的宏大水利工程。

《史记》说："都江堰建成，使成都平原水旱从人，不知饥馑，时无荒年，天下谓之'天府'也。"

战国末期，秦国又有了一条与都江堰原理一致，但主要靠人工修建的大型水利工程"郑国渠"。它的设计建造者名叫郑国，是一位来自韩国的水利专家。他的另一个使命和身份，是韩国的间谍。

韩国是东方六国衰败的一个缩影。其统治集团腐败，政治制度落后，不思改革自强，却热衷于纵横捭阖的谋略。

面对虎视眈眈的强秦，韩国居然策划了一个"疲秦之计"。即派遣水利专家郑国前往秦国，说服秦王嬴政在关中平原上修建一个巨大的引泾水入洛阳的水利灌溉工程，不仅解决农田灌溉问题，还可从根本上改善关中平原的土壤，使之成为一个巨大的粮仓。韩国的如意算盘是，秦一旦决定修建这一工程，必然消耗大量的人力物力，于是短时间内必然无暇东顾，这样韩国就能得以延续。

郑国真的说服了秦王，工程开工了。但很快，这项阴谋被揭穿，而主管情报的丞相吕不韦居然没有报告郑国的阴谋。秦王室成员们认为，吕不韦只图私利，因为这条渠将要灌溉的大批良田都是吕不韦及其门人的土地。王室成员们结合嫪毐造反事件，得出"非我族类其心必异"的结论，呼吁秦王停止工程，并下令逐出客卿。

秦王嬴政十分恼怒。他召见了郑国，最后再听听他的辩词。郑国坦承了韩国的"疲秦之计"，但他进一步给秦王分析了修建这条渠的意义。那就是，对韩国而言不过是几年的苟延残喘，而对于秦国，却有万世之功，将是统一天下的战略准备。秦王嬴政英明果决，他决定继续任用郑国，完成渠的建设。这一工程整整花了10年时间。

"郑国渠"西起仲山西麓谷口（今陕西泾阳西北王桥乡船头村西北），郑国在麓谷口筑起石堰坝，抬高水位，拦截泾水入渠。利用西北微高、东南略低的地形，渠的主干线沿北山南麓自西向东伸展，流经今泾阳、三原、富平、蒲城等县，最后在蒲城县晋城村南注入洛河。干渠总长近300华里，沿途拦腰截断沿山河流，将冶水、清水、浊水、石川水等收入渠中，以加大水量。在关中平原北部，泾、洛、渭之间构成密如蛛网的灌溉系统，使干旱缺雨的关中平原得到灌溉。

郑国渠修成后，大大改变了关中的农业生产面貌。《史记·河渠书》载："渠就，用注填淤之水溉泽卤之地四万余顷，收皆亩一钟。于是关中为沃野，无凶年。秦以富强，卒并诸侯。"就是用含泥沙量较大的泾水进行灌溉，增加土质肥力，改造了盐碱地4万余顷（相当于现在280万亩）。以往较为落后的关中农业，迅速发达起来。雨量稀少，土地贫瘠的关中，因郑国渠而变得富庶甲天下。在那个农业经济为主的时代，郑国渠的修成，为充实秦的经济力量，进而统一全国带来了雄厚的物质条件。

除了都江堰、郑国渠，春秋战国时期，还有许多国家兴修了水利工程，如楚庄王时期楚相孙叔敖主持修建的芍陂、吴王夫差开掘的一条沟通长江和淮河的"邗沟"、战国中期魏惠王开凿的鸿沟等等。大型水利工程的兴修，为农业生产水平大幅度提高提供了重要的基础。

与此同时，铁质农具的推广和牛耕技术的广泛使用，施肥与防虫技术的提高和一年两熟的种植技术出现等，都是农业生产力提高的重要原因。

在这样的情况下，春秋战国时期，作为社会根本的农业生产力发生了长足的进步。战国后期所达到的粮食产量水平，直到清朝末年，也没有大的超越。

二、工商济世

与农业快速发展一样，春秋战国时期的手工业发展也相当迅速。其原因除了商业的流通，就是服务于战争。

手工业技术人员中也涌现出鲁班和墨子这样的代表人物。鲁班被誉为木匠的祖师爷。

关于鲁班巧夺天工的故事，大家很熟悉。《墨子·鲁问篇》中记载了一个鲁班的故事值得一述：

鲁班从鲁国南下到楚国游历，看到楚国人同越国人在长江上交战，越国人驾船经验丰富，在水上活动灵活。得势时他们就猛攻，楚国人躲之不及；失势时他们就快速驾船逃走，楚国人追它不上。楚国人不知如何应付是好。鲁班就为楚国人设计了一种水战设施，名叫"钩拒"。其实结构很简单：一个带有钩子和叉子的东西，当敌我双方船只靠近时，用这种"钩拒"把双方的船钩拒起来，让敌船想靠也靠不上来，想走也走不掉。然后楚国士兵就拿出他们特制的专门适合于这种"钩拒"的长度距离的作战武器攻击越国士兵，而越国人的武器要么太长不得力，要么太短够不着，只能干等着挨打。楚国人就靠这个"钩拒"赢得了战争。

这是古代军事技术上的一个创造发明。虽然这种具体方法本身已经过时，但是它所深含的思维方式对我们今天仍然有深刻的启迪作用。它告诉我们应该把我们难以把握的研究对象设法控制在一个相对稳定、便于我们研究和处理的范围之内，并研究使用适合于这个相对稳定范围的方法和工具来进行观察、研究和处理。

除了农业、手工业，那时的畜牧业特别是养马技术、铸造业特别是兵器制造技术、蚕桑和果树栽培技术，还有中医（药）学术，都达到了前所未有的高度。出现了善于识马的伯乐、名医扁鹊等代表人物。

伯乐和九方皋相马的故事、扁鹊见蔡桓公的故事流传千古，给后人诸多哲理和启示。

　　除了科学与生产技术的提高，春秋战国时期的商业也有极大发展。出现了陶朱公、子贡、白圭、吕不韦、巴寡妇清、蜀国卓氏等富可敌国的大商人。他们的商业经验直到今天也值得商人们学习借鉴。

　　实业和商业精英们，虽不像雄主、能臣、名将、说客那么令人瞩目，但他们所做的贡献和对后世的深刻影响，丝毫不亚于政治、军事和外交精英们。他们也是那个时代的英雄。

百 家 争 鸣

一、处于世界文明"轴心时代"的春秋战国

　　1949 年，德国著名哲学家雅斯贝尔斯出版了他的著作《历史的起源与目标》。在这本著作中，他揭示了一个人类文明的奇特现象，即在公元前 800 年至公元前 200 年之间，在北纬 25 度至 35 度区间，有几大古代文明几乎同时发生了飞跃。古希腊出现了苏格拉底、柏拉图、亚里士多德等伟大的哲学家，以色列出现了犹太教的先知们，古印度出现了释迦牟尼，而中国出现了老子、孔子、墨子、韩非子等诸子百家，使得这些古老的文明从蒙昧走向理性，哲学思想高起点发展，以终极关怀为特征的宗教产生了，道德成为人们心中的律令。这些古代文明的飞跃深深影响甚至决定了今天西方、印度、中国、伊斯兰，乃至世界文明。雅斯贝尔斯称这一时段为人类文明的"轴心时代"。而与此同时，那些没有在这一时段实现飞跃的古文明，如巴比伦文化、埃及文化，都相继灭亡，成了文化的化石。

　　几大古代文明为什么会在同一时段发生飞跃，不得而知。

　　但中华文明在这一时段发生飞跃的原因，却有迹可循。那就

是知识与思想的积累，加上社会的大动荡，导致了思想文化的大奔放。

从传说中的轩辕黄帝开化，到春秋战国，华夏文明大约经历了两千年。这两千年之中，知识和思想不断积累。知识包含了自然和生产知识，历史知识，礼仪教化知识和占卜祭祀知识等。先民们从认识天地四方开始，发现了四季轮回和天道左旋等自然规律，进而总结出农事时令，并开始用符号记录自己的活动、发现和思考，开始学会对应自然界来规范人类社会的秩序，并用自然现象和自己发明的方式预卜命运。尽管商以前的文明缺乏文物见证，只有传说记载，但由商代已经成熟的甲骨文和青铜器，我们可以肯定地推断，中华文明已经经历了漫长的发展，已经形成了丰厚的积淀。因为一种文字的形成和一种铸造技术的成熟，绝不是一朝一夕的事情。

在知识积累的同时，思想文化也在不断发展。传说中的典籍《三坟》、《五典》、《八索》、《九丘》今天已不得见了，但今天我们能看到的典籍《易经》足以证明，华夏思想文明到西周已经达到了相当高的水平。

然而，早期的知识和思想，只掌握在少数人手里。他们是王室贵族和为王室贵族服务的世袭的官员们。如礼官、史官等。因而知识与思想的积累和发展也必定是缓慢的。

而进入春秋战国，天下大乱，王室衰微。原来专属于王室掌管知识的官员们带着知识和典籍分散逃亡到各诸侯国，甚至周边少数民族，出现了所谓"天子失官，学在四夷"的局面。知识和思想的火种被四散开来。

如《左传·昭公二十六年》记载周襄王的弟弟王子朝谋反，被晋文公挫败之后，带着王官和典籍逃往楚国的情形："晋师克巩，召伯盈逐王子朝，王子朝及召氏之族、毛伯得、尹式周、南宫嚚奉周之典籍以奔楚。"后来清代学者王应麟在《困学纪闻》中写道："《易象》在鲁，《三坟》、《五典》在楚，周不能有其宝矣。……及王子朝以典籍奔楚，于是观射父、倚相皆通古训，以华其国，以得典籍故也。"——楚国原来被认为是蛮夷之国，因为得到了周王室的典籍知识而迅速开化发展了。

再如《史记·太史公自序》："司马氏世典周史。惠襄之间，司马氏去周适晋。晋中军随会奔秦，而司马氏入少梁。自司马氏去周适晋，分散，或在卫，或在赵，或在秦。"王朝世袭的史官都分散到诸侯各国去了。

与此同时，士作为一个阶层崛起了。他们成为学习、创新、交流和传播知识与思想的大军。

动荡的社会极大地激发了知识的传播和创新，极大地激发了智识阶层的思考。过去混沌的思想世界被爆炸式地分裂出众多认识的路向。所以《庄子·天下篇》写道：

> 天下大乱，贤圣不明，道德不一，天下多得一察焉以自好。譬如耳目鼻口，皆有所明，不能相通。犹百家众技也，皆有所长，时有所用。虽然，不该不遍，一曲之士也。判天地之美，析万物之理，察古人之全，寡能备于天地之美，称神明之容。是故内圣外王之道，暗而不明，郁而不发，天下之人各为其所欲焉，以自为方。悲夫，百家往而不反，必不合矣！后世之学者，不幸不见天地之纯，古人之大体，道术将为天下裂。

庄子从悲观角度预言："道术将为天下裂"，而我们从历史发展的积极角度讲，华夏文明迎来了生机勃勃的百家争鸣。

二、所谓百家争鸣

春秋战国时代，华夏大地上出现了一大批旷古未有的哲人和他们所代表的思想流派。他们不仅观照当世，为那个乱世开出救世药方，而且站在华夏文明早期积累的基础上，对自然、社会、人性、人与自然、人与社会，以及人与自我内心的关系，甚至对宇宙的源起与演化和人类的终极命运等根本性问题展开了深入的思考，对后世中国的思想和文化发展奠定了重要的基础，提供了丰富的思想源泉，甚至基本塑定了中华民族的性格。史称"百家争鸣"。

所谓百家，是极言其多。《汉书·艺文志》当中，将战国主要思想学派分为十家，即儒、墨、道、法、阴阳、名、纵横、杂、兵、小说。西汉刘歆在《七略·诸子略》中又将小说家去掉，留下"九流"。后世也因此将所谓百家俗称为"十家九流"了。

应该说"十家九流"各有所见，自圆其说，都对华夏思想文化的进步做出了各自的贡献。

如阴阳家对哲学和政治理论做出了贡献。其创始人是战国时期的齐国人邹衍，他的"五德终始"说为后世改朝换代的合法性提供了思想和理论支撑。名家对逻辑学做出了贡献。其代表人物是有惠施、公孙龙。惠施又称惠子，曾与庄子同游于濠水桥上，精彩辩论"人不是鱼，是否知道鱼是否快乐的问题"。公孙龙有"白马非马"和"离坚白"等著名论断。他们对辩论术极富研究。纵横家对外交思想做出了贡献。其代表人物是苏秦和张仪，他们分别通过游说实现了合纵抗秦和连横赂秦，极大地影响了那个时代的政治格局。兵家对军事思想做出了贡献。其代表人物是孙武、吴起和孙膑。他们的著作成为兵学经典，其影响甚至远远超出军事的范畴。而杂家和小说家对社会文化攒集与传播做出了贡献。

以上各家对华夏思想文化发展都功不可没，但从根本上讲，还是儒、墨、道、法四家的影响最大也最为深远。因为这四家的视野不囿于某一领域，而是对整个的社会、历史，甚至于对世界，都有比较完整的思想体系和知识体系，有明确的社会理想和为实现其理想而设定的路径与原则，有深刻的哲学思考。相比之下，其他各家的视野、深度和体量都要狭小得多了。

所以，我们重点来看一看儒、墨、道、法四家。

关于"儒"的来源，历史上说法不一，较为集中的观点有四种：一是巫师之说，即儒源于王朝掌管占卜祭祀的巫师。二是教士之说，即儒来自民间主持葬礼等民俗礼仪的教士。三是礼冠之说，原来儒字最初的写法没有单人旁，写作"需"，是礼官帽子的形状。四是乐官之说，即为王朝掌管乐的官员。各种说法不一，各有道理。但无论哪个说法，都表明儒是封建礼教的产物。

儒家的核心思想是仁、义、礼，拓展一下还有智、信、忠、恕、孝、悌。

儒家的知识体系是除生产技术之外的社会生活的百科全书。它的不同流派分别侧重于教授礼法学问、经世济国之道或外交纵横之术，总之都是积极入世的学问，都是治人治世之术。其创始人孔子主张有教无类，是指生源不拘泥于出身的贵贱，但其人才培养目标都是"学而优则仕"。

儒家的政治主张是"君君、臣臣、父父、子子"，主张施"仁政"、行"王道"及尚"礼制"，实质是法先王、存周礼。它的社会理想是小康以至于大同，并且为每一个人都设计了诚心、正意、格物、致知、修身、齐家、治国、平天下，做"君子"、成"圣人"的成长发展道路。

儒家知识体系和培养目标的确定，儒家政治理想的确立，都与其创始人孔子出身于没落贵族有关。

孔子本是殷商后裔，商灭亡后，以微子为首的一批殷商贵族带领商的遗民归顺了周。周王室将其贵族和平民分而治之：将贵族封于宋国，却让他们统御包括周人在内的其他各族民众。而将商的平民安置于卫国，由周武王的同母弟卫康叔统御。

孔子的祖上原是宋国贵族。从孔子上推六代，其先祖孔父嘉乃是宋国的大司马，统领宋国军事。因为政治上与宰相华督有矛盾（历史记载或因孔父嘉娶了一位妙龄美女做妾，令华督眼馋）。于是宰相华督造谣，将宋国十年打了十一次战争的罪责推到孔父嘉身上，怂恿厌战的士兵哗变，围攻孔家，几乎将孔府满门杀绝，只有孔父嘉的长子木金父一人逃亡去了鲁国。孔家因此一夜之间从宋国贵族变成了鲁国平民。这家人又在鲁国慢慢发展，孔子的父亲叔梁纥由于孔武有力，立有战功，地位有所上升。叔梁纥年轻时所娶的妻妾只生了一个儿子却有足疾。为了继嗣，叔梁纥 72 岁时求婚于颜氏，得到 18 岁的女子颜氏的芳心，可是因年龄相差悬殊，他们的结婚不合《周礼》，两人便在尼山居住并有了孩子，所以史称"野合"。公元前 551 年八月孔子降生。据说孔子出生时头顶如丘，又因为他的母亲在生子之前曾向尼丘（山）祈祷，所以给孔子取名"丘"。因为孔子的父亲只有两个儿子，孔子排行第二，所以有不敬孔子的人就称之"孔老二"。

孔子命运多舛，三岁亡父，母亲颜氏被父亲的正妻施氏所逐，带着孔子和他的兄长——患有足疾的孟皮，一起到曲阜阙里过着清贫的生活。孔子母子在家庭没有地位，甚至孔子一生都不知道他父亲安葬的地方，因为家族不让他们母子参加葬礼和祭祀。

尽管出身于没落贵族，甚至在这个没落贵族家庭里也没有一点地位，但孔子却自幼以贵族血统自视，所以他主张："劳心者治人，劳力者治于人。"显然将自己与劳力者区分开来。因此，他所创立的学说自然就不包含生产知识，他自己立志成就和所要培养的人才都是治人治世之人。

孔子的一生奋斗不息。年少时有志于学，学成后有志于仕。但他虽然学问大成，却仕途不畅，仅在 51 岁到 55 岁之间有一段坦途，一路从中都（今山东汶上县）宰，升为大司寇，摄相事，据说一时鲁国大治。但随之而来的，就是齐国给鲁国君臣送来 80 名美女，顷刻瓦解了孔子的德政。气得孔子发出千古一叹："吾未见有好德如好色者也！"

为了将学问付诸实践，得到施展才能的机会，对鲁国深深失望的孔子从 55 岁到 68 岁，整整 13 年周游列国，却屡屡碰壁，最多也只是受到礼遇，而从未受到重用，窘迫时甚至"急急如丧家之犬"。

风烛残年的孔子彻底明白了"天命"。他回到鲁国，专注于教育和整理古籍。终其一生，据说他培养了三千弟子，其中出了七十二个贤人。很多学生成为各国政要，或为儒家学派的发扬光大做出了贡献。孔子还修《诗》《书》，订《礼》《乐》，序《周易》，撰写《春秋》。此外，孔子自称述而不著，经学生记录整理，留下了光耀后世的《论语》。

孔子的一生做了很多事情，但最核心的就是在强调一个"仁"字，呼唤人类社会的"仁爱之心"。

"仁"的原意本来很简单朴素。有人根据现代"仁"字的写法望文生义，说是"两个人靠在一起"，殊不知"仁"字的自最初写法是"心"字上一个"身"字，可能是指在祭奠亡人时，面对亡故亲人的尸体，自然产生的爱。

这个原意朴素的词，到西周时已有了一定的道德内涵。到了孔子那里，进一步发展成了其道德伦理思想体系的核心，成为一个最为重要的、代表人之最高境界的哲学概念。从而具备了丰富的内涵。其最基本的含义依然是"仁者爱人"，但经孔子论述延展，它包含了孝、弟（悌）、忠、恕、礼、智、勇、恭、宽、信、敏、惠等极其丰富的内容。

"仁"在孔子心目中的地位，甚至高于人的生命。他说："志士仁人，无求生以害仁，有杀身以成仁。"（《论语·卫灵公》）意思是，当生命与仁产生矛盾的时候，志士仁人宁愿舍弃生命也要成就仁。

其实，孔子呼唤"仁"，也就是在呼唤人们内省，呼唤人人内修一颗"仁心"，共同拯救世风。两千多年后的鲁迅先生呼唤"改造国民性"，虽然时代内涵不同，根本上却都是要求改造人性，拯救世道人心。尽管鲁迅先生痛批孔夫子。

公元前479年四月十一日，完成了《春秋》写作的孔子告别了人世，按照虚岁算，孔子活了73岁。

继创始人孔子之后，战国时期，儒家又先后出现了孟子和荀子两位大师。孔子、孟子和荀子，三者之间有着明显的继承与发展的关系。

孟子，名轲，战国时期邹国（今山东邹平）人。孔子去世后百余年（前372年），孟子诞生了。与孔子的身世和人生轨迹如出一辙，孟子也出身于没落贵族家庭（其先祖是鲁国贵族），自幼过着孤儿寡母的清贫生活。所幸有一位富有远见的坚强的母亲。孟母三迁，使孟子走向学问正途的故事流芳后世。时至今日，孟母被视为圣母。孟子的故乡山东邹平被视为"母爱之乡"。

　　孟子 15 岁开始投到孔门读书，受教于孔子的孙子孔汲的弟子。学成之后也是志于入仕，经世济国。然而，他与孔子一样提倡仁政，甚至进一步发展，提出"民贵君轻"的民本思想，不仅当世，就是后世几千年的国君们都不能接受这个思想（明朝皇帝朱元璋甚至下令将孟子像从庙里迁出去）。所以他游历了齐、宋、滕、魏、鲁等诸国，前后历时 20 多年，其仁政学说均被认为是"迂远而阔于事情"（迂阔），没有得到实行。晚年也与孔子一样退居讲学，和他的学生们一起，"序《诗》、《书》述仲尼之意，作《孟子》七篇"。

　　孟子继承了孔子的思想，而又有所发展。他坚持"人性本善"（性善论）。他的视野比孔子要开阔，他认为天是人性固有的道德观念的本原，认为"诚者，天之道也"。孟子的思想体系，包括他的政治思想和伦理思想，都更加明确地以"天"这个范畴为基石。更重要的是他比孔子更加关注社会，强调"义"，即呼唤公平正义。用孟子自己的话讲："羞恶之心，义也。"（《孟子·告子上》）强调人不仅要内求仁心，面对社会的不公，还应该有"羞恶之心"。

　　所以孟子的一生，显得正气凛然。他说："我善养吾浩然之气"（《孟子·公孙丑上》），"富贵不能淫，贫贱不能移，威武不能屈"（《孟子·滕文公下》）。

　　在孟子那里，"义"也被提到了比生命更高的高度。他说："生，亦我所欲也，义，亦我所欲也，二者不可得兼，舍生而取义者也！"（《孟子·鱼我所欲也》）就是说当生命与公平正义相矛盾的时候，就应该舍生而取义。

　　孟子一生虽然政治上不得志，但他在当世和后世都有很大的学术影响。他的文章感情充沛，气势磅礴，催人奋进。他的"天将降大任于斯人也，必先苦其心志，劳其筋骨，饿其体肤，空乏其身，行拂乱其所为，所以动心忍性，曾益其所不能"
(《生于忧患死于安乐》) 曾鼓励了千百年来多少逆境中的仁人志
士! 他和学生们共同整理留下的《孟子》一书，被南宋朱熹归
为四书 (《论语》、《孟子》、《大学》、《中庸》) 之一，而且是其
中篇幅最宏大的一部，后来成为明清两代科举书目。元朝至顺元
年 (1330 年)，孟子被加封为"亚圣公"，以后就被称为"亚
圣"，地位仅次于孔子。其实孟子很多地方都超过了孔子，他也
是长寿，他于公元前 289 年辞世，按虚岁计算，活了 84 岁。

所以，中国民间有"七十三、八十四，阎王不请自己去"
的说法。因为孔孟两位圣人分别活了 73 岁和 84 岁，普通人怎能
比圣人活得还长呢?

孟子年届六旬的时候 (约公元前 313 年)，赵国人荀况诞生
了，后世称之为荀子。

荀子是跟谁学的儒学不得而知，但他自称自己与子贡一派，
是继承孔子思想的学者，而对子思和孟子为首的"思孟学派"
给予抨击。

从目前可见的历史记载看，荀子出现在历史舞台时已经 50
岁。他来到齐国游说，此时已经满腹经纶。因其学问之高，三度
出任稷下学宫的祭酒。后来被人进了谗言，遭到排斥，便去了楚
国。楚国春申君正好灭了鲁国，建立兰陵县，就请荀子做了首任
县令。后来春申君命丧棘门，荀子也被罢免，就在兰陵安了家直
到死去。

与孟子坚持性善论不同，荀子持性恶论，也就是认为人性本
恶。基于此，荀子主张人在成长中要由圣王及礼法的教化来
"化性起伪"，使人格得以提高。这里的"伪"乃是后天人为的
意思，并非贬义。同样是强调教化，孟子的教化是为了避免本善
的人性变恶，而荀子的教化是让本恶的人性变善。

荀子比孔孟的思想视野更加开阔，他更加自觉地将人—社会—自然三者贯通起来思考。他认为"天行有常，不为尧存，不为桀亡。应之以治则吉，应之以乱则凶"（《荀子·天论》），提出"制天命而用之"，即顺应和利用规律来改造世界。荀子在继承和弘扬儒学过程中，一定吸收了大量其他学说的思想。因此，他培养出的学生有韩非子和李斯这样的法家人物，还有汉初的政治家、科学家张苍。

荀子的思想比孔孟开放得多，并特别强调"进取之心"。他留下的大量文章中，以《劝学》最为著名。其中说道："学不可以已"，"青，取之于蓝而青于蓝"，"君子性非异也，善假于物也"，"锲而不舍，金石可镂"。

从孔子、孟子、荀子的思想轨迹可见，儒家早期也是开放的、发展的，但根本上都是在对着人"心"下功夫。孔子追求"仁爱之心"，孟子提倡"羞恶之心"，荀子强调"进取之心"，都是在努力"为天地立心"。

墨家如行会组织，情系于平民，其思想源于儒家，又有别于儒家，在对儒学的批判中立论。

墨家的核心思想是兼爱、非攻，追求"摩顶放踵，以利天下而为之"。墨家之爱与儒家之爱不同，儒家之爱是由己及人，自上而下，有等差的。墨家之爱则无差别，不分亲疏，无论贵贱，因此提倡"老吾老以及人之老，幼吾幼以及人之幼"的孟子骂墨家"无君无父"。墨家的知识体系庞杂，其中最可贵的是它包含了生产和科学技术。

墨家的政治主张是尚贤，即天下应由有德者居之。它重视生产、尚节俭，嘲笑儒家"四体不勤，五谷不分"，批判儒家的繁文缛节，特别是丧葬仪式的烦琐和铺张。墨家的创始人是墨子，曾受孔子之术。但他出生于平民，与出身于没落贵族之家的孔子所持的立场显著不同。墨家领导者被称为"巨子"。因为尚贤，墨家的历代巨子采取"禅让制"交接班。

墨家思想的形成，与其创始人墨子的出身与经历相关。

墨子，名翟（dí），出生于公元前468年，死于公元前376年。他也是高寿，活了92岁。出生在鲁国（今山东滕州），祖上也是宋国贵族，但到墨子的前代已经成为平民了。与孔子不同，墨子并不以贵族后裔自居，他称自己为"北方之鄙人"，幼时做过牧童，学过木匠，后来进孔门学儒家学说。

可能儿时的平民生活和手工行会的经历，使得墨子更看重民生和社会实际，而对儒学的迂阔、烦琐等很不赞同。于是，跳出儒学，自创了墨家学派。其所创立的墨家学派更像手工业行会或宗教组织，纪律十分严明。墨家的成员都称为"墨者"，必须服从其组织首领"巨子"，绝对听从指挥，"赴汤蹈火，死不旋踵"。

墨子一生致力于收徒传道和平息战争，在当世取得了很大的成就。其学说一度与儒学齐名，成为天下显学。由于影响巨大，曾得到吴楚等国青睐，欲给予高官封地，都被墨子拒绝了。遗憾的是，可能因为墨家规矩过于森严，为人情所不忍，又加之无等差之爱轻视君王，得不到统治者提倡，作为一个学派到汉代就消亡了。

因为主张兼爱、非攻，墨家极力阻止战争，维护和平，保护天下生民，可以说墨家努力在"为生民请命"。

"道家者流，盖出于史官。"（《汉书·艺文志》）

史官的知识视野比一般人都要宽阔得多，知识背景决定了他们看问题比常人要超然和富远见。

道家的核心思想是道法自然，逍遥贵生。它的思想来自对天、地、人（即自然、历史和人生）的感悟。因此它对于哲学的贡献很大，对宇宙的生成演化进行了极其高超的玄想，对自然和社会的规律以及人应该如何"执古之道，以御今之有"都有深刻的见地。它对辩证法情有独钟，所以对于政治和军事谋略多有启迪。

又因为道家代表人物老子和庄子，都是思想超然、情感飘逸、想象丰富、语言和意象奇美之人，所以道家对后世文学艺术影响深远。

在政治上，道家主张回归远古，小国寡民，无为而治，主张人们"鸡犬之声相闻，老死不相往来"。

老子被认为是道家学派的创始人，后来被道教神话为太上老君。他留给后世一部哲学著作《老子》，又称《道德经》。

关于老子和他的书《道德经》，历史上存疑和争论很多。一个是老子其人到底是谁？这个问题折磨了中国学界两千年了。主要的说法有四种，都源自《史记·老子韩非列传》：一说老子名叫老聃，是春秋时期的楚国人；第二种说法说他可能是春秋楚国人老莱子；第三种说法认为可能是战国时期周太史儋；第四种说法是战国魏国将军李宗的父亲李耳。这个问题的确是个历史悬案。

现在流行的是一种混沌的说法，那就是老子叫李耳，字伯阳，谥号聃，楚国苦县历乡曲仁里（今河南省鹿邑县太清宫镇）人，曾做过周朝"守藏室之官"（管理藏书的官员）。约生于公元前571年，死于公元前471年。这样算来，老子活了百岁。这在当时也是很稀奇的。

另外，《道德经》是不是老子写的？它的成书时间究竟是什么时候？有人怀疑是战国后期甚至更后的人托名伪作。好在1993年10月在湖北荆门郭店出土的战国中期楚墓竹简中甲、乙、丙三组《老子》抄本提供了重要线索。再结合孔子向老子问礼（前 523 年）的记载、老子出关留下五千言著作的传说（前 516 年）等，可以肯定，《道德经》一书有一个比较长时间的产生、发展和成形过程，其时间跨度可能长达 200 年左右。但书中的基本思想和核心内容，应该是在孔子问礼老子时已经基本形成了。

老子将"道"作为世界的本源和规律，这是一个十分高妙的哲学概念。在揭示"道"之后，老子强调"德"，即遵照"道"来处世。《道德经》共 81 章，5000 余字，前 37 章讲"道"，后 44 章讲"德"。是一部用韵文诗写成的哲学著作，语言优美洗练，充盈着哲学智慧，余韵无穷。让后世取之不尽，用之不竭。

在"道"的基础上，他对宇宙生成过程和万物存在状态进行了极其高妙的玄想。《道德经》第四十二章：

> 道生一，
> 一生二，
> 二生三，
> 三生万物。
> 万物负阴而抱阳，冲气以为和。

老子极富辩证思想。《道德经》第二章：

> 天下皆知美之为美，斯恶已；
> 皆知善之为善，斯不善已。
> 故有无相生，难易相成，长短相形，高下相倾，音声相和，前后相随。
> 是以圣人处无为之事，行不言之教。

万物作焉而弗始，生而弗有，为而弗恃，功成而弗居。
夫唯弗居，是以不去。

第三十六章：

将欲歙之，必固张之；
将欲弱之，必固强之；
将欲废之，必固举之；
将欲夺之，必固与之。
是谓微明。

老子特别强调阴柔的力量，认为"柔弱胜刚强"。这一点集中体现于《道德经》第八章：

上善若水。
水善利万物而不争，处众人之所恶，故几于道。
居善地，心善渊，与善仁，言善信，政善治，事善能，
动善时。
夫唯不争，故无尤。

老子还将"无"提升为一个重要的哲学概念，这是老子的又一个重大贡献。《道德经》第十一章：

三十辐共一毂，当其无，有车之用。
埏埴以为器，当其无，有器之用。
凿户牖以为室，当其无，有室之用。
故有之以为利，无之以为用。

可以说是老子发现并表达了"无"的妙处与用处，而常人只看到有的意义。

老子在政治上显得很消极，主张无为而治。《道德经》第三章：

> 不尚贤，使民不争；
>
> 不贵难得之货，使民不为盗；
>
> 不见可欲，使民心不乱。
>
> 是以圣人之治，虚其心，实其腹；弱其志，强其骨。
>
> 常使民无知无欲。使夫知者不敢为也。
>
> 为无为，则无不治。

《道德经》第十七章：

> 太上，不知有之；
>
> 其次，亲而誉之；
>
> 其次，畏之；
>
> 其次，侮之。
>
> 信不足焉，有不信焉。
>
> 悠兮其贵言。
>
> 功成事遂，百姓皆谓：我自然。

老子的最终社会理想，是回到远古。《道德经》第八十章：

> 小国寡民；
>
> 使有什伯之器，而不用；
>
> 使民重死，而不远徙；

虽有舟舆，无所乘之；

虽有甲兵，无所陈之；

使民复结绳而用之。

甘其食，美其服，安其居，乐其俗。

邻国相望，鸡犬之声相闻，民至老死，不相往来。

老子的确如孔子描述的那样神秘。他的生平、他的思想，都像神龙一样，让我们隐约可见，却又永远无法掌握。

老子辞世百年之后，他的一位最重要的学术继承与发展者庄子诞生了，后世将他们并称为"老庄"，他们的哲学思想体系被尊为"老庄哲学"。庄子也被道教尊为南华真人，他的著作《庄子》又被称为《南华经》。

庄子生于公元前369年，死于公元前286年，姓庄，名周，战国中期宋国人，其祖上是楚国公族，因吴起变法楚国发生内乱，先人避罪迁至宋国。

庄子主张"天人合一"和"清静无为"，有超然的人生态度，因此，当他的夫人死去后，他居然鼓盆而歌（也有史家认为此乃当时楚国民风）。因为向往自由，他平生只做过地方漆园小吏，曾以活着在泥塘里打滚的乌龟和死了被供在庙堂上的乌龟作比较，婉言拒绝了楚威王请他出任楚相的邀请。

但庄子学术上的成就极其丰硕。在继承和阐发老子思想的同时，庄子的思想和语言浪漫奇幻，汪洋恣肆，文字不拘一格，擅长用寓言讲道理，对后世哲学、文学和艺术影响至深至远。他极度强调辩证，将大与小、祸与福、有用与无用等问题都辩证到了混沌无别的程度。他大大地开阔了人们的眼界，告诉人们"望洋兴叹"，莫做"井底之蛙"。这在一个以陆地农耕文明为主的民族的早期，实在是件不可思议的事情。

他的作品《逍遥游》、《齐物论》、《庖丁解牛》等历来脍炙人口。他给汉语创造了很多成语。

早期的道家还未成为宗教组织,既不像儒家那样办学收徒,也不像墨家那样组织行会。他们是一些自由学者,自觉地学习吸收和发展前代道家知识和思想,自觉地"为往圣继绝学"。这些散漫的自由学者,因为对天、地、人的相近的感悟而自然汇成了一脉。

法家思想的渊源应该是儒墨道和名家,同时它又批判儒、墨、道,在顺应和推动社会迅速变革发展的过程中自成一派。

法家的核心思想是"循名责实,信赏必罚"。法家的政治主张是依法治国,主张法后王而不拟古,主张顺应社会发展重构社会秩序。法家不相信单靠仁义道德能够教化人性,匡治社会。

如果一定要追根溯源的话,春秋时期的管仲已有了相关思想。战国初期的李悝、商鞅、申不害、慎到各有建树。而法家理论的集大成者是韩国公子韩非。

韩非又称韩非子,是战国时期韩国的公子。他出生时间约为公元前281年,死于公元前233年,尚不到知天命之年,是在诸子百家中是唯一惨遭杀害而短命的一位。

韩非子本是儒家大师荀子的学生,所以在受传统儒学思想影响的同时,荀子的性恶论和强调礼法的思想对其一定影响很深。在此基础上,韩非子又非常推崇商鞅等法家,吸收了他们的思想。同时他也受老子道家思想影响,其文章《解老》、《喻老》可以为证。集众家之所长,韩非子成为法家学问的集大成者。他强调法、术、势并用,即:既有公开严明的法令,又有统治者秘不外宣的驾驭之术,还有统治者始终保持的威势。

韩非子的思想直逼社会现实,直指霸王之道,他写出了《五蠹》、《孤愤》、《内外储说》、《说林》、《说难》等十余万字的政治论文，辑为《韩非子》一书，观点鲜明、逻辑严谨、构思精妙，语言精练平实中见幽默，极富说服力。据《史记》记载：秦王嬴政见《孤愤》、《五蠹》之书，曰："嗟乎，寡人得见此人与之游，死不恨矣！"后来作为一次与韩国停战的条件之一，秦国提出让韩非子入秦做人质。

起初秦王嬴政十分青睐韩非子，欣赏他的学识，向他请教内政外交。可惜韩非子毕竟是韩国公子，他一心挽救韩国，力主"存韩亡赵"，阻挠秦国先从韩国入手的统一天下大计，终被秦国君臣抛弃，死于狱中。关于他的死，有人归咎于同学李斯嫉贤妒能，此说不可信，至少不会是主因。从他死去后秦王嬴政竟然从未过问，亦可窥见一二。

以韩非子为代表的法家，看到"严家无悍虏，而慈母有败子"，相信"分定之后，虽鄙不争"。他们努力推行法治来"为万世开太平"。

三、儒墨道法各家的长处与不足

儒墨道法各有所见，各有所长。儒家最终被汉朝统治者选择为主流思想，不是偶然。不仅仅因为它适应了统治者建立封建秩序的需要，还因为它有一整套以血缘亲情为基础，推己及人、由家而国、由孝而忠的易于被人理解和接受的逻辑，以及它早期开放发展的体系特点，从而为中华民族的长期绵延发展做出了贡献。墨家在当时盛行于世，天下一半士人都归于墨家，虽然因为过于严苛和不被统治阶级所提倡而消亡，但其大量知识和思想被其他各派所吸收，对后世仍有很大影响。墨家思想中对科学技术的关照，非常遗憾地随着墨家的消亡而在中华文明中暗淡了，未能被其他各派发展光大。道家思想后续成了道教的源头和教义，对以儒家思想为主导的社会是一个有益的补充，对后世哲学、科学、政治、军事和艺术的发展都起到了重要的推动和启发作用。法家在战国后期充分证实了其思想的现实力量，为各国所推崇。变法者强，守成者败，社会发展要求法治。同时社会的稳定、和谐和保持活力也要求法治。法术势成为统治者手里的权杖，成为政统的有力抓手。

但是儒墨道法又各有局限。孔子作为儒家的创始人和集大成者，亲自操刀亦未能挽救一个小小鲁国的命运，所以单纯靠儒家思想治理天下，恐怕只能是一种美好的愿望。墨家思想过于严苛和理想化，虽盛行一时，但根本上不能适应社会和人性，所以它作为一个思想流派自然消亡了。道家过于消极避世，其思想虽高屋建瓴但对于一些具体的社会和人生问题显得大而无当，远水解不了近渴。法家思想成就了大秦帝国，但单纯靠法统的大秦只传了二世就土崩瓦解了。他们呼人民为黔首，忽视人的思想情感，刻薄寡恩，治弦紧绷，终于"金刚则折"。

所以，对于百家思想，过于强调其中任何一派都是偏颇的。面对复杂的社会和人生，我们既需要有儒家的忠恕，又要有墨家的博爱；既要有道家的韬晦，也要有法家的精进。取各家之长，避各派之短，方能找到它们的同源之辙，找到他们共同承认和追寻的"天之道"。就民族本位而言，知雄守雌，韬光养晦，励精图治，变法图强，以德立国，以法治国，以文化成，方能在当今世界的博弈中立于不败之地。

四、中华思想文化的滥觞

其实时至今日，中华民族文化思想已经融汇了诸子百家的思想。我们每一个人都受益也受制于各家各派思想。两千多年来，我们许多学术思想的原则，始终未能超越那个时代思想的樊篱。而且每每我们的社会、人生发展的过程中，遇到巨大的挑战和重大的挫折，感到疑惑不解，无路可走，或者不知所措的时候，人们都会自然地回到那个时代，到诸子百家那里去寻求答案或慰藉，寻找他们早就为我们植入灵魂的思想文化基因。

时至今日，我们依然会用一种自豪的口吻来回述那个时代，回述那个时代思想文化的繁荣。在"百家争鸣"的前面还常常冠以"百花齐放"。可见，那的确是中国思想史上辉煌的一页。诸子百家的思想，是他们面对乱世，思考探索"治世"所开出的药方，是他们"杞人忧天""知人论世"的高瞻与卓见，是他们智慧的结晶。

我们不得不承认，那是中华民族思想文化的滥觞。

屈 子 光 辉

　　讲春秋战国对后世中国的影响，我们绕不开屈原。

　　屈原不在百家之列，但却在道义的履践与文学的创造两方面都独树一帜，光耀千秋。所以要为他专书一章。

　　对于屈原，关于他的身世、节操和他在文学艺术上的贡献，我们或多或少都知道一些。况且每年端午，节日的活动会不断地提醒我们：在中国的历史上，准确地说是在战国时期的楚国，有这样的一个人，与其同时期的诸子相比，他没有丝毫的神秘色彩，生前身后既无万千弟子发扬光大，也无统治者膜拜神话，但他在茫茫夜空里明澈闪耀，独领风骚，直可与日月争光辉。

　　屈原姓屈，名平，字原，生于公元前 335 年夏历的正月初七。在楚国风俗里，正月初七被称为"人日"。而屈原之名"平"，意为像天一样公平无私，字"原"意为像地一样均调万物，所以屈原的生日加上他的名字，就暗含了中国传统文化中的天、地、人三才，寓意为贯通天地的人。可见屈家先人亦非等闲之辈。

　　屈原与楚王室共宗祖，都是芈姓后人，所以屈原出身贵族家庭。在当时门阀观念严重的楚国，很多出生卑微的人才得不到进身的机会，"楚才晋用"成一时之风。屈原因贵族出身有幸位列显官，20 岁即任"左徒"（仅次于楚国最高长官"令尹"）。加之他"博闻强志，明于治乱，娴于辞令"，所以"入则与王图议国事，以出号令；出则接遇宾客，应对诸侯。王甚任之"。

但是屈原与许多腐朽贵族官僚不同，他有着一颗赤诚的忠君爱国之心，有着高瞻远瞩的政治见解，有着强烈的危机意识。所以在当时楚国腐朽的政治集团中，他是那样的格格不入。他对国家的忠诚伤及了部分权贵的私利，他超群的才华和少年得志亦遭人忌谗。他被自私自利与短见盲视者合围。而屈原的伟大正在于他的坚贞不屈，踣死无悔。非常有意思的是被后世奉为中原正统文化代表的孔孟，分别提出过"杀身成仁"和"舍生取义"，却一个也没有做到。倒恰是地处"南蛮"的楚国，出了个爱国忠君、以身殉志的屈原！笔者有时想，中国文化中"言与行"、"知与行"统一的问题，或许在根上就值得考究。幸亏我们出了个屈原，因为中国主流的传统文化过于辩证甚至于混沌，历来政治家与野心家（以谋取私利和权力地位为目标，唯目的而不择手段的阴谋家）没有被明显地分别开来，致使数千年来国家民族在混沌中挣扎，时而冤枉地为野心家买单，让整个民族打掉了牙往肚里吞。而在那时的楚国，却因为屈原的出现，而使得两者泾渭分明！屈原就像一道剑光，刺破了长夜，顺着历史的长廊穿越而来，一直刺向人们的心底。从这一点讲，屈原的道德符号的意义更胜于其文学贡献的价值。

当然，屈原的伟大人格的铸造，不仅在其节操之高洁，亦在其文学艺术的杰出贡献。

屈原是一个时代的歌者，是中国封建时代行将崩溃、新型的官僚帝制时代即将来临，社会积弊丛生、矛盾错综复杂、人群群体觉醒、思想澎湃激荡的时代的歌者。他打破了自《诗经》之后约二百年诗坛的沉寂，发展了诗歌的形式、技巧和题材，创造了骚体，将楚辞升华为一种独具魅力的文体，通过其卓越的探索，为后世诗歌和叙事文学的发展奠定了深厚的根基，与先秦诸子的散文交相辉映，共同铸就了先秦思想文化的辉煌。也可以说他是集之前和当世中国思想文化于艺术创造，并极大地奔放了文学创作才华的集大成者。他是一个用诗歌表达思想的浪漫的哲人，是一个用哲思引领创作的深刻的诗人，是一个用生命写作的深情的真人，也是一个用奇妙的幻想象征呼唤现实的奇人！他的一生就是一首伟大的诗歌！

1986 年 7 月，还在读高中的笔者曾有幸溯长江而上，沿途观瞻自然和古迹名胜。那天到了屈原故里秭归，那里橘树满山坡，让我想起屈原少时写下的诗歌《橘颂》："秉德无私，参天地兮。"想想都令人灵魂战栗。在一处陡峭的山坡上，当地民众自发修建的一座屈原祠规模不大，却是我见过的最具个性的祠院。白墙青瓦，飞檐高挑，加之矗立在陡坡之上，颇有气势。门口的坡地上有小灌木种植修剪而成的两个大字："求索"，远远看去，像一枚巨型的绿色篆印。笔者那时才知道"路漫漫其修远兮，吾将上下而求索"的句子，反复吟诵，既优美又感伤。这祠院留给我深刻的印象。它完全不像那些千篇一律缺乏想象力和创造力的供奉寺庙，不知道其现在还在不在。

笔者常常窃以自豪与屈原同为楚人，即便传说笔者的先人是明末清初由江西迁往湖北的也不在意，毕竟笔者生于荆州，脚踏屈子曾经走过的路。

关于屈原，笔者非常感慨著名文学史家林庚先生说过的一句话："他（屈原）的伟大，使得一切夸张都不是夸张，一切赞美都成为事实。"可以说，屈原的言行极致地优雅和高度的一致，实践了真善美的高度统一，让我们这个民族的文化可以减一份招人诟病的暗昧，添一份令人亲近的明澈，让我们多了一份坦然站立到人类道德高地上去的底气。

这就是笔者要写的屈子。

秦 统 汉 治

——历史中国的塑形与塑魂

　　从公元前 230 年至公元前 221 年，秦王嬴政秉承先祖余烈，凭借强大的政治、经济和军事实力，以泰山压顶之势摧枯拉朽，扫灭东方六国，一统天下，从而结束了长达 549 年的春秋战国乱世。同时，秦王总结前代经验，摈弃封建（封土建国），开启了后世中国长达两千多年的官僚帝制时代。

　　毫无疑问，嬴政是"千古一帝"。他不仅武功盖世，统一了包含秦晋、燕赵、齐鲁、荆楚、吴越、巴蜀和周边大片少数民族地区在内的广阔疆域，建立了多民族、多文化的统一国家，而且废封藩，立郡县，车同轨，书同文，筑长城，统一货币、度、量、衡，推行了多方面经天纬地的改革，为后世中国的国体和政体奠定了基本的形制，为后世中国人的政治、经济和文化生活确立了基本的范式，为华夏文明进一步走向成熟与繁荣做出了不可磨灭的历史贡献。

　　政治上，秦帝国废除了封建制度，建立了中央集权，地方设置郡、县，任命官员管理的政权模式。中央在皇帝之下，设"三公"、九卿权力构架。所谓三公（汉以后才正式称三公），即丞相、御史大夫和国尉。其中丞相为一人之下，万人之上。秦帝国丞相的权力之大，为中国历史之最。御史大夫负责监察，丞相也有此权利。国尉掌管军队。三公之下，有九卿，相当于后世的部长。分别是：奉常（太常）、郎中令、卫尉、太仆、廷尉、典客、宗正、治粟内史（大农令、大司农）、少府等。

地方设郡。由郡守（太守）和监御史负责。最基层设县。县里的长官成为县令（万户以上）或县长（万户以下）。

文化上，秦帝国做了两件大事。首先是统一文字。最初朝廷的诏书是要求用秦国的小篆统一文字，丞相李斯还亲笔写了一本标准小篆字帖《仓颉篇》下发全国。然而，实践中自然形成了一种更加便于书写和辨认的隶书。传说因为这种文字的发明者是一个正在服刑的名叫程邈的奴隶，所以这种字体就被称作隶书了。一种文字的形成很难是程邈一人之功，但无论如何，隶书的出现是汉字发展史上的一件大事，史称"隶变"。自此以后，汉字的模样基本定型了。此事也说明，文化的力量有时也能矫正政令的不当。

其次，秦为了建成其"法治国家"，决定以吏为师。为了铲除其他思想的干扰，朝廷下令收缴和焚毁了散布于民间的诸子百家书籍，史称"焚书"。与"焚书"相关的，还有个"坑儒"的故事。有史家认为秦始皇坑杀的460余人不是纯粹意义上的儒生，而是长期欺骗秦始皇，为其寻找长生不老仙药未果，还诽谤他的术士。因此，"焚书坑儒"一词用在秦始皇身上可能有点夸大。这个词没有出现在《史记》、《汉书》等权威史书中，而是出现在汉武帝朝孔安国写的《〈尚书〉序》："及秦始皇灭先代典籍，焚书坑儒，天下学士逃难解散。"孔安国是孔子十一代孙，撰此一词有无感情因素不得而知。

经济上，秦帝国也做了两件大事，那就是统一货币，统一度量衡。在此之前，诸侯各国金、银、铜、铁、贝壳、珍珠等都有用作货币的，形状也各不相同，有刀币（形如刀）、布币（形如铲）等，极不方便流通计算，也不方便携带。秦帝国规定，以金或者铜铸钱。丞相李斯还亲手设计了外圆内方的铜钱，这样便于计量、携带，又美观。这种样式的钱一直沿用到清末。统一度量衡，也是为了便于朝廷税收，客观上促进了经济流通。当时各国度量衡不同，如现存出土的铜尺，最长的比最短的，一尺要长出一厘米多。统一货币和度量衡是经济发展中的重大改革。

司法上，李斯等主持制定了《秦律》，其基本内容源于李悝的《法经》，包括刑法、诉讼法、民法、行政法、经济法、军法等十多个门类，其核心是刑法。秦律进一步完善严密，也更加严苛。这也加剧了朝廷与人民之间的矛盾，给秦帝国埋下了祸患。如后来陈胜、吴广等人带兵前往蓟（今北京附近）戍边，走到大泽乡（今安徽省宿州市南西寺坡镇的刘村），遇上天下大雨，耽误了行程。这本是不可抗逆的自然因素，但按照秦律，他们延误了期限，去了也是死，所以这些人干脆铤而走险，揭竿而起了。

军事上，秦帝国保持了固有的强势。统一华夏后，开始了南征和北御。向南，派大将王翦率领 50 万大军南征百越；向北面，派出大将蒙恬北击匈奴，均取得了巨大胜利。特别是令秦始皇担心的北方匈奴得到了有效遏制。原来，有个术士从长城以北弄回一本谶语书，上面有句话说："灭秦者胡"。而"胡"在当时是中原对北方少数民族的称呼。诸胡中，犹以匈奴实力最强悍，所以秦始皇十分重视。不过这句话后来巧合在秦二世"胡亥"身上了。

北面取得战争胜利后，秦始皇修筑了长城。主要是将过去的秦、赵、燕等国长城连接起来，筑起了一条西起临洮（今甘肃岷县），东到辽东（朝鲜平壤西北海滨）的万里长城。

　　配合着驰道（相当于今天的高速路）和直道（相当于今天的国道）的修建，秦统一了车轨（车轴距）。将车轴距统一为六尺。这里面也体现着政治上的"五德终始"学说。秦自命为水德，以示其取代周的火德，表明其政权的合法性。水对应着八卦中的坤卦，而坤卦对应着数字六。所以秦不仅车轴，还包括服饰、器具等许多物品的尺寸都采用六。

　　至此，秦完成了帝国的塑形。而此后的中国，无论如何改朝换代，基本都是中央集权，并始终以县为最基层政权设置（汉前期有封建复辟，但后来又通过平叛、推恩令等进行了痛苦的矫正）。统一的文字确保了政令的畅通，促进和长保了国家的统一。而对于长城，我们常常徘徊于两个大相异趣的情感表达：需要时它成了中华先民勤劳智慧的见证，成了民族的脊梁和精神的象征；批判时又将其作为秦始皇暴政的见证，孟姜女哭长城的故事流传至今。其实，批判也罢，赞美也罢，秦统一了中国，这是历史。

　　秦始皇统一了中国，完成了前无古人的伟业。其版图、其人民、其政治经济文化实力远远超出了以往任何一代"圣主明君"。所以秦始皇超级自负，取"三皇"之"皇"和"五帝"之"帝"，合而令臣民尊称其为"皇帝"，以示其"德兼三皇，功高五帝"。自此，"皇帝"也成为历朝历代臣民对最高统治者的称谓。秦始皇还霸占了"朕"这一自称，将原来天下人皆用的这个自我称谓独占为皇帝一人所有，这一自称也为后世皇帝们所继承。他还拒绝了"谥法"，坚决不许后人和臣子们在皇帝死后议论其人品功过，追加谥号，哪怕是美誉也不可以。同时他打算大秦江山千秋万代，所以又自封"始皇帝"，并规定其后继者依次称为二世、三世……以至于万世。

　　然而，超级强势的秦政权只传了二世便崩塌了。因为自信的秦皇只完成了形制上的"统"，却没有使江山稳固，实现国家的长治久安。极端地说，他的治国理念存在致命的缺陷：它只坚信旧时秦国管理实践中形成的法治经验，单纯推行"以法治国"来统领一个多民族、多文化的庞大帝国，根本上忽略了社会和人的思想情感的复杂性，强抓"政统"而缺乏"道统"，只抓"法治"而没有统摄人的思想灵魂的意识形态。整个国家犹如强力挤压下的一抔干沙，没有起内在凝聚作用的"凝合剂"——没有为社会所普遍接受、包含社会共同情感和理想的主流思想。加之立国日浅、始皇早逝、奸臣作祟、统治者残暴腐败等因素，大秦帝国只完成了形制上的"统"，而终将收魂摄魄的"治"的历史功绩留给了汉。

汉反思了秦的教训。最初它顺天应人，与民休息，推行由道家和法家两路思想融合而成的黄老之学，政治上还复辟搞了封藩。但根本上还是承秦制，最初连汉朝统治者的服饰都继承了秦。直到汉武帝时期，才被董仲舒献"天人三策"所点醒，认识到意识形态的重要，才发现对于统治者而言，意识形态关乎政权的合法性，关乎世道人心和国家长治久安。在董仲舒等儒家学者的极力推崇之下，汉从春秋战国百家思想中选择了孔子的儒家思想，整个国家从灵魂到服饰都得以儒化，汉自此才正式成为了一个明显区别于秦的国家，汉人也基本造就成今天的汉人。汉完成了收魂摄魄的"治"，在原有"政统"手段之上，又加上了"道统"一路。"政统"与"道统"双管齐下，使得中华民族步入了两千多年总体上相对平稳的发展。虽然其间分分合合，恰如小说《三国演义》开篇所言："分久必合，合久必分。"但"合"的时间比"分"的时间要长得很多。据任继愈先生统计，自秦汉以来，中国历史上的分合比例大约是1：6，也就是说有七分之六的时间是合的状态。而且社会主流思想始终是《春秋公羊传》所倡导的"大一统",即便是分裂状态时,人们的思想总体还是期望合的,期望天下统一。

秦统一天下,是秦国历代君王矢志不移、励精图治的结果,是秦王嬴政雄才大略、英武盖世的结果,是商鞅、李斯等治世能臣锐意进取、变法图强的结果,也是历经五百多年乱世人心思定的历史选择。秦的统一之功永载史册,秦失败的教训也警醒后人。这"后人"绝不仅限于今天和今后的中国人,也应该包含越来越小的地球村里的每一个国家和民族的人,特别是那些操持着强势政权的人。

汉实现"长治久安",归功于汉朝统治者的睿智,也归功于当世知识分子的担当。

秦完成了历史中国的国家塑形,汉则完成了历史中国的国家和民族塑魂。秦统汉治,成就了气象宏大、神形兼备的中国。秦汉以降,吾国吾民之形与魂再无大的变化。

秦统汉治归根结底是历史的选择。要感谢春秋战国那个痛苦却孕育思想的时代,它给后世中国留下了丰富的历史经验和思想源泉。特别要感谢孔子及其创立的儒家学说——早期的儒学相对于其他学说更加开放和"人"化,更"几于道"。后世中国在儒家思想主导下,兼与各家思想相互砥砺,相互补充,实现了两千余年绵延发展,为人类创造出未曾断裂的一脉文化奇迹。

这就是秦统汉治——纷乱的春秋战国令人欣慰的历史落脚点,也是完成历史中国塑形与塑魂的高起点开篇。

深 入 骨 髓

（尾声）

　　作为一个特殊的历史时段，春秋战国对后世中国产生了深入骨髓的影响。它深深影响了后世中国社会和中国人的思想观念、思维方式、行为方式、政治统治模式、社会演进博弈模式和语言表达，成就了中华民族特有的生存哲学。

　　思想观念方面，春秋战国留给后世中国影响最大最深的莫过于"大一统"思想和忠孝观念。长达五百年的乱世，使得人心思定。一统天下不仅成为雄主争霸的理想，也成为人心所向和历史选择，当然也成为思想者的理性归结。所以有了《春秋公羊传》的"大一统"主张。后来又经董仲舒灌输给雄才大略的汉武帝。"大一统"思想由是贯穿了中国社会的各个阶层，贯穿了整个的中国历史。

　　孝，是中国社会秩序中最基础、并较早被人们普遍接受的一种伦理道德，是早期农耕文明敬天法祖的必然结果。到了春秋战国时期，经过儒家学者以血缘亲情为出发点，进行了推己及人、由家而国的推演，忠作为放大的"孝"与孝逻辑地串接起来，加上统治者的认可与提倡，忠孝作为观念深入人心，成为显在的社会美德，成为每一个人立身处世的必要品德。这在相当程度上促进了民族的绵延发展。但当它被极端强调之后，又成了束缚社会发展和思想进步的樊篱。

思维方式上，后世中国人习惯于综合、系统地思考问题，不愿意深入分析，一问究竟，与西方人明显不同。这很可能是由于春秋战国时期，面对着一个庞大而纷乱的"天下"，中国人特别是中国的思想者们难以安然思索和精雕细作，只能努力追求笼而统之、大而化之、一言以蔽之的思维方式。这种思维方式的好处是利于整体把握事物，长于对过往事物及其规律的总结，而不足之处是它过于依赖经验与感悟，对于事物内在机理缺乏精准认识，对新生事物和现象的接受度与接受能力偏弱。笔者斗胆妄言：这很可能是一种受特殊环境影响而早熟，却也因此而发育不够健全、存在缺陷与不足的思维方式。

行为方式上，动荡不安的时代，使得中庸、含蓄、本分、机变、有往必复等由生存谋略而固化为中国人的行为方式。在社会的激荡纷争中，时人一定是更加清晰地认识到了任何极端的好与坏、美与丑都不可取，都可能不真实、不长久，过犹不及，留下后遗症。因此凡事都宜有度，也即走中庸之道。任何时候，在任何事情上都要给自己留有回旋的余地，而不宜将思想底牌和追求的目标完全暴露出来，也就是在语言和行事上都要含蓄，用《增广贤文》的话讲，就是"见人只说三分话，未可全抛一片心"，让他人心领神会却又抓不住把柄，让自己随时可以抽身以自保。在任何时候都要尽量给人以谨守本分的感觉，而不要让他人担心或警觉自己的张扬，从而给自己带来不必要的打击。然而，在谨守本分的同时，又不能丧失警觉，要时时注意周遭的变化，并随机应变，在机变中求生存。在处理恩怨的问题上，一定要有往必复，才能立世。正面的，要礼尚往来，要知恩图报，或许只有这样才能赢得信任和帮助。负面的，要"君子报仇十年不晚"。这恐怕不仅是情感选择，也是示威、立身、立信的生存之道。

政治统治模式上，经过五百多年乱世纷争和最终的秦统汉治，统治者终于认识到德法并举和强干弱枝的必要。所谓德法并举，就是道统与政统双管齐下，用思想道德统御人们的灵魂，用法治统御人们的行为。所谓强干弱枝，就是坚持中央集权，削弱地方势力，只有这样才能确保政令畅通，国家统一和安宁。这是几百年乱世的痛苦抉择，也是后世两千年官僚帝制一以贯之的法宝。

历来当权统治者有其统治模式，造反者也有其社会演进博弈模式。这也是春秋战国乱世所铸就的，那就是打出"五德终始"、"天道轮回"、"替天行道"的旗帜；采取"弱之以为用"（鼓动和利用最弱小阶层作为博弈力量），"反之以为动"（联合一切敌人的反动面形成合力）和"一阴一阳谓之道"（用阴谋与阳谋两手对付敌人的两手）等等手段，与当权者展开政权博弈。这一模式也被历代造反者一再重演。

除了观念、思维、行为和政治，我们日用而习以为常的语言表达也深受那个时代的影响。单就语素而言，我们今天所使用的成语就有大量出自那个时代。所谓成语，就是一个民族成熟成型的短语，它们或是那个时代发生过的史实，或出自那个时代智者的文章与言论，高度凝练，携带了丰富的内涵和哲理。这些成语的使用给我们带来了极大的方便，同时也深深影响了我们的表达，使得后世中国语言简练形象，深刻幽默，给人以无限遐想的空间。何况那个时代所出现的诸子百家，几乎人人都是语言大师，他们的文章和言论古奥、雄辩、妙趣、华美，特别是老子和孔子的哲理意蕴无穷，屈原的诗歌和庄子的寓言，浪漫奇幻，汪洋恣肆，孟子和荀子的文章气势如虹，催人奋进，都是我们百读不厌、百引不衰的语言精华，都成为后世论理的利器和抒情的依靠。

而那个时代留给我们最为宝贵的精神财富，无疑是独具华夏特色的生存哲学。这一哲学的根基虽早于《周易·系辞传》就有："天地之大德曰生。"但到春秋战国乱世，人们更加深刻地认识并加以了阐释。可以说《道德经》、《论语》、《庄子》、《孙子兵法》等大量春秋战国著作，虽然视角不同，态度迥异，但都是在阐发生存的智慧，都是以人为中心，从人与自然、人与群、人与人、人与己之内心等各方面探求生存之道，"道法自然"、"勇于敢者死，勇于不敢者生"、"谦受益，满招损"、"缘督以为经，可以保身，可以全生，可以养亲，可以尽年"、"仁者寿"、"逍遥游"、察"死生之地，存亡之道"，这些生存智慧，使得中华民族的文化极富韧性，历经辉煌与磨难而生生不息。

我们怀念和感激那个时代。它用数百年痛苦思索所获得的思想观念、思维、行为和政治模式，表达方式，以及独具特色的生存智慧，以文化基因的形式注入了我们民族的每一个体和社会肌体，反复重演，使得我们的生活方式和哲学很难逃出那一时代所作出的规定。无论它好与坏，高超还是有缺憾，作为华夏后人，我们都先天地无条件地接受了。今天，我们谈民族复兴，这复兴的核心必是文化。而文化即人化，既然是人化就必然既包含了人类向善、灵性与创造的一面，也同时包含了人类贪婪、虚伪和愚昧的一面——文化必定是文明与糟粕的混合体。我们华夏祖先所创造的文化也概莫能外。因此，我们谈到传统文化切不可只道文明部分，而避谈其缺陷与不足。更不能囫囵吞枣，全盘继承。我们必须清醒，所谓文化复兴绝不是传统文化的简单延续，而应是"温故知新"的同时，以"为道日损，损之又损"的态度，取其精华，去其糟粕，继承其文明成分，加以创新、发展和光大。

主要参考书目

1. 萧枫主编：《文白对照全注全译〈史记〉》，延边人民出版社 1999 年版。

2. 沈志华、张宏儒编：《文白对照全译〈资治通鉴〉》，中国财政经济出版社 2000 年版。

3. （吴）韦昭注，明洁辑评：《国语》（世纪人文系列丛书·大学经典），上海古籍出版社 2008 年版。

4. （汉）刘向编订，明洁辑评：《战国策》（世纪人文系列丛书·大学经典），上海古籍出版社 2008 年版。

5. （春秋）左丘明著，崔钟雷主编：《中华传世文萃：春秋左传》，哈尔滨出版社 2011 年版。

6. 童书业：《春秋史》，上海古籍出版社 2010 年版。

7. 童书业编，童教英辑校：《春秋史料集》，中华书局 2008 年版。

8. 杨宽：《战国史》，上海人民出版社 1998 年再版。

9. 陈致平：《中华通史》，花城出版社 1996 年版。

10. 孙皓晖：《中国原生文明启示录》，上海人民出版社 2012 年版。

11. 晁福林：《春秋战国的社会变迁》，商务印书馆 2011

年版。

12. 任继愈：《中华五千年的历史经验：任继愈讲演集》，人民日报出版社 2010 年版。

13. 葛兆光：《中国思想史》，复旦大学出版社 2009 年版。

14. 林庚：《林庚楚辞研究两种》，清华大学出版社 2006 年版。

15. 戚文：《先秦人物论》，东方出版中心 2011 年版。

16. 张正明：《楚史》，中国人民大学出版社 2010 年版。

17. 孟祥才、刘保贞：《一本书读懂秦汉》，中华书局 2011 年版。

18. 邹元初：《中国宰相要录》，海潮出版社 1996 年版。

19. 王立群：《王立群读〈史记〉系列》，陕西师范大学出版总社有限公司 2008 年版。

20. 陈鹜：《破立之间——古今妙论品谈》，中国海洋大学出版社 2006 年版。